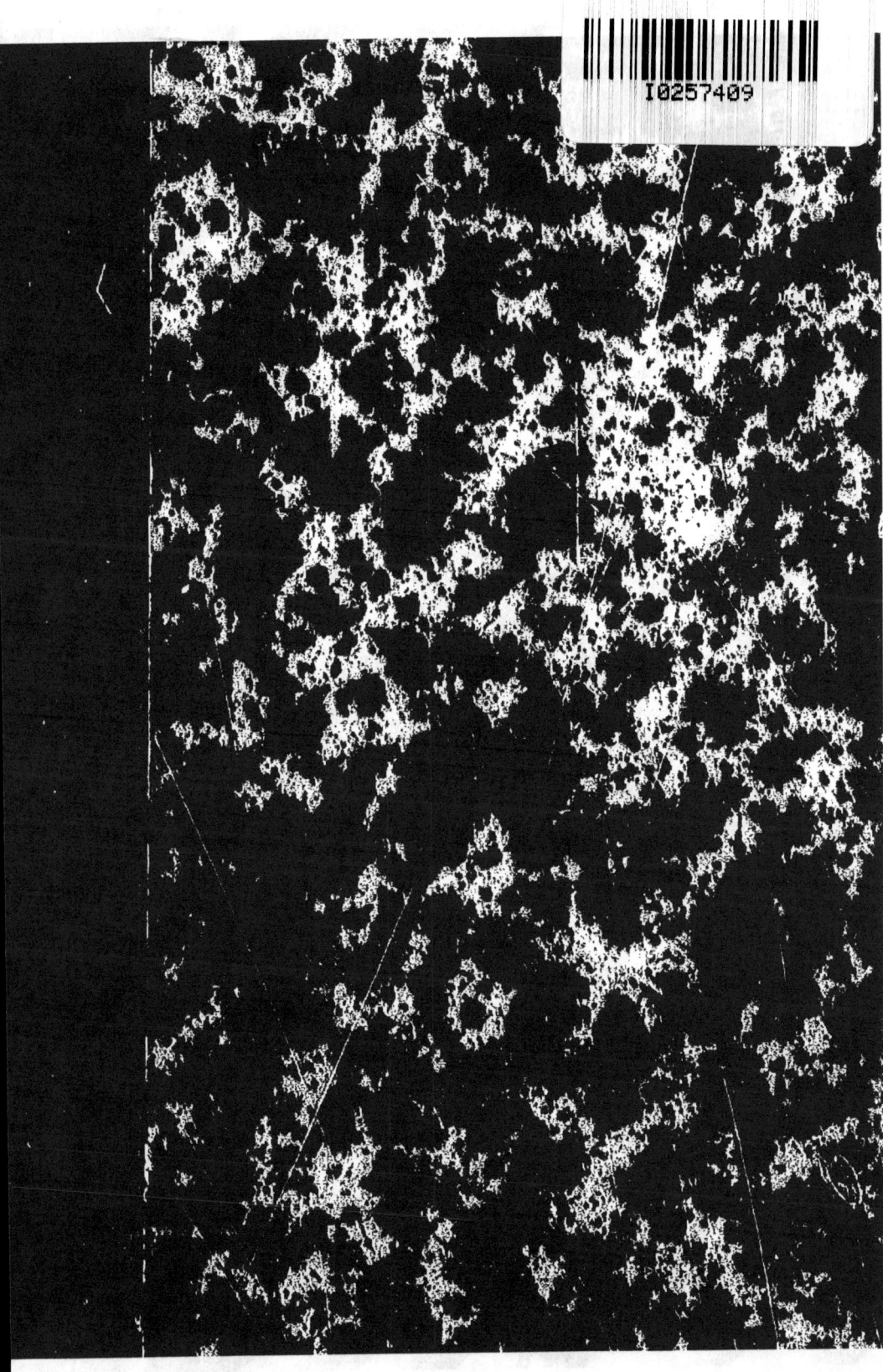

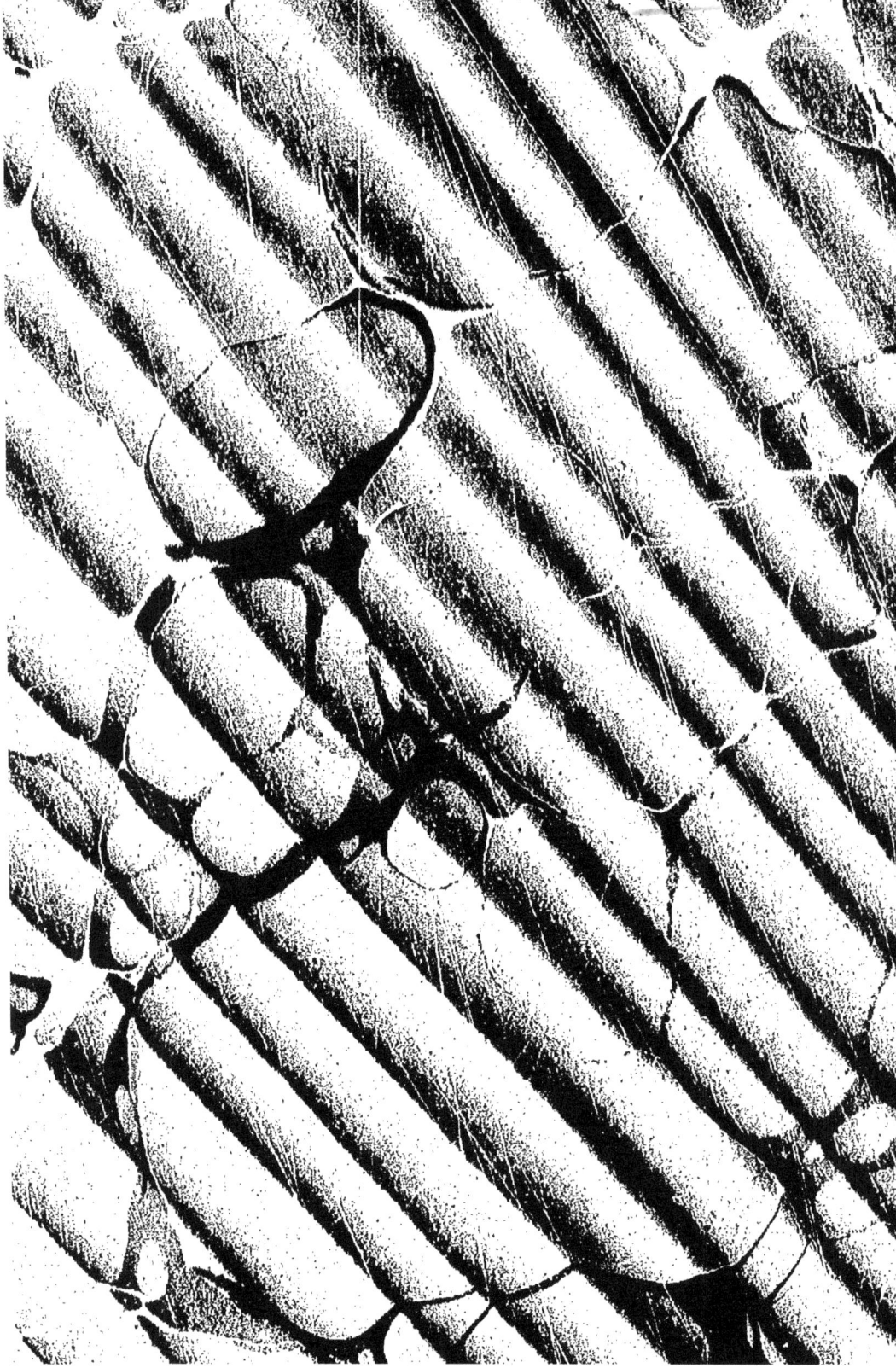

HISTOIRE HAGIOLOGIQUE

DU

DIOCÈSE DE MAURIENNE

EN SOUSCRIPTION

HISTOIRE HAGIOLOGIQUE
DU
DIOCÈSE DE MAURIENNE

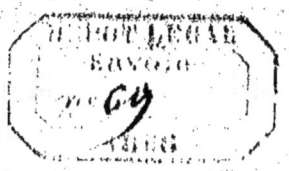

Par l'abbé **TRUCHET**,

Curé de Saint-Jean d'Arves,
Membre de la Société d'histoire et d'archéologie de Maurienne,

APPROUVÉE PAR Mgr L'ÉVÊQUE DE MAURIENNE

---

1 volume in-8° d'environ 300 pages.
PRIX : 4 FR.

Faire connaître la vie des Saints qui, par leur naissance, leur mort ou leurs bienfaits, appartiennent au diocèse de Maurienne ; raconter les faits peu connus de notre histoire civile, politique et religieuse, qui se rattachent à la vie de nos Saints : tel est le double but que l'auteur de cet ouvrage s'est proposé.

Il comprend par ordre chronologique : les vies des saints Élie et Milet et de sainte Thècle, l'histoire des reliques de S. Jean-Baptiste, les vies de S. Gontram, de S. Avre, du B. Thomas de

1866

Farfe, de S. Émilien, de S. Marin, de S. Édoiard, de S. Landry, du B. Ayrald, de S. Benezet et du B. Cabert. A ces vies se rattachent notamment un précis de l'histoire politique de la Maurienne du 1ᵉʳ au XIᵉ siècle et l'histoire des invasions des Sarrasins dans notre pays au VIIIᵉ et au Xᵉ siècle.

L'ouvrage sera imprimé, à Chambéry, chez M. Puthod, sur très beau papier et avec des caractères neufs. L'impression commencera aussitôt que l'auteur aura recueilli un nombre suffisant de souscripteurs.

Pour souscrire, remplir le bulletin ci-après et le renvoyer *franco* à l'auteur ou à M. Ducroz, libraire, à Saint-Jean de Maurienne.

———

L'auteur ne voulant pas faire une spéculation, le prix du volume sera réduit à 3 fr. 50 c. *pour les souscripteurs*, si le nombre des souscriptions dépasse les prévisions.

BULLETIN DE SOUSCRIPTION

Je soussigné [1]

domicilié à [2]

payerai la somme de [3]

contre réception de [4] exemplaire de l'*Histoire hagiologique du diocèse de Maurienne*, par M. l'abbé Truchet.

A [5] le 186 .

Signé :

[1] Écrire lisiblement ses nom, prénoms et sa profession.
[2] Ville ou village et département.
[3] Le montant de ou des exemplaires souscrits.
[4] Le nombre d'exemplaires souscrits.
[5] Lieu du domicile et date de la souscription.

1410. — Chambéry, imprimerie de F. Puthod.

HISTOIRE HAGIOLOGIQUE
DU
DIOCÈSE DE MAURIENNE

Par l'abbé TRUCHET,

Curé de Saint-Jean d'Arves,

Membre de la Société d'histoire et d'archéologie de la Maurienne.

OUVRAGE APPROUVÉ PAR Mgr L'ÉVÊQUE DE MAURIENNE

CHAMBÉRY
IMPRIMERIE DE F. PUTHOD, RUE DU VERNEY

1867

DÉCLARATION DE L'AUTEUR

Pour obéir au décret d'Urbain VIII, du 13 mars 1625, concernant l'impression des livres qui contiennent des récits de faits extraordinaires, de miracles et de révélations, et les titres à donner après leur mort aux personnages illustres par leur sainteté ou leur martyre, je déclare que je me soumets absolument et sans restriction à ce décret; qu'à l'exception de ceux qui ont été confirmés par l'autorité du Saint-Siége, les faits que je rapporte ne doivent avoir d'autre autorité que celle d'une attestation purement humaine, résultant de la valeur des preuves historiques qui les affirment; et qu'en donnant le nom de saint ou de bienheureux à des personnages dont la sainteté n'a pas été reconnue par le Siége Apostolique, je n'ai voulu que me conformer à l'usage et à l'antique dévotion de la Maurienne, sans rien préjuger des décisions que le Saint-Siége pourrait rendre sur ce point.

L'abbé TRUCHET.

PRÉFACE

La vie des saints est la démonstration pratique de l'Évangile. Dieu nous y montre par les faits que la sainteté est la vraie grandeur de l'homme et qu'elle n'a rien d'impossible à la nature humaine aidée et surnaturalisée par la grâce. Quelle source divine de lumières et de forces! Il n'y a pas une douleur qu'elle ne console, pas un abattement qu'elle ne relève, pas une vertu qu'elle n'enseigne, pas une âme droite qu'elle n'ébranle en lui disant : Pourquoi ne serais-tu pas un saint?

Les saints sont « ces hommes glorieux en qui le Seigneur a signalé sa gloire et sa puissance... Ils ont été riches de vertus; ils ont aimé la vraie beauté et gouverné leurs maisons en paix... Ce sont des hommes de charité et de miséricorde; les œuvres de leur piété subsisteront à jamais et l'héritage qu'ils ont laissé à leur postérité ne passera pas[1]. » Enfants de l'Église qui fut leur mère comme elle est la nôtre, nous sommes cette postérité des saints; et l'héritage qu'ils nous ont légué, c'est le souvenir toujours vivant de leurs vertus et de leur triomphe.

La génération des saints est nécessaire à la perfection de l'Église comme la production du fruit l'est à la perfection de l'arbre. Elle y trouve une des marques les plus éclatantes de sa divinité. *Credo sanctam Ecclesiam!*

Aussi Dieu lui en a-t-il donné toujours et partout. Quel diocèse n'a pas ses héros de la foi et ses légendes qui disent comment Dieu s'est montré envers eux admirable de bonté et de puissance, et comment, à leur tour, ils ont été envers Dieu admirables d'amour et de fidélité? Gracieuses et saintes légendes, tantôt recueillies par les historiens de l'Église ou des diocèses, tantôt pieusement conservées, quelquefois, il est vrai, naïvement embellies, par les traditions populaires.

Oui, Dieu est admirable dans ses saints[2], admirable par les grâces qu'il leur accorde, par les vertus qu'il leur fait pratiquer, par le pouvoir qu'il

[1] Eccli., 44.
[2] Ps., 67, 36.

leur confère, par les grandes et merveilleuses choses qu'il accomplit en eux et par eux. Mais les saints en qui Dieu est admirable, ce ne sont pas ceux de Baillet, le démolisseur des légendes de l'Église, ni du timide Godescard, qui, lorsqu'il s'aventure à raconter un miracle, semble regarder autour de lui si quelqu'un l'entend : ce sont les saints du bréviaire romain et des *Fleurs* si suaves de Ribadénéira, les vrais saints de l'Église de Dieu; ceux que l'école janséniste s'est permis de corriger, ne sont que des honnêtes gens. Heureusement, cette école a fait son temps. Y a-t-il des saints sans miracles, et comment alors savez-vous qu'ils sont saints? Quoi! ils se sont efforcés de pratiquer le commandement de Jésus-Christ : « Soyez parfaits comme votre Père céleste est parfait[1]; » et ce divin Sauveur n'a jamais tenu sa parole : « Celui qui croit en moi, fera les œuvres que je fais et de plus grandes encore[2]! »

Mais ces miracles sont impossibles.—Oui, comme la création du monde, comme les mystères de la religion, comme les miracles de Jésus-Christ, à moins que Lannoy et Baillet n'aient limité la puissance de Dieu.

[1] MATT., 5, 48.
[2] JEAN, 14, 12.

Mais il y en a trop. — Sans doute, si vous avez fixé le nombre que Dieu en peut faire.

Mais ils ne sont pas prouvés. — Qu'en savez-vous ? L'autorité des témoins oculaires et des écrivains contemporains, l'autorité des traditions des siècles, l'autorité des Bollandistes, de Baronius, de Mabillon, valent bien de prétentieuses et tranchantes négations.

Mais notre siècle n'aime pas les miracles et les visions. — Tant pis pour notre siècle, s'il en est ainsi ; mais vous le calomniez un peu. Ceux qui n'aiment pas les miracles que Dieu fait, aiment-ils davantage l'humilité, la charité, la chasteté et les autres vertus que Dieu commande, et faudrait-il que Dieu conformât sa volonté et sa puissance aux goûts du siècle ?

Telles sont les pensées qui ont inspiré et dirigé la composition de l'ouvrage que nous offrons aux pieux lecteurs, spécialement de la Maurienne. C'est l'histoire des saints qui nous ont précédés dans la patrie terrestre et que nous devons rejoindre un jour dans la patrie éternelle. Dieu les a placés dans nos vallées, pour que leur vie fût une lumière qui nous éclairât de plus près que celle des autres saints, un livre ouvert sous nos yeux, où nous pussions lire plus facilement par quelle voie on arrive à la gloire qu'ils ont méritée et qui nous attend. Ils sont l'honneur de la Maurienne, et leur histoire nous dit que, dans le ciel où le Seigneur les a faits heureux et puissants, ils se souviennent de ceux qui vivent là où ils ont vécu, qu'ils les aiment et qu'ils les protégent. Il nous a paru nécessaire, en nos jours de défaillance religieuse, de faire mieux connaître leur vie, afin qu'ils soient encore plus honorés et plus invoqués qu'ils ne le sont.

Les bienveillants encouragements de Monseigneur l'Évêque de Maurienne, auquel le culte de nos saints doit tant de restaurations, nous ont mis la plume à la main. Nous avons fouillé dans les archives de l'évêché et des paroisses où nos saints sont spécialement honorés, nous avons consulté les auteurs qui ont écrit leur vie ou qui pouvaient nous fournir d'utiles indications, et nous avons recueilli les traditions locales, sinon comme des preuves historiques suffisantes, du moins comme des données qui ont aussi leur poids. En Savoie, dans les autres parties de la France, en Italie, partout nous avons rencontré de vives sympathies et le plus obligeant empressement de la part de tous ceux auxquels nous nous sommes adressé. Qu'ils veuillent bien agréer nos sincères remerciments. Malgré les nombreuses et regrettables lacunes qu'il ne nous a pas été possible de combler, nous avons pu ainsi réunir plus de documents que nous ne l'espérions au début de nos longues recherches.

En écrivant ces Vies de nos Saints, nous avons souvent regretté qu'elles n'eussent pas été confiées à une plume plus habile. Puisse la grâce de Dieu ne pas permettre que les défauts qui déparent ces pages, nuisent au bien qu'elles peuvent produire! Nous avons, du moins, voulu être exact et nous avons fidèlement indiqué les sources auxquelles nous avons puisé. Mais, de l'exactitude nécessaire à l'histoire au froid scepticisme de l'école janséniste, déguisé sous le nom vague de *saine critique*, il y a une distance que nous ne nous sommes pas cru obligé de franchir. Plusieurs Vies, surtout celles de sainte Thècle, du B. Thomas de Farfe, de saint Marin, de saint Landry et de saint Benezet, offrent de fréquentes manifestations de la puissance extraordinaire de Dieu, de cette puissance qu'il met au service de ses bons amis, comme dit Bossuet. Pourquoi les aurions-nous passées sous silence?

Nous avons pensé rendre notre travail plus intéressant et plus complet en rattachant aux Vies de nos Saints l'histoire politique et religieuse de la Maurienne, lorsque nous l'avons pu sans trop nous écarter du sujet principal de cet ouvrage. Nous nous sommes surtout étendu sur les invasions des Sarrasins en Maurienne, dont M. Angley ne dit qu'un mot et encore inexact.

Quelque jour, si Dieu nous en fait la grâce, nous publierons les Vies si intéressantes du P. Jean, d'Albiez-le-Vieux, et du saint et énergique compagnon de saint François de Sales, en Chablais, le P. Chérubin, de Saint-Jean de Maurienne, tous deux de l'ordre des Capucins.

HISTOIRE HAGIOLOGIQUE
DU
DIOCÈSE DE MAURIENNE

Les saints Élie et Milet, apôtres de la Maurienne.

(Ier SIÈCLE.)

CHAPITRE I

La Maurienne avant l'ère chrétienne.

Lorsque César traversa les Alpes pour aller soumettre les Helvétiens, les habitants de ces montagnes tentèrent de lui fermer les passages, et ce ne fut qu'après une lutte acharnée que le vainqueur des Gaules put arriver chez les Voconces. Au nombre des peuples qui osèrent résister à la puissance de Rome, on trouve, entre les Centrons et les Caturiges, les Graiocelles ou Garocelles[1]. Suivant plusieurs auteurs, on appelait ainsi les

---

[1] CÆS., Comment., de Bello gall., lib. 1, n° 10.

habitants des diverses vallées qui forment aujourd'hui l'arrondissement de Saint-Jean de Maurienne, ou au moins ceux de la haute Maurienne, de Saint-Jean au Montcenis, et la ville de Saint-Jean porta longtemps le nom de *Sanctus Joannes Garocellorum*[1]. D'autres historiens restreignent le territoire des Garocelles, les uns aux montagnes de la rive gauche de l'Arc, les autres au Montcenis et aux vallées de Bessans et de Lanslebourg. Le reste de la Maurienne était, disent-ils, le pays des Brannovices ou Bramovices, dont César fait aussi mention lorsqu'il parle du soulèvement général des Gaules contre les Romains[2]; Bramans était leur capitale[3]. Grillet[4] place encore en Maurienne les Médulles, dont, si l'on en croit Chieza, Modane *(Medulum)* était le chef-lieu; et les Ucènes établis depuis la Chambre jusqu'à Aiguebelle, et dont les Cuines semblent avoir retenu le nom. Enfin Combet[5] croit que la basse Maurienne, depuis Saint-Jean, a fait partie du territoire, soit des Caturiges, soit des Voconces. Saint-Jean, dit-il, s'appelait *Acitavona* ou *Civitas Nova (nouvelle ville)*, et ce ne fut que vers l'an 66 de l'ère chrétienne que cette ville d'abord, puis toute la province, prirent le nom de Maurienne, de Marcus ou Marius-Julius Cottius, à

---

[1] GRILLET, *Dictionnaire histor.*, etc., t. Ier, p. 8.

[2] *Comment.*, lib. VII, n° 75.

[3] GUICHENON, *Hist. généal.*, etc., t. Ier, p. 4. — COMBET, *Sur l'ancienneté, les noms et la situation du diocèse de Maurienne*, nos 10 et 11, Mss.

[4] *Ibid.*, p. 3.

[5] *Ibid.*, nos 9 et 12.

qui elles appartenaient et auquel peut-être la ville était redevable de sa fondation ou de quelque autre bienfait signalé [1].

Comme ni les auteurs que nous avons cités, ni ceux qu'ils citent eux-mêmes à l'appui de leur opinion, ne fournissent de dates, leurs assertions contradictoires ouvrent un vaste champ aux hypothèses. Les peuples dont ils parlent ne se seraient-ils pas succédé les uns aux autres dans nos vallées? Les Médulles, les Ucènes, les Bramovices, n'étaient-ils point des tribus d'un même peuple désigné sous le nom générique de *Garocelles* ou *Graiocelles*, c'est-à-dire *habitants des Alpes grecques?* ou bien, si ces peuplades existaient simultanément et étaient indépendantes les unes des autres, des guerres ou d'autres événements politiques n'ont-ils pas amené des variations plus ou moins importantes dans l'étendue du territoire occupé par chacune d'elles?

Quoi qu'il en soit, au commencement de l'ère chrétienne, la Maurienne faisait partie du royaume cottien dont Suse était la capitale. Protégé par les fortifications naturelles de ses montagnes, il réussit longtemps à défendre son indépendance contre la puissance de Rome déjà maîtresse du monde. Auguste, voyant qu'il ne pouvait réduire ces peuples à l'obéissance, voulut au moins gagner leur amitié, afin de s'ouvrir le libre passage des Alpes. Marcus-Julius Cottius, leur roi, accepta avec empressement une alliance qui mettait fin aux attaques continuelles

---

[1] COMBET, *Sur l'ancienneté, les noms et la situation du diocèse de Maurienne*, n⁰ˢ 14 et 21.

de ses redoutables voisins. Auguste le prit sous sa protection, ainsi que douze de ses principales villes qui avaient suivi l'exemple de leur souverain. Mais les habitants des montagnes haïssaient trop les Romains pour consentir à s'allier avec eux. Ils se révoltèrent contre Cottius et fermèrent le passage des Alpes. Alors Auguste envoya des troupes qui, réunies à celles du roi, taillèrent en pièces les rebelles et forcèrent à la soumission ceux qui avaient échappé au massacre. Pour éterniser le souvenir de cette victoire, les vainqueurs élevèrent un arc de triomphe sur lequel ils inscrivirent les noms des peuples vaincus, parmi lesquels se trouvaient les Centrons, les Médulles et les Ucènes [1]. Les Alpes cottiennes continuèrent à former un État indépendant jusqu'à l'an 67 de Jésus-Christ, où Marcus-Julius Cottius, fils ou neveu de celui dont nous venons de parler, étant mort, Néron les réduisit en provinces gouvernées par des préfets [2].

Aucun des auteurs qui s'occupent de la Maurienne ne fait connaître quelles divinités elle adorait avant sa réunion à l'empire romain. Jamais non plus, que nous sachions, on n'y a découvert aucun vestige de temples ou d'autels, tandis que les autres parties de la Savoie possèdent des monuments assez nombreux de l'antiquité païenne. Cette complète destruction des souvenirs mytholo-

---

[1] GRILLET, t. I, p. 4 et 228. — GUICHENON, t. I, p. 25.
[2] Le P. ROCHEX, *Gloires de l'abbaye de la Noval.*, chap. II, III et IV. — *Chronique de Savoie*, p. 2. — CESARE SACCHETTI, *Memorie della Chiesa di Susa*, p. 4 et suiv.

giques de notre pays est due sans doute aux fréquents bouleversements qu'il a éprouvés. Elle est regrettable au double point de vue de l'histoire et de la religion; car, pour un esprit réfléchi, rien n'est plus propre à l'attacher à la foi chrétienne que ces témoignages irrécusables des honteuses folies dans lesquelles se précipite la raison humaine, lorsqu'elle n'a plus d'autre guide que ces vacillantes lumières.

Néanmoins, il est assez probable que les peuples de la Maurienne avaient la même théogonie que les Gaulois et les Allobroges, leurs voisins. Ésus, le dieu suprême, dont le gui du chêne était le symbole; Teutatès, représenté sous la forme d'un homme avec une tête de chien; Osiris, adoré sous la figure d'un bœuf, et les autres divinités de l'Égypte, importées dans les Gaules et l'Allobrogie, devaient recevoir les adorations de nos vallées: dieux cruels que souvent, et surtout dans les dangers de guerre ou de peste, il fallait gorger de sang humain. Les victimes, soigneusement engraissées, étaient alors immolées en grand nombre. Les Romains, devenus maîtres des Alpes, ne purent manquer d'y apporter leurs dieux, et Jupiter le meurtrier, Mercure le voleur, Vénus l'impudique, toute cette myriade de dieux et de déesses dont Rome s'était faite le temple, d'avoir leurs autels près des forêts consacrées aux divinités gauloises. On sait que ces dernières n'avaient pas d'autres temples que la solitude des bois; c'était là que se tenaient les assemblées religieuses et que s'offraient les sacrifices.

Ainsi, quand il secoue le joug du Créateur, l'homme devient, par un juste châtiment, l'esclave et le jouet de celui que l'Écriture appelle homicide dès le commencement.

Tel était l'état politique et religieux de la Maurienne, lorsque Dieu, jetant sur elle un regard de miséricorde, lui envoya les messagers de la bonne nouvelle.

CHAPITRE II

La sainte veuve Priscille. — Les saints Élie et Milet.

Pingon et le Père Rochex prétendent que les premières semences de la foi en Maurienne ont été jetées par saint Barnabé en l'an 50 de Jésus-Christ. Cet apôtre se rendit à Rome, lorsque saint Pierre y eût fixé son siége. Il passa ensuite en Lombardie, fonda l'église de Milan et y séjourna sept ans, visitant les villes environnantes et produisant partout de merveilleux fruits de salut[1]. Il n'est pas improbable que le saint apôtre ait voulu étendre ses conquêtes spirituelles dans les États du roi Cottius, qui reliaient l'Italie aux Gaules alors évangélisées par les disciples de saint Pierre, et qu'ainsi il soit venu arborer sur nos montagnes l'étendard de Jésus-Christ. Toutefois son séjour en

---

[1] RIBADÉNEIRA, *Vies des Saints*, 11 juin.

Maurienne a dû être de trop courte durée, pour qu'il ait pu faire autre chose qu'en prendre possession au nom du divin Maître. A d'autres fut réservé le soin de défricher ce nouveau champ du Père de famille.

Sous le règne de Néron, vivait à Rome une sainte veuve nommée Priscille. Elle était parente de l'empereur; mais nullement éblouie par ce que cette qualité avait de brillant aux yeux des hommes, elle s'était empressée de contracter une alliance plus glorieuse et plus profitable. Elle était devenue l'une des premières disciples de saint Pierre et des plus distinguées par sa foi et sa piété, humiliant ainsi aux pieds du *Galiléen*, comme l'on disait à Rome, et la noblesse de son sang et les grands biens que Dieu lui avait donnés. Comme elle connaissait le caractère féroce de Néron, elle prévit que ce monstre ne tarderait pas à se déchaîner contre les chrétiens. C'est pourquoi elle résolut de quitter Rome, sous quelque prétexte, et de se retirer en un lieu où elle pût servir Dieu en paix.

Néron venait de réunir à l'empire les États du roi Cottius. A la tête de la province de Suse, de laquelle dépendait la Maurienne, il avait placé un proche parent de Priscille, nommé Burrhus. C'était un homme d'un caractère doux et très favorable aux chrétiens; on croit même qu'il avait secrètement embrassé leur foi. Ce fut auprès de lui que la pieuse veuve alla chercher un refuge contre la persécution. Elle y fut accompagnée par un grand nombre de chrétiens, entre lesquels se trouvaient deux saints prêtres. Ils s'appelaient Élie et Milet et étaient nés en Palestine; mais, s'étant attachés à saint Pierre, ils l'avaient suivi à Rome, quand ce prince des pêcheurs d'âmes était allé y établir le trône de sa royauté spirituelle. Priscille et ses compagnons reçurent de Burrhus et des habitants de Suse le plus bienveillant accueil. Néanmoins ils préférèrent se retirer dans une petite vallée située un peu au-dessus de la ville, au pied du Montcenis. Les habitants de ce lieu, appelés Némalons, étaient des gens simples, charitables et exempts des vices qui sont un obstacle aux lumières du ciel. Ils s'empressèrent de fournir aux besoins de leurs hôtes et de leur céder tout le terrain qui était nécessaire à l'accomplissement de leur pieux dessein. Élie et Milet se mirent à leur prêcher l'Évangile et, comme la charité est un aimant par lequel la grâce se laisse toujours attirer, la divine parole fructifia tellement parmi ce peuple, qu'en peu de temps il se trouva suffisamment préparé pour recevoir le baptême. Il changea alors le nom du pays en celui de *Novalicium*, qui signifie *nouvelle loi* ou *nouvelle lumière*, en témoignage de la grâce que Dieu lui avait faite de passer des ténèbres du paganisme à la lumière de la foi.

Quand Élie et Milet virent la religion bien établie dans cette vallée, ils franchirent le Montcenis pour porter le même bienfait aux Garocelles et aux Bramovices. Le Seigneur leur fit trouver chez ces peuples des dispositions aussi favorables que chez les habitants de la Novalaise. Les conversions furent nombreuses, des oratoires furent construits dans les principaux centres d'habitations, et la foi si solidement plantée, que jamais l'hérésie n'a pu la flétrir de son souffle empoisonné.

C'est à cette époque, au rapport de la tradition, que fut construite l'église d'Extravache, située au milieu d'une forêt, au-dessus de Bramans et au débouché de la route du Petit-Montcenis, qui autrefois était le chemin ordinaire pour traverser ces montagnes. Elle fut d'abord dédiée au Sauveur, et plus tard au Prince des Apôtres, à qui les contrées évangélisées par les saints Élie et Milet doivent une dévotion particulière. Extravache formait, à l'époque de la Révolution, un prieuré ou rectorat dont le desservant descendait à Bramans pendant l'hiver. Depuis, cette église, vénérable par les souvenirs qu'elle rappelait, est complètement tombée en ruines.

Cependant la nouvelle de la conversion des peuples des deux versants du Montcenis étant parvenue à Rome, saint Pierre résolut d'aller les visiter pour confirmer les nouveaux chrétiens dans la foi, pensant avec raison que la présence et les paroles du premier représentant de Jésus-Christ les aideraient puissamment à persévérer, malgré les épreuves auxquelles ils allaient être soumis, dans la voie qu'ils avaient embrassée avec une si louable ardeur. Il vint donc à la Novalaise et, comme le Saint-Esprit parlait par sa bouche, selon la promesse du Sauveur, il eut la consolation de voir les nouveaux chrétiens avancer chaque jour dans la connaissance de Jésus-Christ et dans la pratique de toutes les vertus évangéliques. Une église avait été construite dans le lieu qui avait été cédé aux saints Élie et Milet et à leurs compagnons. Saint Pierre en fit la consécration et la dédia au Sauveur. Au-devant il planta une croix, pour rappeler aux fidèles que les mystères que l'on y célébrait étaient le renouvellement de la mort du Fils de Dieu, que c'était en elle qu'ils devaient mettre toutes leurs espérances, et qu'ils ne pouvaient arriver au ciel que chargés, eux aussi, d'une croix.

Cette église est celle du monastère de la Novalaise, vendu, il y a quelques années, par le libéralisme anti-catholique qui règne maintenant en Italie; comme celle d'Extravache, elle fut plus tard mise sous le vocable de saint Pierre. Le P. Rochex prétend même que les fondements de ce monastère ont été jetés par les saints Élie et Milet et que, réunis à plusieurs de leurs disciples qui avaient mis tout en commun, ils s'appliquaient à suivre les conseils évangéliques, base de la vie religieuse.

Saint Pierre avait dessein de passer le Montcenis et de porter aux Garocelles et aux Bramovices les mêmes consolations et les mêmes encouragements. Mais ayant appris le danger que couraient les fidèles de Rome, tant par la persécution de Néron que par les tromperies du magicien Simon, il fut obligé de reprendre en toute hâte le chemin de la capitale du monde, où l'attendait la couronne du martyre.

Priscille passa le reste de ses jours à la Novalaise. Elle s'adonna à la prière et à la mortification avec cette ardeur merveilleuse que les saints mettent en tout ce qui intéresse la gloire de Dieu et la sanctification de leur âme. Enfin, pleine de jours et plus encore de mérites, elle entra dans la patrie bienheureuse pour laquelle elle avait sacrifié sa patrie terrestre. Les historiens, desquels nous avons tiré les détails qui précèdent, ne nous font pas connaître l'année de sa mort. Nous ne pouvons pareillement rien dire de plus sur les saints Élie et Milet, sinon que probablement ils virent le terme de leur exil vers la fin du premier siècle [1].

L'histoire chronologique des évêques de Maurienne, rédigée par M. Combet, sous la direction du cardinal de Martiniana, dit que ces deux saints étaient revêtus de la dignité épiscopale. Une liste chronologique de nos évêques, écrite à la même époque, c'est-à-dire de 1757 à 1779, date l'épiscopat de saint Élie de l'an 60 et celui de saint Milet de l'an 90. Nous ignorons sur quelles preuves se fondent ces assertions; mais ce qui semble indubitable, c'est qu'ils eurent toujours l'un et l'autre leur résidence au delà du Montcenis [2]. Il paraît aussi que, malgré les nombreuses conversions qu'ils opérèrent parmi les populations de la Maurienne, le paganisme n'en fut complètement banni que plusieurs siècles plus tard.

Puisse la Maurienne garder toujours, comme elle a gardé jusqu'à cette heure, la foi des saints Élie et Milet, la foi de la Chaire de Pierre, mère de toutes

---

[1] Le P. ROCHEX, *Gloires de l'Abb. de la Noval.*, chap. III-VI. — GALLIZIA, *Atti de' Santi*, etc., t. II, p. 87 et suiv. — M. COMBET, *Histoire chronologique des évêques de Maurienne*, § 1, Mss.

[2] *Hist. chronolog.*, etc., ibid.

les Églises et spécialement de la nôtre! Puissent les prières de nos saints apôtres, qui du haut des cieux veillent sur cette terre que leurs sueurs ont fécondée, ramener à cette foi ceux que les préjugés et les passions du siècle en ont éloignés!

Sainte Thècle, vierge.

(VIᵉ SIÈCLE.)

CHAPITRE Iᵉʳ

Sainte vie de Thècle à Valloires. — Pigmónio. — Les moines écossais. — Départ pour l'Égypte.

Le Seigneur est admirable dans ses œuvres. Pour évangéliser la Maurienne, nous l'avons vu amener de Rome deux disciples du prince des Apôtres. Au milieu de nos montagnes est une petite ville jusqu'alors complètement inconnue dans l'histoire. Dieu veut que son nom retentisse dans les contrées voisines, que de grandes cités lui portent envie, qu'évêques et fidèles y accourent, que les prodiges s'y multiplient et qu'un saint roi emploie ses trésors à affermir l'œuvre des saints Élie et Milet. Pour cela, il n'a besoin que d'une pieuse fille et de quelques ossements d'un de ses saints.

Tygre ou Thècle, comme on l'appelle communément, naquit à Valloires, selon toute probabilité, à la fin du Vᵉ siècle ou au commencement du VIᵉ[1]. Elle était issue d'une famille distinguée par sa

---

[1] Voir Pièces justificatives, nº 1.

noblesse et par les grands biens qu'elle possédait ; mais elle se distingua plus encore elle-même par l'éclat de sa sainteté. Dès ses plus jeunes années, un attrait irrésistible la porta à l'étude de la religion, et spécialement de l'Écriture sainte dont elle acquit une connaissance fort supérieure à celle qu'en ont d'ordinaire les personnes de son sexe, et, comme son cœur n'était pas moins bien disposé que son esprit, elle s'efforçait chaque jour de conformer sa vie à ces divins enseignements. Une vertu brillait en elle au-dessus de toutes les autres : c'était la charité envers les pauvres. Quand la mort de ses parents l'eût rendue maîtresse de leur fortune, elle n'eut rien tant à cœur que de l'employer à amasser au ciel un trésor que ni la rouille ni les voleurs ne pussent lui enlever. Son patrimoine était le patrimoine des indigents, et elle le leur distribuait avec une si religieuse exactitude, avec une bonté si prévenante, qu'on eût dit qu'elle remplissait, non pas un acte de charité, mais un devoir de rigoureuse justice. C'est qu'elle comprenait, avec saint Augustin, que le superflu du riche est le nécessaire du pauvre, et que le lui refuser c'est se rendre coupable d'injustice, sinon envers lui, du moins envers Dieu.

La pieuse charité de Thècle s'étendait à tous les nécessiteux qui s'adressaient à elle ; néanmoins les pèlerins étrangers qui passaient par Valloires étaient l'objet de ses soins les plus empressés. Les pèlerinages remontent aux premiers siècles de l'Église. Sous le feu même des persécutions, les chrétiens aimaient à aller retremper leur foi aux lieux où Jésus-Christ a souffert pour la rédemption des hommes. Lorsque la paix eût été rendue à l'Église, cette dévotion prit un immense développement. Des troupes nombreuses de fidèles ne craignaient pas d'entreprendre un long et dangereux voyage, pour aller visiter la Terre-Sainte et prier sur le tombeau du Sauveur du monde. Saint-Pierre de Rome, Saint-Jacques de Compostelle, Saint-Martin de Tours et les autres sanctuaires les plus renommés de la chrétienté voyaient aussi se presser dans leur enceinte les pèlerins venus des régions les plus éloignées. L'unité religieuse et la civilisation sont plus redevables, que bien des gens ne pensent, à cette fusion des peuples au pied de la croix du Calvaire et des reliques des martyrs.

Or, le passage du Gallibier, qui relie Valloires au Briançonnais, était, à cette époque, une des principales voies de communication entre la France et l'Italie. Les pieux voyageurs des contrées occidentales de l'Europe arrivaient par la voie romaine du Mont-du-Chat et se dirigeaient, par le Mont-Genèvre, sur Rome ou un des ports d'Italie. Thècle les accueillait chez elle, fournissait à leurs besoins et leur prodiguait les attentions les plus délicates. Pour elle, il n'étaient pas des étrangers, mais des frères, selon la parole du Sauveur ; et elle remerciait la Providence de lui avoir donné les moyens d'exercer envers eux les devoirs de l'hospitalité chrétienne. Quand à la qualité de pèlerins ils joignaient la dignité de prêtres, son ingénieuse charité ne connaissait plus de bornes; il n'y avait rien qu'elle ne mit en œuvre pour honorer et servir Jésus-Christ dans la personne de ses ministres. La plus grande joie qu'ils pussent lui faire était de choisir sa demeure pour se reposer pendant quelques jours des fatigues du voyage.

Thècle avait une sœur nommée Pigménie. Celle-ci avait été d'abord engagée dans les liens du mariage; mais elle fut rendue à la liberté par la mort de son époux et se retira auprès de sa sœur, pour se mettre sous sa direction et l'aider dans ses bonnes œuvres. Elle s'instruisait à ses conseils, s'encourageait à ses exemples et ne négligeait aucune occasion de marcher sur ses traces. Ainsi elle réalisa en peu de temps le modèle de la veuve chrétienne, tracé par le grand Apôtre : « Qu'on puisse rendre témoignage de ses bonnes œuvres..., si elle a exercé l'hospitalité, si elle a lavé les pieds des saints, si elle a secouru les affligés, et si elle s'est appliquée à toutes sortes de bonnes œuvres[1]. »

Tandis que, pour l'amour de Jésus-Christ, les deux sœurs se faisaient les servantes des pauvres, elles mortifiaient leur corps par des veilles et des jeûnes, sachant bien que l'esprit ne peut s'élever, si la chair n'est retenue sous le joug de la pénitence. Leurs seuls délassements étaient d'aller, le plus souvent qu'il leur était possible, épancher leur âme au pied des autels et visiter les principaux lieux de dévotion des pays environnants. Thècle n'avait qu'un désir, celui de conserver intacte la virginité qu'elle avait promise à Dieu, et de consa-

[1] Timot., 5, 10.

crer toute sa vie au service de ses frères. Mais le Seigneur l'appelait à de plus grandes choses : il l'avait choisie pour être l'instrument de ses miséricordes envers la Maurienne.

Un jour, des moines écossais lui demandèrent l'hospitalité : ils revenaient de la Terre-Sainte et retournaient dans leur patrie en traversant l'Italie et la France. Thècle et Pigménie les reçurent avec leur empressement accoutumé. Ils passèrent trois jours avec elles, et, comme ils racontaient les principales particularités de leur voyage, Dieu permit que la conversation tombât sur les miracles qui s'opéraient chaque jour auprès des reliques de saint Jean-Baptiste et sur les diverses translations qui en avaient été faites. Après le martyre du saint Précurseur dans le château de Machérus, en Arabie, ses disciples avaient enseveli son corps à Sébaste, l'ancienne Samarie. Quatre siècles plus tard, Julien l'Apostat, furieux des miracles par lesquels Dieu glorifiait ce tombeau, l'avait fait ouvrir et avait livré les saintes reliques aux flammes; mais des moines avaient été assez heureux pour en sauver une grande partie. Ils avaient porté ce précieux trésor à Philippe, évêque de Jérusalem, lequel, gardant la tête, avait envoyé le reste à saint Athanase d'Alexandrie, qui l'avait caché dans une des murailles de son église. En 393 ou 395, l'empereur Théodose ayant fait construire à Alexandrie un temple magnifique en l'honneur de saint Jean-Baptiste, les reliques y avaient été transportées en grande pompe. La tête du saint Précurseur n'était pas restée longtemps à Jérusalem. Le lieu où l'évêque Philippe l'avait déposée étant devenu totalement inconnu, saint Jean-Baptiste l'avait révélé à deux religieux, qui avaient porté ce chef vénérable à Édesse, en Phénicie, d'où Théodose l'avait fait transporter à Constantinople [1]. Tel fut le récit des moines. Tout cela, ajoutèrent-ils, était arrivé par une admirable disposition de la Providence, qui s'était servie de ces translations afin que les prodiges qu'opéraient partout les reliques du précurseur de Jésus-Christ répandissent de plus en plus sa gloire et manifestassent la puissance de son crédit auprès de Dieu.

Ces discours firent sur Thècle une profonde impression : elle se sentit pressée d'un ardent désir d'aller visiter Alexandrie et de procurer à son pays quelque partie des reliques dont on lui disait tant de merveilles. C'était Dieu qui lui inspirait cette pensée; notre sainte n'en douta pas. Aussi, dès que les pèlerins écossais furent partis, elle fit ses préparatifs de voyage, confia le soin de ses affaires à sa sœur, lui recommanda instamment les pauvres et les pèlerins, et, accompagnée d'une servante, elle prit la route de l'Italie. Elle s'arrêta quelques jours à Rome pour visiter les tombeaux des saints Apôtres; puis ayant rencontré des voyageurs qui se disposaient à passer en Orient, elle se joignit à eux et ils firent voile vers l'Égypte.

---

[1] Légende manuscr. de sainte Thècle. — PACIAUDI, *De cultu S. J.-B. antiquit. christ.*, dissert., I, cap. VII et VIII. — FLEURY, *Hist. ecclés.*, t. XV, p. 45, édit. in-4º.

CHAPITRE II

Demandez et vous recevrez. — Qui peut enlever ce que Dieu garde? — Le retour.

Une heureuse navigation conduisit Thècle à Alexandrie[1]. A peine débarquée, son premier soin fut d'aller à l'église de Saint-Jean-Baptiste se prosterner au pied du tombeau où étaient renfermées les reliques du saint Précurseur. Avec quelle effusion de respect et d'amour elle épancha devant ces restes sacrés les sentiments dont son cœur débordait! Comme elle remercia le Seigneur, qui l'avait conduite au terme de ses vœux et préservée des dangers de tout genre d'une si longue navigation! Cependant les joies intérieures dont Dieu récompensait sa foi, ne lui faisaient point oublier le but principal de son voyage. Mais comment déterminer les habitants d'Alexandrie à se dessaisir en faveur d'une étrangère inconnue et sans appui d'une partie du trésor que tant de manifestations de la puissance divine leur rendaient plus cher encore? Thècle prévoyait bien des obstacles de la part des hommes. Néanmoins, forte de cette confiance souveraine qui dispose du cœur de Dieu, elle fit vœu de ne pas retourner en Maurienne avant d'avoir vu réaliser son pieux dessein. Elle s'adressa d'abord à ceux qui avaient la garde des reliques; mais ils se moquèrent d'elle. Ce contre-

---

[1] Voir Pièces justificatives, n° 2.

temps, qui aurait découragé une âme moins fortement trempée, ne fit qu'augmenter l'ardeur de ses désirs et la vivacité de sa confiance : n'ayant rien à attendre des hommes, elle tourna toutes ses espérances du côté de Celui qui a dit : « Tout ce que vous demanderez avec foi, vous l'obtiendrez[1]. » Chaque jour, elle se rendait à l'église et priait le Seigneur de ne pas permettre qu'elle eût fait un si pénible voyage sans avoir été exaucée; elle lui montrait la pureté de ses intentions et lui rappelait avec larmes ses promesses répétées à chaque page des saintes Écritures. Pour attirer sur elle les bénédictions du ciel, elle se livra aux plus rudes austérités de la pénitence, aux jeûnes, aux veilles, à la prière, à tout ce qu'elle pouvait imaginer de plus propre à expier ses fautes, qui la rendaient indigne, croyait-elle, de la faveur qu'elle sollicitait.

Deux ans se passèrent ainsi. Les macérations extraordinaires qu'elle s'était imposées avaient exténué ses forces et rien n'annonçait que ses vœux fussent exaucés : Dieu et les hommes semblaient également sourds à ses prières. Thècle espérait toujours contre toute espérance. Au commencement de la troisième année, elle résolut de faire violence au ciel.

Un jour elle va à l'église, se prosterne la face contre terre devant le tombeau et, toute en larmes, proteste à Dieu qu'elle ne prendra aucune nourriture et ne se relèvera pas qu'il ne lui ait accordé la grâce que depuis si longtemps elle demande.

[1] Matt., 21, 22.

Six jours s'écoulent; la sainte sent que ses forces l'abandonnent et elle s'en réjouit; car elle aime mieux que Dieu l'appelle à lui que de retourner dans sa patrie, privée du seul bien qu'elle ambitionne et qu'elle est venue chercher si loin.

Mais, ô puissance de la prière! le septième jour, Thècle voit trois doigts sur le tombeau; Dieu en a tiré le *medius*, l'*annulaire* et une partie du pouce de la main droite de saint Jean-Baptiste, doigts bénis qui touchèrent le Sauveur du monde, lorsqu'il voulut recevoir dans le Jourdain le baptême de la pénitence. Au même instant, le Seigneur fait connaître à la sainte qu'elle est exaucée; ses forces lui reviennent, elle se lève, dépose le don que Dieu lui fait, au milieu de quelques autres reliques, dans un reliquaire préparé à cet effet et, ayant rendu grâces à Dieu et à saint Jean-Baptiste, elle retourne à son logis. Ses préparatifs de départ furent bientôt achevés; elle sortit de la ville et se dirigea vers le port pour repasser en Europe.

Cependant Dieu voulut mettre sa foi à une nouvelle épreuve. Les habitants d'Alexandrie ne tardèrent pas à s'apercevoir de la disparition des trois doigts de saint Jean-Baptiste. Sans doute, apprenant le départ de Thècle et connaissant le vœu qu'elle avait fait, ils s'étaient empressés d'ouvrir le tombeau et avaient pu se convaincre que, malgré leurs railleries, elle avait réellement accompli son vœu. Alors, au lieu de reconnaître l'œuvre de Dieu dans un événement aussi extraordinaire, ils se mirent à se reprocher les uns aux autres ce qu'ils appelaient leur négligence. « Quoi!

disaient-ils, laisserons-nous une femme étrangère nous ravir un trésor qui est la gloire et le rempart de notre pays? » Et ils coururent à sa poursuite.

Thècle avait déjà fait plusieurs milles quand elle vit arriver ceux qui la poursuivaient. Fuir était impossible; elle n'y songea pas même. La pensée de perdre l'objet de toute son ambition, le fruit de tant de fatigues et de prières si ferventes, la remplit d'abord d'une profonde douleur. Mais aussitôt elle sentit renaître plus vive que jamais sa confiance en Dieu. « Seigneur, s'écria-t-elle dans l'amertume de son âme, voudrez-vous donc changer ma joie en tristesse et faudra-t-il que je perde le don que vous m'avez fait et que j'étais si heureuse de porter à ma patrie? » Elle tira les saintes reliques de la boîte et les cacha sur son sein. Au même instant, elles disparurent : Dieu, qui les avait tirées d'un tombeau de pierre par sa puissance miséricordieuse, disent nos manuscrits, les renferma dans le sein de sa servante comme dans un tombeau de chair.

Thècle fut bientôt rejointe par les habitants d'Alexandrie, qui lui ordonnèrent avec menaces de rendre les reliques qu'elle leur avait enlevées. « Hélas! répondit-elle en poussant un profond soupir, j'ai perdu l'objet de mon espérance; mon bonheur s'est dissipé dans mes larmes. Dieu me les avait données, mais mes péchés m'en ont rendue indigne. » Ils ouvrirent son reliquaire, la dépouillèrent de ses vêtements qu'ils visitèrent, et fouillèrent jusque dans ses cheveux. Confus de l'inutilité de leurs recherches, ils laissèrent enfin notre sainte et s'en retournèrent. Quand ils se furent éloignés, Thècle revit les saintes reliques à la place où elle les avait mises¹.

Nous n'essayerons pas de décrire sa joie et sa reconnaissance. Les prodiges que le Seigneur multipliait pour elle étaient une preuve évidente qu'il approuvait ses desseins. Désormais sa vie ne sera plus qu'une hymne d'amour et d'action de grâces. Dieu préserva le reste de son voyage de tout accident et elle arriva en Maurienne, plus heureuse mille fois que si elle eût apporté avec elle toutes les richesses de l'Égypte.

―――

CHAPITRE III

La ville de Maurienne. — L'ermitage du Rocherai. — Les moineaux. — La mort des saints est précieuse devant Dieu.

L'origine de la ville de Saint-Jean se perd dans la plus haute antiquité. On ne connaît rien ni de l'époque de sa fondation, ni des vicissitudes de son histoire jusqu'au vi⁰ siècle de notre ère, époque à laquelle elle portait le nom de Maurienne. C'est ainsi que l'appellent saint Grégoire de Tours (de Glor. Mart., lib. I, cap. XIV), Sigebert dans sa Chronique, et l'ancienne légende de sainte Thècle, rapportée par les Bollandistes (25 juin) et par

¹ Voir Pièces justificatives, nᵒ 3.

M. Combet (*Hist. chron. des évêq. de Maur.*, Preuv. n° 6).

Ce fut dans cette ville que Thècle déposa le fruit de son laborieux pèlerinage. Elle pensa que, dans ces temps de troubles et de guerres, les saintes reliques seraient plus en sûreté dans une ville, qui probablement était déjà fortifiée, que dans son village natal, isolé au sommet des montagnes. D'ailleurs, placées au centre de la province, les pèlerinages y seraient plus faciles et plus nombreux, les merveilles qui s'y opéreraient auraient un plus grand retentissement et saint Jean-Baptiste deviendrait le patron et le protecteur de la Maurienne tout entière. Nous verrons comment Dieu a réalisé et même dépassé les espérances de la pieuse fille.

Thècle avait résolu de faire construire une église digne de celui que le Sauveur a proclamé le plus grand des enfants des hommes, et déjà les travaux avançaient rapidement, lorsque Dieu envoya à son zèle un secours providentiel. Le bruit de l'arrivée des reliques de saint Jean-Baptiste et des nombreux miracles par lesquels le Seigneur ne cessait de manifester la puissance du glorieux Précurseur, n'avait pas tardé à se répandre dans toutes les contrées voisines ; il parvint jusqu'au saint roi Gontram, qui voulut se charger lui-même de la construction de l'église et peu après fit de la ville de Maurienne le siège d'un nouvel évêché. Nous reviendrons sur ces événements, par lesquels la Maurienne commence à être connue dans l'histoire et dont la gloire appartient en premier lieu à l'humble vierge dont nous racontons maintenant la vie[1].

Cependant Thècle, dégoûtée du monde et désireuse de jouir des douceurs de la vie érémitique dont elle avait sans doute beaucoup entendu parler pendant son séjour en Orient, s'était retirée, au-dessus de la ville, dans un lieu appelé par nos manuscrits *Loconia* ou *Loconnis*, et par Gallizia, *Lozenai*. La dévotion du peuple lui donna, depuis, le nom de la sainte. Sa sœur Pigménie l'avait rejointe avec douze veuves[2], qui désiraient se mettre sous sa direction. Thècle s'était prêtée volontiers à leur demande. Ayant trouvé une grotte profonde, creusée par la nature dans les flancs de la montagne, elle y fit ajouter un corps de logis dont on voit encore aujourd'hui des vestiges. Sa demeure ordinaire était une petite chambre, située au-dessus de l'habitation de ses compagnes et où elle pouvait satisfaire plus à l'aise son amour de la prière et du silence. Elle transporta même pendant quelque temps dans son ermitage les doigts de saint Jean-Baptiste, dans la crainte, disent nos manuscrits, qu'ils ne vinssent à tomber entre les mains des païens. Quels étaient ces païens ? Étaient-ce ceux qu'il pouvait encore y avoir dans le pays, ou les Bourguignons et les Lombards hérétiques qui, au VIe siècle, ravagèrent la Maurienne? Ces manuscrits ne le disent pas. On désignait alors assez communément sous le nom de païens tous

---

[1] Voy. la *Vie de saint Gontram*, chap. IV.
[2] *Acta Sanctor.*, 25 juin, *Notat. præv.*

ceux qui ne professaient pas la religion catholique.

Dans la retraite qu'elle s'était choisie pour échapper à la dissipation du monde et aux louanges des hommes, Thècle menait une vie tout angélique. La prière et la contemplation des choses célestes étaient son unique occupation. La solitude du lieu, la pensée des faveurs extraordinaires que le Seigneur lui avait faites, la vue de l'église où reposait le trésor qu'elle avait obtenu d'une manière si merveilleuse, la dévotion des peuples envers saint Jean-Baptiste, et les grâces qui en étaient la récompense, tout recueillait, tout élevait son âme et la conservait dans cette douce extase de la prière que saint Paul appelle une conversation continuelle avec les cieux [1].

Thècle eut un singulier ennemi à combattre. Les chênes qui entourent l'ermitage, tantôt cachés dans les plis de la montagne, tantôt dressant fièrement sur les rochers leurs cimes rameuses, étaient peuplés de moineaux dont les cris perçants venaient la distraire dans ses méditations. Un jour, elle pria Dieu de la délivrer de ces bruyants voisins. Sa prière était à peine achevée, que les moineaux arrivèrent, voletant autour d'elle en plus grand nombre et pépiant plus fort encore que de coutume. On eût dit d'un défi. Thècle leur ordonna, au nom de Jésus-Christ, de s'éloigner. Incontinent, les pauvres petits oiseaux s'enfuirent, et depuis lors on n'en vit jamais plus en ce lieu [2]. Et, de fait,

---

[1] Philip., 3, 20.
[2] Voir Pièces justificatives, n° 4.

aujourd'hui encore, les moineaux ne vont pas à Sainte-Thècle, bien que les environs du séminaire et toute la vallée en fourmillent.

Nos manuscrits ne disent pas combien de temps Thècle vécut encore depuis le moment où elle se retira dans l'ermitage de Lozenai. Ils nous donnent toutefois à entendre qu'elle y passa un certain nombre d'années. Sa vie n'avait été qu'une longue préparation à la mort : elle avait reçu, nourri, aimé Jésus-Christ dans la personne des pauvres; elle l'avait fait honorer et glorifier dans son Précurseur; quand elle avait eu rempli la pénible mission que Dieu lui avait confiée, elle avait fui le monde pour se cacher dans la solitude et n'y vivre que pour le ciel. Sa vie pouvait se résumer en ces trois mots divins : charité, mortification et prière. Pouvait-elle redouter le moment où le Juge suprême viendrait lui en demander compte ? N'avait-il pas été le témoin et la fin unique de ses pensées, de ses affections et de ses travaux ? Aussi Thècle ne craignait pas la mort; elle la désirait, elle l'appelait de tous ses vœux; elle soupirait après le beau jour où, laissant sa prison de chair, elle s'envolerait dans le sein de Dieu, comme un ouvrier laborieux rentre le soir à la maison de son maître, chargé des fruits de sa journée.

Dieu lui fit enfin connaître que ce moment n'était pas éloigné. A cette nouvelle, son cœur tressaillit de joie, parce qu'elle allait entrer dans la maison de son Seigneur. Néanmoins, elle lui témoigna le désir de voir encore sur la terre la fête de la Nativité de saint Jean-Baptiste et de la dédicace de l'église qu'elle avait commencée et que saint Gontram avait achevée. Elle voulait, avant de mourir, dire adieu à tout ce qu'elle avait aimé en ce monde.

Le 24 juin, Thècle put, pour la dernière fois, assister à la sainte messe, après laquelle elle distribua tout ce qu'elle avait aux pauvres, aux veuves et aux orphelins. Elle disposa ensuite des biens qu'elle possédait. Les pauvres, on le pense bien, furent ses premiers héritiers. Elle fonda une maison *(matriculam)*, où douze veuves devaient être logées et entretenues leur vie durant. L'église de la ville, que nous pouvons dès lors appeler Saint-Jean de Maurienne, ne pouvait être oubliée dans ses libéralités; elle lui donna sa propriété de Valloires et soumit à sa juridiction la cure de cette paroisse, ainsi que tout ce qui était sous son pouvoir dans cette localité.

Le lendemain, la sainte reçut la visite de ses amis et de ses connaissances : ils venaient lui demander pardon des offenses dont ils pouvaient s'être rendus coupables envers elle et se recommander à ses prières. Elle leur dit adieu avec la joie du prisonnier qui, après une longue captivité, voit s'ouvrir les portes de sa prison et serre une dernière fois la main de ses compagnons de chaîne. Puis, ayant reçu les sacrements des mourants, elle s'endormit doucement dans le Seigneur. « Et maintenant elle règne avec les anges et tous les saints pour les siècles des siècles. *Amen.* »

« Gloire à Dieu et à la Vierge sa mère ! »

Ainsi finit l'ancienne légende de laquelle nous avons tiré tous les faits que nous avons rapportés.

Un peu plus haut, l'auteur dit : « Nous avons écrit ces choses pour l'utilité de la génération présente, afin qu'elle les connaisse d'une manière certaine et qu'elle les transmette à la postérité la plus reculée. Que si quelqu'un a la témérité de retrancher ou de changer quelque chose à ce récit, qu'il sache qu'il a offensé Dieu, la Vierge sa mère et son Précurseur Jean; qu'il ne puisse venir à bout de son mauvais dessein, et que cet écrit demeure entier et immuable pour l'honneur de la Vierge Marie, de saint Jean-Baptiste et de la servante de Dieu sainte Tygre, qui, pour Jésus-Christ, a supporté tant et de si grands dangers. »

CHAPITRE IV

Reliques et culte de sainte Thècle.

Quand on arrive à Saint-Jean par la route d'Italie, la première chose que l'on aperçoit, c'est la chapelle de Bonne-Nouvelle, qui domine la ville comme une citadelle; sainte et puissante citadelle, en effet, dont les âmes chrétiennes expérimentent depuis plusieurs siècles la force tutélaire. Suivez, à droite du sanctuaire, le chemin qui grimpe à travers les dernières vignes. Voyez-vous cette haute muraille enfoncée dans un ravin dont elle réunit les bords, et cette grande croix blanche qu'une main pieuse vient de planter sur le rocher comme un signe béni[1] ?

C'est l'ermitage de sainte Thècle et de ses compagnes.

Il est divisé en deux étages. La partie inférieure est un espace maintenant sans entrée, qui reçoit le jour par quatre ouvertures. Cet étage formait, au dire des Bollandistes, l'habitation commune de sainte Thècle, de sa sœur Pigménie et des douze veuves.

L'étage supérieur est depuis longtemps sans toiture ; on y entre par un portail en tuf peu élevé. Au fond, dans le rocher qui sert de clôture de ce côté en s'enfonçant dans la montagne, s'ouvre une grotte plus large que longue. Dans la cour ou sur le rocher lui-même, car le passage des Bollandistes, qui nous donne ces détails, n'est pas très clair[2], était située la cellule où sainte Thècle aimait à se retirer pour vaquer avec plus de liberté à l'oraison. Il semble cependant, d'après les mêmes auteurs, que la grotte faisait partie de cette cellule et servait d'oratoire à la sainte; car ils disent tout à la fois qu'elle fut ensevelie dans sa cellule et dans la chapelle souterraine, à côté du maître-autel. Tout cela, ajoutent-ils, se lit dans des documents conservés dans les archives de l'église de Saint-Jean. Mais nous avons en vain fouillé dans les archives de l'évêché et dans celles du chapitre; ces documents ont sans doute été détruits

---

[1] Voir Pièces justificatives, n° 5.
[2] Voir Pièces justificatives, n° 6.

pendant la Révolution. Les vandales de 93, non contents de faire la guerre à Dieu, aux saints, aux prêtres et aux nobles, la déclarèrent au papier; le parchemin surtout fut traité en ennemi de la liberté. Stupidité sauvage, qui suffit à elle seule pour caractériser la philosophie de ces fils de Voltaire.

La chapelle de Sainte-Thècle possédait, au XIIIe siècle, des revenus considérables, fruits de la pieuse générosité des fidèles. En 1270, Pierre de Guëlis, évêque de Maurienne, les unit à la mense capitulaire, afin de venir au secours du chapitre dans ces temps calamiteux[1]. Tout a disparu dans le gouffre révolutionnaire, et la chapelle ne possède plus aujourd'hui qu'une lisière, sans valeur, de rochers et de forêt.

Elle-même était tombée dans l'état le plus déplorable. Quelques planches bariolées, en guise de voûte; un petit autel en bois, pauvre et dégradé; une grille également en bois sur le devant : tels étaient encore, au mois de mai 1858, les seuls ornements de cette grotte qui rappelle à la Maurienne de si précieux souvenirs. Depuis, la voûte posée par la main de Dieu a été débarrassée de sa ridicule boiserie ; une grille en fer ferme la grotte dont un autel en marbre blanc, simple comme la vertu de la vierge de Valloires, décore le fond. Le mur de soutènement de la cour attend encore qu'une main pieuse et intelligente le relève de ses ruines et termine l'œuvre de restauration com-

---

[1] M. ANGLEY, *Notice sur sainte Thècle*, p. 22.

mencée par M. le chevalier Anselme, ancien conseiller à la Cour d'appel de Chambéry, qui a fait don de l'autel et de la grille.

La chapelle de la Balme-Rochex était, au XVIIe siècle, le but de nombreux pèlerinages. Souvent des paroisses entières s'y rendaient en procession ; au retour, elles ne manquaient jamais de faire une seconde station à la chapelle de Bonne-Nouvelle [1].

Qu'est devenu le corps de la sainte dans le cours des siècles? Est-il resté dans la chapelle souterraine, ou bien, transporté à la cathédrale, a-t-il disparu dans les désastres du VIIIe, du Xe et du XVe siècle? Tout ce qu'il y a de certain, c'est que la cathédrale a conservé jusqu'à la Révolution française un des bras de la sainte, enfermé dans un reliquaire magnifique [2]. Cette relique insigne partageait les honneurs rendus par la dévotion des fidèles aux doigts vénérés de saint Jean-Baptiste. Douze siècles s'étaient écoulés depuis que cette main avait apporté en Maurienne les doigts bénis qui montrèrent aux Juifs le Sauveur promis à leurs pères. Dieu l'avait soustraite aux profanations des Sarrasins ;

---

[1] Titres des archives communales de Jarrier. — Voir Pièces justificatives, n° 7.

[2] Un acte du 14 juillet 1688, passé par-devant maître Jean-Baptiste Mollinard, notaire à Saint-Jean, nous apprend que l'église Saint-Christophe possédait aussi des reliques de sainte Thècle. Aux principales fêtes de l'année, on les exposait, ainsi que celles du patron de l'église, à la vénération des fidèles.

L'église Saint-Christophe était située sur l'emplacement qu'occupait le cimetière il y a quelques années, près de la maison des missionnaires ; elle fut détruite par un incendie le 7 janvier 1790. (Registre des délibérations du conseil de ville.)

il ne permit pas qu'elle échappât à la barbarie philosophique de la fin du xviiie siècle.

Au mois de décembre 1793, le Directoire du département du Mont-Blanc envoya en Maurienne le citoyen Chevrillon, avec mission d'enlever les vases sacrés et les autres objets précieux servant au culte divin. Le 21 (1er nivôse an II), le représentant de la Convention, accompagné du maire de la ville, Dominique Favier, et suivi de quelques forcenés, entre dans la cathédrale; croix, reliquaires, ostensoirs, calices d'or et d'argent, toutes les richesses accumulées par la piété des siècles et conservées dans la sacristie et la salle du trésor, au-dessus de la chapelle de sainte Thècle, sont enlevées et expédiées à Chambéry. L'huile sainte est répandue à terre, les reliques foulées aux pieds et jetées à la rue. Seuls les doigts de saint Jean-Baptiste sont sauvés de la manière que nous dirons en son lieu.

Au culte de Dieu et des saints on substitua celui des femmes perdues sous le nom de déesses de la Raison. Dieu pouvait-il être vengé par un châtiment plus ignominieux?

Sainte Thècle avait une chapelle dans la cathédrale. « C'est aujourd'hui ce qu'on appelle la vieille sacristie. Lors des désastres de l'inondation de 1439, qui submergea la ville et fit tant de mal à la cathédrale, il paraît que la chapelle de sainte Thècle a échappé seule aux ravages du torrent dévastateur. Ce qui en reste aujourd'hui, à l'exception des ogives qui en décorent la voûte, paraît appartenir, d'après M. de Caumont *(Histoire de l'architecture religieuse au moyen-âge)*, à l'époque qui court du ve au xie siècle. Cette chapelle ayant été transformée en sacristie à la fin du xve siècle, on éleva alors à notre sainte un autel dans un endroit des plus apparents de l'église, entre la principale nef et le chœur. Cet autel a subsisté jusqu'à la Révolution[1]. »

A Valloires, une petite chapelle est dédiée à sainte Thècle. Les nobles de Rapin la firent bâtir dans leur fief de la Choudane, avant le commencement du xviie siècle[2]. Elle fut rasée sous la terreur; mais en 1817, M. J.-B. Grange fit un legs à la commune pour sa reconstruction et y fonda une procession et une messe annuelles le jour de la fête de la sainte. Divers obstacles retardèrent la complète exécution de ses volontés, et la bénédiction de la nouvelle chapelle ne put avoir lieu que le 28 juillet 1846.

A une autre extrémité du diocèse, la paroisse du Bourget-en-l'Huile a, depuis un temps immémorial, choisi sainte Thècle pour sa patronne titulaire : le procès-verbal de la visite pastorale de 1571, le plus ancien que nous ayons, donne déjà à cette paroisse le nom de *Sainte-Thècle du Bourget*.

Nous ne savons pas à quelle époque la fête de sainte Thècle a été instituée et fixée au 25 juin, jour anniversaire de sa naissance au ciel, comme dit admirablement l'Église. « Le grand bréviaire manuscrit, rédigé, à ce qu'il paraît, entre le xiiie et le xive siècle, à l'usage du chapitre, renferme la

---

[1] *Notice sur sainte Thècle*, p. 21.
[2] *Procès-verbaux des Visites pastorales de 1609 et 1622.*

légende de sainte Thècle et tout son office. Mgr le cardinal Louis de Gorrevod, faisant imprimer en 1512 un bréviaire spécialement destiné à son diocèse de Maurienne, y plaça au 25 juin l'office de cette sainte avec huit leçons propres[1]. » Toutefois, jusqu'à la Révolution, la fête de sainte Thècle, sous le rit double, était particulier à la ville de Saint-Jean et à la paroisse de Valloires. C'est, du moins, ce que nous voyons dans plusieurs calendriers du XVIIIe siècle. Depuis la restauration du culte, on se contenta de faire commémoraison de la sainte, jusqu'en 1849, où Mgr Vibert rétablit sa fête et l'étendit à tout le diocèse. L'office, avec les leçons propres, a été approuvé par Sa Sainteté le pape Pie IX. De plus, à la sollicitation du pieux restaurateur de la chapelle de sainte Thècle, le même Pontife, par son bref du 7 septembre 1858, a accordé à ceux qui visitent la grotte une indulgence plénière, le jour de la fête de la sainte, et une indulgence de sept ans et sept quarantaines, les autres jours de l'année[2].

Ainsi reçut enfin sa consécration solennelle un culte que treize siècles n'avaient fait que rendre plus vénérable et plus cher à la Maurienne; car nous ne croyons pas exagérer en disant que l'origine du culte de sainte Thècle touche de très près à l'époque où vécut cette sainte. De fait, il n'a pas dû se passer longtemps avant que les habitants de la Maurienne, ceux de Saint-Jean surtout, qui

---

[1] *Notice sur sainte Thècle*, p. 23.
[2] Voir *Pièces justificatives*, no 8.

avaient été témoins oculaires des éclatantes vertus de Thècle, et qui, dans la haute opinion qu'ils avaient de sa sainteté, s'étaient déjà recommandés à ses prières lorsqu'elle était sur le point de quitter ce monde, ne recourussent à sa protection et n'en ressentissent les heureux effets. Quoique nous n'en ayons pas des preuves positives antérieures au xive siècle, il est indubitable que l'autorité épiscopale n'attendit pas cette époque pour approuver une dévotion si légitime et si fructueuse. Telle était, à cette date, la piété des évêques de Maurienne envers celle que l'on peut, à juste titre, appeler la première fondatrice de l'évêché, que cinq d'entre eux voulurent être ensevelis au pied de l'autel de sainte Thècle dans la cathédrale; ce sont Aimon I de Miolans, en 1300; Amblard d'Entremont, en 1308; Aimon II de Miolans, en 1334; Amédée de Savoie, en 1376, et Amédée de Montmayeur, en 1422 [1]. Cette piété, nous venons de le voir, est loin d'être déchue de nos jours dans le successeur des Aimon et des Amédée.

Oui, c'est bien un exemple qu'il fallait nous rappeler dans ce siècle orgueilleux et cupide, pour lequel la foi des saints est, comme au temps de saint Paul, simplicité et folie, que celui de Thècle noble et riche, humiliant sa noblesse aux pieds des pèlerins, versant sa fortune dans le sein des pauvres, abandonnant tout, parents, richesses, patrie, afin de procurer à son pays quelques parcelles des ossements du plus humble et du plus grand des enfants

---

[1] *Notice sur sainte Thècle*, p. 22.

des hommes; espérant en Dieu, quand Dieu même semble la rebuter; puis, toute comblée de ses faveurs extraordinaires, se retirant dans le creux d'un rocher, pour fuir les louanges des hommes et ne vivre qu'en Dieu. Oh! demandons par son intercession la foi vive, la confiance inébranlable, la charité ardente, l'humilité profonde, qui font les saints; demandons surtout cette obéissance parfaite aux inspirations de la grâce, qui n'en recherche pas curieusement la raison et le but, qui ne les discute point à la fausse lumière de la sagesse humaine; mais qui, toujours humble et soumise, répond simplement, avec Samuel, à la voix de Dieu, quelque mystérieuse et exigeante qu'elle puisse paraître : « Me voici, Seigneur, puisque vous m'appelez. »

Les Reliques de saint Jean-Baptiste.

CHAPITRE Ier

Culte des Reliques. — Miracles.

Un des caractères des dix ou douze premiers siècles de l'Église, c'est une dévotion ardente et générale envers les reliques des saints. Cette dévotion a scandalisé plusieurs écrivains de nos jours et contribué à attirer sur le moyen-âge le superbe mépris de nos philosophes. Il est encore de mode aujourd'hui, dans une certaine école, de dire : *Les ténèbres du moyen-âge*, comme l'on dit : *Les lumières du* XIXe *siècle*. Et certes! des villes, des royaumes entiers, s'empressant autour des restes mortels des serviteurs de Dieu, s'en disputant les moindres parcelles et les considérant comme une protection plus assurée que des fossés et des remparts; des chrétiens de toutes conditions, entreprenant de longs et pénibles voyages dans le seul but de se procurer quelques parties des corps des martyrs; un roi de France (Childebert en 543) levant le siége de Sarragosse, après avoir obtenu la tunique et l'étole de saint Vincent, et rentrant dans ses États plus joyeux que s'il eût conquis toute l'Espagne¹ : voilà bien de quoi faire pitié à l'esprit orgueilleux et matériel de notre siècle!

La foi prend les choses de plus haut. Jésus-Christ, en s'unissant à la nature humaine, l'a non-seulement rachetée, mais élevée, ennoblie et divinisée, selon sa propre expression¹ ; il a appelé l'homme, et l'homme tout entier, à la participation du bonheur, de la gloire et de la puissance de Dieu. Il est vrai, avant de rejoindre l'âme dans le royaume éternel des enfants de Dieu, le corps des saints doit passer par le tombeau; car, dit saint Paul², ce corps mortel n'est que la semence du corps immortel et glorieux. Mais cette semence, toute vile, toute inférieure qu'elle est relativement au fruit qui en doit sortir, n'a-t-elle donc aucun prix et ne mérite-t-elle aucun honneur? Les corps des saints ne sont-ils pas devenus par le baptême les membres de Jésus-Christ, les branches de sa vigne, pour parler comme le Sauveur? Ne s'est-il pas incorporé à eux par l'Eucharistie et n'y a-t-il pas déposé un germe de vie qui se lèvera un jour comme la tige de froment sort du grain jeté en terre? Par le seul fait de l'union de l'un avec l'autre, momentanément seulement interrompue, ne semble-t-il pas qu'il se fait nécessairement sur ce corps une effusion de la gloire dans laquelle l'âme n'a fait que le précéder? Quand donc la décision de l'Église, fondée sur des témoignages évidemment divins, nous a appris qu'une âme règne au haut des cieux,

---

¹ Saint Jean, 10, 34.
² 1 Cor., 15, 42.

serait-il juste que le compagnon de cette âme, son associé jadis dans les travaux qui lui ont mérité le ciel et son associé futur dans la gloire, n'eût aucune part dans le culte qui lui est décerné?

L'Église catholique seule répond raisonnablement à cette question, que, d'ailleurs, Dieu a résolue par des faits. Nous n'avons nulle intention de justifier les abus dont le culte des reliques a été l'occasion, ni d'admettre tous les récits merveilleux qu'une crédulité imprudente a mis en circulation; mais, à moins de jeter l'histoire au feu et de poser en principe que tout ce qui est extraordinaire est faux et que Dieu ne peut rien faire qui dépasse la limite des forces humaines et les lois ordinaires de la nature, on est forcé de reconnaître dans les reliques des saints l'action fréquente d'un pouvoir divin, qui légitime surabondamment et le culte que l'Église leur rend et la dévotion des fidèles. Lorsque tant de morts ressuscitaient, tant de malades guérissaient, tant de villes étaient préservées de leur ruine par la protection de ces ossements sacrés, nos pères pouvaient être autorisés, ce nous semble, à les regarder comme un moyen efficace d'attirer les bénédictions spirituelles et temporelles de Dieu.

Ces réflexions nous ont été inspirées par le désir de ranimer dans tous les cœurs, en rappelant les fondements théologiques sur lesquels elle repose, l'antique et profonde dévotion de nos pères pour les reliques vénérées du saint Précurseur, dévotion que peut-être plusieurs ont laissée, sinon s'éteindre, du moins s'affaiblir sous le souffle énervant du rationalisme et de l'indifférence. Voyons par quelles faveurs miraculeuses Dieu l'approuvait et la récompensait.

A peine sainte Thècle eut-elle déposé dans l'église de Saint-Jean le trésor que le Seigneur lui avait donné, qu'une multitude de pieux fidèles accoururent des contrées environnantes, désireux de vénérer les restes du Précurseur de Jésus-Christ; on distinguait parmi eux les évêques de Turin, d'Aoste et de Belley. Ces derniers ne venaient pas seulement pour satisfaire leur dévotion particulière; mais ayant appris par quelle voie la sainte avait obtenu les trois doigts de saint Jean-Baptiste, ils espéraient que Dieu leur en accorderait à eux-mêmes quelques parties. Ils entrèrent dans l'église et, après de ferventes prières, ils placèrent les saintes reliques sur un linge qu'ils avaient apporté à cet effet. Mais en vain s'efforcèrent-ils d'en détacher des parcelles : Dieu ne voulut point diminuer le don qu'il avait fait à la Maurienne. Les évêques ne se découragèrent pas : pendant trois jours ils se livrèrent à des jeûnes, à des veilles et à des prières continuelles. Le troisième jour, une goutte de sang tomba visiblement des ossements desséchés. Encouragés par ce premier miracle, ils redoublèrent leurs supplications et bientôt, deux autres gouttes de sang étant tombées de la même manière, ils purent se partager le linge et retourner, bénissant le Seigneur, dans leurs diocèses où ils dédièrent leurs cathédrales à saint Jean-Baptiste[1].

---

[1] *Acta Sanctorum*, 25 juin. — GALLIZIA, *Atti de' Santi*, t. II, p. 277. — DAMÉ, *Histor. eccles., episc. et diœc. Maurian.*, cap. I. — S. GREG. TURON., lib. I, cap. XIV, *de Glor. Mart.*

Peu de temps après, il se passa un événement qui suffit pour arrêter ceux qui auraient pu songer, à l'avenir, à dépouiller la ville de Saint-Jean du trésor dont sainte Thècle l'avait enrichie. Le diocèse de Turin, duquel dépendait la Maurienne, était gouverné par un évêque nommé Rufus, homme de grande vertu. Son archidiacre voyait d'un œil singulièrement jaloux qu'une petite ville comme Saint-Jean possédât des reliques de saint Jean-Baptiste et il souhaitait passionnément de les transporter à Turin. Un jour il alla trouver l'évêque et lui dit : « Il n'est pas convenable qu'une pareille relique reste dans un lieu si peu digne de la posséder. Faites-la donc transporter ici. — Faites vous-même ce que vous voudrez, répondit Rufus; car pour moi je n'ose tenter cette entreprise. — Eh! bien, reprit l'archidiacre, si vous y consentez et si vous me donnez ce qui est nécessaire pour le voyage, j'irai et j'apporterai ces saintes reliques. »

L'évêque y consent et l'archidiacre part aussitôt. Il vient à Saint-Jean, entre dans l'église et met audacieusement la main sur le reliquaire. Mais au même instant il tombe comme frappé de la foudre; une fièvre ardente le saisit, il se tord dans les plus cruelles douleurs et meurt trois jours après. Tout le monde vit dans ce tragique événement la main de la Providence. Aussi personne n'osa plus toucher les reliques ni même le reliquaire où elles étaient renfermées, si ce n'est après en avoir obtenu la permission et pour satisfaire avec humilité sa dévotion[1].

---

[1] Auteurs cités, p. 42.

Dès cette époque, l'église de Saint-Jean voyait les pèlerins affluer au pied de l'autel de saint Jean-Baptiste. A la vigile de la Nativité du Précurseur et à la fête des Reliques, qui se célébrait le dimanche après l'octave des apôtres saint Pierre et saint Paul[1], le concours était immense. On y venait, non-seulement des paroisses voisines, mais même de la France. Si nombreuses et si extraordinaires étaient les grâces que l'on obtenait, surtout dans ces solennités, que Sigebert, moine de Gemblours au XI° siècle, écrivit dans sa Chronique à l'année 613 : « La puissance et la gloire de saint Jean-Baptiste éclatent par des miracles dans une ville des Gaules appelée Maurienne et illustrée par ses reliques. » Les épileptiques et ceux qui étaient affligés de fièvres invétérées étaient l'objet spécial de la puissante protection du saint[2]. En reconnaissance de tant de prodiges, on établit une fête que nous trouvons fixée, dans le Bréviaire de 1512, au second lundi après Pâques, sous le nom de *Fête des miracles de saint Jean-Baptiste*.

Malheureusement, ces miracles n'ont pas été consignés par écrit ou, s'ils l'ont été, les titres qui en contenaient le récit se sont perdus dans les désastres que la ville de Saint-Jean a soufferts du VIII° au XV° siècle. Après la reconstruction de la cathédrale, presque entièrement détruite par l'inondation de Bonrieux, en 1439, les pèlerins continuèrent à se presser auprès des reliques, et

---

[1] Bréviaire du cardinal de Gorrevod (1512).
[2] DAMÉ, cap. V.

les innombrables *ex-voto* dont la cathédrale et la sacristie étaient remplies au temps du chanoine Damé [1], prouvent que l'intercession de saint Jean-Baptiste n'était pas invoquée en vain. Le même chanoine Damé rapporte quelques-uns de ces faits miraculeux qu'il a extraits des papiers du chanoine Michel Boisson, notaire, secrétaire et commissaire du chapitre, du vivant duquel ils se sont passés. Leur récit édifiera nos lecteurs.

Le premier miracle est celui dont Jean Truchet, notaire à Saint-Avre, a été l'objet. Laissons-le raconter à lui-même :

« A tous et à chacun soit notoire et manifeste. Moi Jean Truchet, habitant au lieu de Saint-Avre, du diocèse de Maurienne, j'ai été calomnié par mes ennemis auprès de noble Louis, comte de La Chambre, arrêté par les officiers du même seigneur comte et détenu dans ses prisons pendant trois mois. Ensuite, quand vint pour la première fois notre illustre seigneur le duc actuel de Savoie, on m'a transféré au château-fort des Heuilles, où j'ai été chargé de chaînes et enfermé dans les cachots pendant six mois. Là, les officiers du comte m'ont mis à la torture et m'ont fait souffrir plusieurs tourments, exerçant ainsi sur moi la vengeance de mes ennemis.

« Par la violence de la torture et des tourments, ils m'ont arraché l'aveu de plusieurs crimes que je n'ai pas commis, comme je m'offre à le prouver dès que je serai en liberté et en lieu sûr. Puis ils m'ont

[1] Mort en 1681.

gardé, souvent chargé de fers, dans les prisons dudit château, pendant l'espace de quatre mois.

« Pendant que j'étais dans ces prisons, je me suis souvent recommandé et voué à Notre-Seigneur Jésus-Christ, à la Bienheureuse Vierge Marie, sa mère, et au Bienheureux Jean-Baptiste de Maurienne, mon patron, priant ce dernier à genoux, dévotement et de bon cœur, de vouloir bien intercéder pour moi auprès du Seigneur Jésus et de la Bienheureuse Vierge Marie, de défendre mon bon droit malgré mes démérites, de me tenir par la main, de me préserver et de me tirer de ce château et de ces prisons, lui promettant que, quand j'en serai sorti et rendu à la liberté, j'irai dévotement et de bon cœur à genoux, depuis l'extrémité du pont d'Hermillon, du côté de Pontamafrey, jusqu'à l'église, que je ferai aussi à genoux le tour du maître-autel de saint Jean-Baptiste, que je ferai célébrer une messe sur le même autel, s'il est possible, et que j'y offrirai un cierge de cire d'une livre. Voilà que le 15 du mois d'octobre de l'an du Seigneur 1406, vers dix heures après midi, il me vint une forte volonté de sortir du château et des prisons. Et, d'abord, je trouvai un clou (appelé vulgairement un *cloz mattaliaz*), et j'en frappai deux ou trois fois le cadenas des fers dont j'étais chargé. Aussitôt, je les brisai aussi facilement comme c'eût été du verre, de telle manière que les officiers du comte n'auraient plus pu m'enchaîner. J'enfonçai la porte avec un faible morceau de bois, et je courus à l'ouverture de la tour de la prison pour me glisser en bas; mais je n'osai l'entreprendre.

Je retournai en arrière et me glissai dans la chambre des gardiens du château; ils se trouvèrent absents, chose qui n'était jamais arrivée. Je pris leurs draps et leurs couvertures, je les liai les unes aux autres et les fixai à la fenêtre de la tour. Alors, je me jetai à genoux. Après avoir fait le signe de la croix et récité l'antienne et l'oraison de saint Jean-Baptiste, je me laissai glisser le long des draps et des couvertures, me tenant avec les mains et invoquant continuellement le nom de saint Jean-Baptiste. Mais, arrivé au milieu de la tour, mes mains, affaiblies par les tortures que j'avais endurées, ne purent plus me soutenir et je tombai sur la glace entre la tour et le rocher. Je me relevai sans ressentir le moindre mal, je franchis une autre muraille près de la petite porte de la tour et j'évitai les sentinelles en passant entre cette tour et le rocher. Mon premier soin, avant de regagner ma maison de Saint-Avre, fut de me prosterner sur un endroit un peu élevé, du côté de Notre-Dame de la Table, et de réciter l'*Oraison dominicale* avec l'antienne de saint Jean-Baptiste, rendant grâces à Dieu et à mon saint patron de la grâce qui venait de m'être accordée. Enfin, le samedi 14 mai de l'an du Seigneur 1497, j'ai accompli le vœu que j'avais fait à saint Jean-Baptiste, et j'ai remercié Dieu avec toute la ferveur dont j'ai été capable.

« En foi de quoi, j'ai apposé ma signature ordinaire.

« Jean Truchet. »

— Le vendredi 18 décembre 1500, noble et puissant Jean de Cuines, seigneur de Ribaud, venait de

Ribaud pour passer les fêtes de Noël à son château de Cuines. Il avait avec lui sa mère et une suite d'une quinzaine de personnes. Noble Claude de Choudieu de Coise, serviteur du comte, précédait le cortége, monté sur un cheval de haute taille. Arrivé au-dessous de la Chambre, Choudieu se trouve au pied de rochers escarpés qu'il fallait gravir pour descendre ensuite au pont *Bourgeois*, jeté sur l'Arc entre la Chambre et les Cuines. Il avertit son maître qu'il serait dangereux de franchir ces rochers à cheval; mais celui-ci lui répond qu'il n'a rien à craindre et qu'il n'est pas nécessaire de mettre pied à terre. En effet, Choudieu parvient au sommet sans difficulté; mais à peine a-t-il commencé à descendre que son cheval fait un faux pas, jette son cavalier à terre, s'abat sur lui, et les voilà roulant l'un sur l'autre avec une effrayante rapidité.

Ils ne s'arrêtèrent qu'au bord de l'Arc, près d'un tas de bois. Cavalier et cheval devaient être fracassés; car, dit le notaire Boisson, sur dix mille il n'en aurait pas échappé un. Quels furent l'étonnement et la joie du comte quand il entendit Choudieu lui crier qu'il n'avait aucun mal! Dans sa chute, il s'était recommandé à Dieu et à saint Jean-Baptiste, dont les reliques reposaient dans l'église de Saint-Jean, et il lui avait semblé qu'une main invisible le portait doucement à travers les rochers. C'est ce qu'il assura en présence de noble Jacques du Mollar, juge corrier, qui passait par là, venant de Chambéry. Le cheval lui-même n'avait pas reçu la moindre contusion. Pour sortir du bas-fond dans lequel il était tombé, Choudieu n'avait pas d'autre moyen que de traverser l'Arc. Il se recommanda de nouveau à saint Jean-Baptiste et s'élança à cheval dans la rivière. Un moment il disparut dans les flots; mais bientôt on le vit aborder sain et sauf à l'autre rive. Le lendemain, il se rendit à Saint-Jean avec toute la famille de Ribaud, vénéra les reliques et fit célébrer une messe d'action de grâces. Depuis, il ne se lassait pas de publier les merveilles que Dieu avait opérées en sa faveur par les mérites de saint Jean-Baptiste[1].

— « Claude Ribaud, de la paroisse de Beaune et habitant à Saint-Martin-la-Porte en ce diocèse, avait perdu depuis longtemps l'usage de ses jambes, à tel point qu'il ne pouvait plus ni travailler ni marcher. Plein de confiance au crédit puissant de saint Jean-Baptiste, il fit vœu de se transporter, comme il pourrait, à la cathédrale de Maurienne, auprès de ses reliques, et là de demander à Dieu, avec toute la ferveur dont il serait capable, la guérison de son infirmité, par l'intercession de notre saint. Le vendredi 14 novembre 1488, il se mit en route, appuyé sur deux béquilles, et employa tout le jour pour parcourir les deux lieues qui séparent Saint-Jean de Saint-Martin-la-Porte. Arrivé dans notre ville, il se rendit à l'église le soir du même jour, et s'étant approché du sacrement de pénitence, il demanda à passer la nuit au pied de l'autel de saint Claude, où reposaient les reliques du saint Précurseur, afin de mieux exciter sa foi et de solliciter avec plus d'ardeur la grâce qu'il avait en

---

[1] Voir Pièces justificatives, n° 9.

vue d'obtenir. Il passa ainsi toute la nuit en prières, et le matin étant venu, vers l'heure où les chanoines se rendaient à l'office de matines, il se sentit tout à coup guéri, jeta ses béquilles et se mit à marcher sans difficulté, appuyé seulement sur un léger bâton. Le bruit de cette guérison surnaturelle s'étant bientôt répandu dans la ville, le chapitre s'assembla extraordinairement dans le lieu de ses séances, et là, en présence de tous ses membres et de plusieurs personnes des plus apparentes de la ville, Claude Ribaud déclara, avec serment prêté sur les saints Évangiles, les circonstances de son infirmité et la manière miraculeuse dont il venait d'être guéri. On prit acte de sa déclaration, qui fut signée par tous les notaires présents, dont les noms suivent : Nobles Jean Portier, Jacques Long, Antoine Rapin, de Valloires, Jacques Falcon et Jean Crinel. Le lendemain, qui était un dimanche, on annonça une procession solennelle à laquelle toute la ville assista, en action de grâces de cette faveur miraculeuse obtenue par l'invocation de son saint protecteur[1]. »

— Une pauvre fille de Villargondran, domestique d'un marchand nommé Amblard, se laissa séduire par un libertin. Afin de cacher son crime, elle enterra l'enfant, le 30 mai 1495, dans la vigne de noble Jean Fournier, au-dessus de la maison d'Arve. Vingt-quatre heures après, Jean Marchand, passant par là, le découvrit et, touché de compassion, le voua à saint Jean-Baptiste. Aussitôt

---

[1] *Notice sur sainte Thècle*, p. 20-31.

l'enfant, qui était un garçon, parut plein de vie. Marchand, bénissant Dieu, le porta à la cathédrale pour le faire baptiser. C'était un dimanche, après les vêpres. Toute la ville accourut; le baptême fut administré en grande pompe par Jacques, seigneur de Vignier, vicaire général et official, en présence de noble Antoine de Gerdil, procureur fiscal. L'enfant mourut le 1er juin. Quant à sa malheureuse mère, elle fut découverte et incarcérée; mais l'évêque Étienne Morel lui fit grâce, à la prière du seigneur Destrilliez, ambassadeur du roi des Romains, et à condition qu'elle ferait une pénitence publique les quatre dimanches suivants et le jour des Cendres. Cette pénitence lui fut imposée solennellement par l'évêque le 28 juin.

— Un homme d'Argentine, muet de naissance, fut amené à la cathédrale. Il n'eut pas plutôt vénéré les reliques de saint Jean-Baptiste, qu'il se mit à parler en présence de tout le monde. Le chanoine Boisson assure avoir été témoin de ce miracle, ainsi que du suivant. Un jour de dimanche, un homme monta sur un cerisier chargé de fruits. Quand vint l'heure de la messe, ses compagnons l'engagèrent à descendre et à aller avec eux à l'église. Il refusa, mais sa gourmandise ne tarda pas à être punie. Il tomba de l'arbre et se brisa tout le corps. Ce châtiment le fit rentrer en lui-même et il promit à Dieu d'aller faire une neuvaine auprès des reliques de saint Jean-Baptiste. Il s'y fit en effet porter et, à la fin de la neuvaine, il se trouva entièrement guéri.

Antoine Cornuty, chanoine de Saint-Jean au XVIe

siècle, parle d'une foule de guérisons, principalement d'épileptiques, opérées auprès des reliques de saint Jean-Baptiste. « Il en est de même de nos jours, dit le chanoine Damé, où nous voyons continuellement un grand nombre de fidèles des deux sexes et de toute condition venir se prosterner devant les reliques du saint Précurseur, soit pour obtenir, par son intercession, quelque grâce particulière, soit pour le remercier de celles que déjà il leur a obtenues [1]. »

CHAPITRE II
Histoire des Reliques de saint Jean-Baptiste.

Comme l'observe avec raison M. Angley, un fait tout aussi prodigieux que ceux que nous venons de raconter, c'est la conservation des reliques de saint Jean-Baptiste dans la ville de Saint-Jean, pendant treize siècles et malgré les nombreux désastres que cette ville a essuyés. Saccagée au VIe siècle par les Lombards, au VIIIe et au Xe par les Sarrasins, rasée au XIe par les troupes victorieuses de Conrad le Salique, ensevelie en 1439 sous le limon de Bonrieux, ces reliques lui sont restées comme le plus ancien, le plus authentique et le plus précieux monument de son histoire. Il faudrait être aveugle pour ne pas voir une protection divine aussi manifeste.

[1] Voir Pièces justificatives, nº 10.

Lorsqu'en 1536, François 1er, ayant envahi nos provinces, voulut, à l'exemple des ducs de Savoie, se faire recevoir chanoine de Saint-Jean, on eut lieu d'espérer que cet acte de piété, ou de politique, comme l'on voudra, préserverait la ville des excès dont les pays conquis sont ordinairement victimes. Il n'en fut rien. Les troupes que le vainqueur laissa à Saint-Jean étaient un ramassis d'aventuriers de toutes les nations, mais principalement d'Italiens. Pendant plus d'une année elles établirent leur logement dans la cathédrale. Ornements précieux, vases sacrés, reliquaires : tout devint la proie de leur rapacité. Les archives elles-mêmes furent mises au pillage et perdirent leurs titres les plus anciens. De toutes les richesses artistiques, religieuses et historiques que possédait notre église, il ne resta presque que les reliques de saint Jean-Baptiste, sauvées par la main providentielle qui les avait données à Saint-Jean [1].

Cette main sut encore les protéger, soixante ans plus tard, contre l'avidité sacrilège du calviniste Lesdiguières. Le chanoine Reymond [2] et le P. d'Orly [3] rapportent, en effet, qu'étant arrivé à Saint-Jean, il voulut, suivant sa coutume, s'emparer du trésor de la cathédrale et la changer elle-même en écurie. Mais à peine eut-il commencé à monter l'escalier qui conduisait à la salle dans laquelle les reliques

---

[1] DAMÉ, cap. v. — Hist. du Dioc., p. 284.
[2] DAMÉ, ibid.
[3] Merveilles de Notre-Dame du Charmaix, harangue à MM. les dévots Mauriennais, p. 327.

et l'argenterie de l'église étaient déposées, qu'il se sentit saisi d'un tremblement universel. Il redescendit aussitôt : « Allons-nous-en, dit-il à ses soldats, autrement il nous arrivera malheur. » Et il sortit de l'église, en recommandant aux chanoines de fermer la porte.

Nous arrivons à 1794. On se rappelle les exploits du citoyen Chevrillon contre les reliques et l'argenterie de la cathédrale. Les deux doigts de saint Jean-Baptiste étaient joints à un bras d'argent et enfermés dans un petit coffre enrichi de pierreries; le pouce était dans une niche pratiquée au bas d'une statue en vermeil représentant le saint Précurseur[1]. Quand les sceaux eurent été brisés et les reliques jetées à terre, Dominique Favier parvint à les enlever secrètement et, arrivé chez lui, il les enferma sous clef dans un tiroir de son bureau. Il avait encore réussi à s'emparer du magnifique crucifix en ivoire que l'on voit aujourd'hui sur l'ancien autel de saint Pierre.

En 1804, apprenant que le conseil de fabrique venait d'être constitué, Favier offrit de rendre à la cathédrale, devenue église paroissiale, les reliques et le crucifix dont il était détenteur. Le conseil chargea deux de ses membres, MM. Henri-François Callier et François Brunet, de recevoir ce dépôt. Ceux-ci se rendirent chez Favier, le 11 mars. Après avoir entendu sa déposition sur la manière dont les reliques avaient été sauvées de la rage révo-

---

[1] Déclaration de Dominique Favier, du 11 mars 1804. — Archives de l'évêché.

lutionnaire, ils les mirent provisoirement dans une boîte de fer-blanc, sur laquelle Favier apposa son cachet, et les portèrent à M. Jean-Baptiste Champlong, archiprêtre et curé de la paroisse de Notre-Dame, qui les déposa dans le ciborium. Leur identité fut constatée par Mgr Irénée-Ives de Solle, dans sa visite pastorale du 5 octobre 1808. Plusieurs témoins furent appelés et tous, après avoir examiné attentivement les reliques qui leur furent présentées, déclarèrent unanimement que c'étaient bien les mêmes qu'ils avaient tant de fois vénérées avant la profanation de 1794. Le 19 juin de l'année suivante, Mgr de Solle plaça lui-même les reliques du saint patron de la ville dans un reliquaire d'argent, donné par M. Champlong, curé de Saint-Jean, et accorda quarante jours d'indulgence à ceux qui réciteraient devant elles le *Confiteor*.

L'authenticité des reliques de saint Jean-Baptiste fut reconnue de nouveau, le 25 août 1839, par Mgr Billiet, alors évêque de Maurienne [1].

« Mais, dit Mgr Vibert dans le procès-verbal de la translation dont nous allons parler, le petit reliquaire d'argent était loin de répondre à la dignité d'un aussi grand trésor : le clergé et les fidèles regrettaient avec nous cet état de choses. Ému d'un saint zèle pour l'honneur du très saint Précurseur du Messie, Rd Joseph-Marie Albrieux, l'un des chanoines du chapitre de notre cathédrale, a fait don d'un reliquaire plus digne par la matière et par la forme du culte qui est dû à celui dont

---

[1] Archives de l'évêché.

le Sauveur du monde a dit que parmi les enfants des hommes il n'en est pas de plus grand. Ce reliquaire est d'un grand prix, il est en argent massif, du poids de cinq kilogrammes et entièrement doré à l'intérieur et à l'extérieur. Sa forme est celle d'un temple rectangulaire, dans le style gothique du XVe siècle. La toiture, surmontée d'une croix, est supportée par un rang de colonnettes, qui règne dans tout le pourtour et il est fermé par des vitres aux quatre faces. Chaque baie est surmontée d'un pignon orné de feuilles de choux. Ces pignons débordent sur le toit et forment tout autour de sa base comme une couronne. Il mesure vingt-huit centimètres en largeur, trente-huit en longueur et aussi trente-huit en hauteur, la croix non comprise. »

Les saintes reliques furent placées dans ce reliquaire le 15 août 1864. Elles sont fixées sur un coussinet, recouvert de velours cramoisi et orné de broderies d'or semées de perles. Le pouce est séparé des deux autres doigts. Mgr Vibert décrit ainsi l'état du religieux trésor légué à la Maurienne par sainte Thècle :

« Quant aux deux doigts que Mgr Billiet, d'après l'indication du sieur Favier, appelle l'*index* et le *medius*, un examen attentif nous porta à croire que ce sont les deux doigts appelés le *medius* et l'*annulaire* de la main droite, moins les phalanges onglées, mais pourvus de leurs métacarpes unis entre eux par leurs ligaments. La face antérieure des doigts avec leur musculature a conservé sa couleur naturelle; la face dorsale est recouverte de chair raccornie et de peau desséchée. Nous avons soumis nos appréciations à M. Antoine Mottard, docteur en médecine et en chirurgie, en le priant de nous donner son avis; il les confirma de tous points, et il déclara que les deux doigts sont bien réellement le *medius* et l'*annulaire* de la main droite. »

CHAPITRE III

Les Reliques de saint Jean-Baptiste et la ville de Saint-Jean.

La translation et la conservation des reliques de saint Jean-Baptiste dans la ville de Saint-Jean ont été, pour la Maurienne et plus spécialement pour cette ville, un éminent bienfait de la Providence, même au point de vue temporel. Nous avons vu, et nous verrons encore bientôt plus particulièrement, comment la présence des reliques du glorieux Précurseur et les miracles qui s'opéraient auprès d'elles attirèrent sur cette ville l'attention du saint roi Gontram et le déterminèrent à y faire construire une cathédrale digne de recevoir ces précieuses dépouilles. Ruinée quelques années plus tard par les Lombards, la ville de Maurienne dut encore à la piété de saint Gontram envers saint Jean-Baptiste sa reconstruction et la fondation d'un siège épiscopal dans son sein. Aussi un juste sentiment de reconnaissance la porta dès lors à ajouter à son nom celui de l'illustre patron qu'elle considérait, à bon droit, comme son second fondateur.

Ce n'est qu'à partir de ce moment que son nom commence à être connu dans l'histoire. Presque tous les écrivains ecclésiastiques : saint Grégoire de Tours [1], Sigebert [2], Jean Beteth [3], Durand de Mende [4], Pierre Comestor [5], Jacques de Voragine [6], Echyus [7], Baronius [8], etc., la saluèrent avec une sorte de respect. C'est qu'au moyen-âge posséder une relique insigne était pour une ville un titre de gloire bien plus apprécié que celui d'avoir cent mille âmes de population ou d'être la patrie de quelque impur romancier. Notre siècle en pense différemment : ne l'en félicitons pas.

Dans ces temps de guerres presque continuelles, où les biens des églises étaient si souvent pillés et dévastés, la dotation de la cathédrale et de l'évêché fut conservée et augmentée par le roi Boson, les comtes Humbert Ier, Amédée III, Thomas Ier, etc., les évêques de Maurienne et plusieurs seigneurs du pays. Presque tous donnent pour motif de leurs pieuses largesses leur dévotion envers saint Jean-Baptiste, dont la cathédrale possédait les reliques. Écoutons le roi Boson :

---

[1] *De Glor. mart.*, lib. 1.
[2] *Chron.*, an 613.
[3] Fol. 161.
[4] *Ration. divin. offic.*
[5] *Hist. scholast.*
[6] *Hist. Lomb.*, fol. 154.
[7] *Homil.* 4, fol. 227.
[8] *Martyrol. Annotat.*, 29 august.

« Notre bien-aimé Asmonde, évêque de Suse et de Maurienne, ainsi que son frère Léotman, évêque de Crémone, nous ont conseillé de doter des richesses royales l'église de l'évêché de saint Jean-Baptiste, située sur les confins de la Bourgogne et réduite à la plus grande détresse par les incursions des ennemis. Nous avons accédé avec joie à leur demande, à cause de la vénération dont nous sommes pénétré envers ledit saint Jean-Baptiste ; et afin que, par son intercession, il nous obtienne toujours et partout la victoire, nous donnons au même saint Jean-Baptiste un refuge dans nos terres, savoir le château appelé communément Hermillon *(Armariolum)*, situé sur le territoire de Saint-Jean, au delà de la rivière d'Arc et sur la rive de ladite rivière ; nous lui donnons aussi notre chapelle de la sainte Mère de Dieu, avec les dîmes, les maisons et les biens qui dépendent dudit château, des deux côtés de la rivière, afin que l'évêque puisse s'y reposer, y trouver comme un second siége, s'y défendre en temps de guerre et y mettre en sûreté les livres et les trésors de son église. »

Cette donation est de l'année 887. Elle commence par ces belles paroles : « Sous le règne de Dieu, créateur de toutes choses, qui les dispose toutes en leur place, par la volonté et la puissance duquel les rois règnent, qui, par un bienfait de sa miséricorde, et non pour nos mérites, nous a donné le gouvernement du royaume ; moi Boson, par la grâce de Dieu roi des Bourguignons et des Ausones, ainsi que mon épouse Ermengarde, étant dans notre palais de Vienne, la huitième année de notre règne, nous nous sommes mis à méditer quel est le sort différent des bons et des méchants, comment par l'aumône on arrête les guerres injustes qui s'élèvent et on obtient la miséricorde du Sauveur[1]... »

Au XIVe et au XVe siècles, nous voyons les Souverains Pontifes Grégoires XI, Jean XXIII, Martin V et plusieurs autres exciter par des indulgences la piété des fidèles à venir vénérer les reliques de saint Jean-Baptiste dans l'église de Saint-Jean. Martin V en avait lui-même reconnu l'authenticité, ainsi que celle de toutes les autres reliques conservées dans la cathédrale, lors de son passage dans notre ville, à son retour du concile de Constance[2]. Outre la visite des reliques, les Souverains Pontifes exigent que, pour gagner ces indulgences, les fidèles viennent au secours de la cathédrale, qui était alors tombée dans un état déplorable. Voici ce que dit à ce sujet le pape Jean XXIII, dans sa bulle de l'année 1410, datée de Bologne :

« Nous avons appris que l'église de Maurienne, dans laquelle, comme on l'assure, deux doigts de la main droite de saint Jean-Baptiste, patron de cette église, savoir l'index et le médius, sont conservés avec respect, et où les fréquents miracles qui s'y opèrent et que la piété du peuple attribue aux prières et aux mérites du Bienheureux Jean, attirent une multitude de pieux fidèles, est dans un état de complète dégradation et que, ses propriétés

---

[1] ANGLEY, *Hist. du dioc. de Maur.*, Pièces justific., n° 1. — GOMBET, Preuves, n° 17.

[2] ANGLEY, *ibid.*, p. 213. — Le P. François D'ORLY, *Merveilles de Notre-Dame du Charmaix*, p. 328.

ayant été dévastées par des inondations et étant, pour la plupart, restées incultes, à cause de la grande mortalité dont cette ville a été affligée, ses revenus sont tout à fait insuffisants pour la réparer. C'est pourquoi, afin que cette église soit toujours fréquentée par les fidèles avec tout l'honneur qu'elle mérite et qu'on puisse faire les réparations dont elle a besoin, nous voulons exciter la dévotion des fidèles à s'y rendre et à contribuer à ces réparations avec d'autant plus d'empressement, qu'ils y recevront en plus grande abondance le don des grâces célestes... »

A l'exemple des Souverains Pontifes, un grand nombre de cardinaux accordèrent des indulgences à ceux qui visiteraient les reliques de saint Jean-Baptiste dans notre cathédrale.

Ces faveurs spirituelles furent sans nul doute une des causes qui attirèrent à Saint-Jean les nombreux pèlerins dont nous avons parlé précédemment. Souvent, on l'a vu, des grâces extraordinaires étaient la récompense de leur confiance et de leur piété. Ce concours d'étrangers était en même temps pour la ville une source de richesses et augmentait sa population et son influence dans la province.

Les inondations dont parle la bulle de Jean XXIII ne furent que le prélude de celle de 1439. Un énorme éboulement de la montagne de Jarrier jeta le torrent de Bonrieux sur la ville de Saint-Jean. Les ponts d'Arc et d'Arvan emportés, la route interceptée, la cathédrale et la plupart des maisons renversées ou remplies de galets, les environs de la ville couverts de monceaux de terre et de pierres, soixante-quinze cadavres gisants parmi les ruines : tel fut le spectacle qui s'offrit aux regards des malheureux habitants de Saint-Jean, quand les eaux s'étant retirées leur permirent d'apprécier toute l'étendue du désastre. Les maisons et les propriétés du chapitre avaient été complètement ruinées; il fut forcé d'en vendre une grande partie à vil prix et d'abandonner ces lieux désolés. Il ne resta que quatre chanoines pour garder les ruines de notre antique église.

Mais les reliques de saint Jean-Baptiste avaient été sauvées et Dieu voulut se servir d'elles pour réparer la cathédrale et secourir notre ville infortunée. En 1447, deux chanoines s'offrirent d'aller implorer la charité des peuples catholiques. Le chapitre leur délivra une attestation, signée par tous ses membres et par Hugues de la Faverge, vicaire général du cardinal de Varembon. On y exposait le triste état de la ville et l'impossibilité où elle était de se relever de ses ruines et de réparer les ponts et la route, dont la destruction empêcherait les pèlerins de se rendre, comme par le passé, au tombeau des apôtres saint Pierre et saint Paul; et l'on priait les archevêques et évêques de recommander à la générosité de leurs ouailles les chanoines chargés de la quête. « Nous admettrons, disait en terminant le chapitre aux fidèles, tous les bienfaiteurs des deux sexes, quelle que soit leur condition, qui, selon leurs forces, viendront à notre secours par leurs aumônes, ainsi que leurs ancêtres et leurs descendants vivants ou morts dans le service de Dieu, à la participation de toutes nos messes, de nos prières, de nos jeûnes, de nos veilles et des autres bonnes œuvres qui se font et se feront à l'avenir, par la grâce du Seigneur, dans toute l'église de Maurienne [1]. »

Munis de ces lettres de recommandation, les deux chanoines prirent les reliques de saint Jean-Baptiste et les autres reliques précieuses que possédait la cathédrale, et parcoururent une partie de l'Europe. Le résultat de leur quête ne nous est pas connu; mais elle ne dut pas être infructueuse, puisque, quelques années plus tard, la ville était rebâtie et une nouvelle cathédrale s'élevait sur les ruines de l'ancienne [2].

Il y avait neuf siècles que la piété de saint Gontram avait rebâti la ville de Saint-Jean, ruinée par les Lombards, et l'avait dotée d'un siége épiscopal, comme nous le raconterons bientôt.

Tels sont quelques-uns des titres de saint Jean-Baptiste à la dévotion des habitants de la Maurienne et de la ville de Saint-Jean en particulier. Si les hommes du siècle nous demandent pourquoi nous vénérons les os desséchés de notre glorieux patron, montrons les bienfaits dont nous leur sommes redevables le long des siècles et répondons avec saint Ambroise parlant du culte des reliques : « J'honore dans la chair du martyr les plaies reçues pour Jésus-Christ; j'honore celui que la gloire de ses combats a rendu éternellement vivant...; j'ho-

---

[1] *Notice sur quelques inondations arrivées en Savoie*, par S. Em. le cardinal BILLIET, p. 65.

[2] *Ibid.*, p. 2. — DAMÉ, *Hist. eccles.*, etc., cap. VI. — *Hist. du dioc. de Maur.*, p. 224.

nore un corps qui m'apprend à aimer Dieu et à donner pour lui ma vie même; j'honore dans ces os la semence de la résurrection glorieuse. Pourquoi n'honorerais-je pas un corps que les démons eux-mêmes respectent; qu'ils ont tourmenté, il est vrai, mais qu'ils ont ensuite tant de fois glorifié[1]? »

[1] *De SS. Naz. et Cels.*

Saint Gontram, roi de Bourgogne, fondateur de l'évêché de Maurienne.
Les saints Felmase, Hiconius et Leborius I, évêques de Maurienne.

(VIᵉ SIÈCLE.)

CHAPITRE Iᵉʳ

Les fils de Clovis et les fils de Clotaire I. — Mœurs et lois des Francs.

La Maurienne ne fut pas épargnée dans les invasions des barbares du nord, accourant pour se partager les lambeaux de l'empire romain. Vers l'année 450, quelques bandes des troupes d'Attila traversèrent la Savoie et firent de notre vallée un désert. A la fin du même siècle, elle fut ravagée par les Ostrogoths d'Italie et passa sous la domination de Théodoric, leur roi. En 532, les Bourguignons y pénétrèrent, prirent et ruinèrent Saint-Jean de fond en comble. Enfin en 536, Vitigès, troisième successeur de Théodoric, fut contraint de céder la Maurienne à Childebert et à Clotaire, rois des Francs [1].

Clotaire fut père de saint Gontram, bienfaiteur

---

[1] GRILLET, t. III, p. 10. — *Géogr. de Raymond*, t. I, p. 95.

de la Maurienne et, à ce titre, l'un des saints auxquels elle doit une dévotion particulière.

Gontram ou Guntchramne naquit vers l'année 533. Sa famille ne lui donna que des exemples de meurtres et de débauche. A la mort de Clovis en 511, ses quatre fils, Thierry, Clodomir, Childebert et Clotaire, partagent entre eux les États de leur père. Clodomir est tué en 524. Aussitôt Clotaire égorge ses deux neveux, Théodebalde et Gonthaire, et partage le royaume de son frère avec Childebert. En 555, il s'empare seul de l'héritage de Théodebalde, petit-fils de Thierry, et, trois ans plus tard, la mort de Childebert le met en possession de tout l'empire des Francs.

L'immoralité de Clotaire égalait sa cruauté. Quoiqu'il fût marié, il enleva la veuve de son frère Clodomir et eut pour concubines deux sœurs en même temps. Aussi fut-il plusieurs fois excommunié par saint Nicet, évêque de Trèves[1]. Son règne ne fut qu'une longue suite d'adultères, d'incestes et de crimes de tout genre, qu'il croyait pouvoir racheter par quelques libéralités aux monastères et une certaine protection qu'il accordait à l'Église. Dieu se chargea de le punir, et de la manière la plus cruelle pour un père.

En 555, Chramne, son fils aîné, qu'il avait eu d'une concubine, se révolta contre lui. Clotaire envoya pour le combattre ses fils Charibert et Gontram; mais ils furent battus. Toutefois la paix sembla

---

[1] ROHRBACHER, *Hist. univ. de l'Église cathol.*, t. IX, p. 133, 2ᵉ édition.

se rétablir en 557. Elle ne fut pas de longue durée : Chramne se révolta de nouveau et cette fois le vieux roi marcha en personne contre son fils. Avant le combat, Clotaire fit tout haut cette prière : « Seigneur, voyez les outrages que me fait mon fils et jugez ma cause, comme vous avez jugé autrefois entre Absalon et David. » Il se comparait au père d'Absalon; on va voir comment il l'imita. La bataille fut sanglante; Chramne prit la fuite; mais étant revenu sur ses pas pour tirer du péril sa femme et ses filles, il tomba entre les mains du vainqueur. Clotaire les fit tous brûler vifs[1]. Il oublia, le malheureux! que, si son fils avait désappris le respect dû à l'auteur de ses jours, il ne devait l'attribuer qu'aux mauvais exemples qu'il lui avait donnés.

Cependant, quand sa première fureur fut passée, Clotaire sentit toute l'horreur de sa conduite. Depuis ce moment, il ne fit que languir. Maître de la France et d'une partie de l'Allemagne, il comprit enfin qu'il y avait un souverain plus puissant que lui : « Eh! bien, disait-il à ses courtisans, qu'en pensez-vous? Quel est ce roi du ciel qui fait ainsi mourir les plus grands rois de la terre? » Plût à Dieu qu'il eût fait cette réflexion tous les jours de sa vie! Il mourut à Compiègne l'an 561 et le cinquantième de son règne. Ses quatre fils transportèrent son corps à Soissons, dans l'église qu'il avait fait bâtir sur le tombeau de saint Médard. Ensuite ils se partagèrent ses États : Charibert eut le royaume de

---

[1] ROHRBACHER, *ibid.*, p. 246 et 253. — *L'Art de vérifier les dates*, p. 524, édit. de Paris, 1770.

Paris; Gontram, celui d'Orléans et de Bourgogne; Chilpéric, celui de Soissons, et Sigebert, celui d'Austrasie[1]. Cette nouvelle division de la France fut une source de querelles et de guerres civiles. Les Français devenaient étrangers les uns aux autres, et les seigneurs imitant, selon leurs forces, l'ambition et la cruauté de leurs maîtres, le pauvre peuple se voyait, à tout moment, dépouillé de ses biens, pressuré et tourmenté de mille manières par tous ces tyrans grands et petits, qui s'abattaient sur lui comme sur une proie et ne connaissaient d'autre règle de conduite que leur intérêt. Dans cette extrémité, il s'adressait aux évêques dont l'autorité spirituelle exerçait encore une salutaire influence sur ces princes, barbares par les mœurs, mais chrétiens par la foi. L'Église fut le défenseur des peuples et de la moralité publique; elle sauva la civilisation, la liberté et la monarchie française.

Des quatre fils de Clotaire, Chilpéric fut un monstre d'impudicité et de barbarie. Après avoir répudié deux femmes, il épousa Frédégonde, une de ses servantes. Ce nom rappelle la femme la plus perfide, la plus cruelle et la plus corrompue qui ait peut-être jamais existé. Pour lui plaire, Chilpéric fit égorger ses propres enfants, accabla son peuple d'impôts et mérita d'être appelé par saint Grégoire de Tours le Néron et l'Hérode de son siècle. Charibert fut un autre Clotaire pour les mœurs, moins la cruauté. Sigebert fut un prince sage et bon; mais il épousa Brunehaut, femme intrigante, qu'il serait

---

[1] ROHRBACHER, ibid., p. 255. — GREG. TURON.

injuste, toutefois, de comparer à Frédégonde. Gontram, après avoir fait craindre d'abord qu'il ne suivît les traces de son père et de ses frères, devint ensuite la gloire de sa race et mérita d'être mis au nombre des saints avec sainte Clotilde, son aïeule, et sainte Radegonde, épouse de son père. Son royaume comprenait les provinces du sud-est de la France jusqu'à Orléans, avec la Savoie et l'ancien royaume des Bourguignons ou Burgondes, dont Genève était la capitale. Il fixa sa résidence à Châlons-sur-Saône. En 567, Gontram ajouta à ses États une partie de ceux de son frère Charibert, décédé sans enfants mâles. Le partage fut fait de manière à multiplier encore les enclaves et, par là même, les occasions de guerre et de pillage. Plusieurs villes, entre autres Paris, appartinrent en même temps à deux ou trois souverains. On se fait une idée de ce que la France eut à souffrir d'un tel état de choses, quand on pense que l'un de ces souverains était Chilpéric, ou plutôt Frédégonde, qui régnait sous son nom. Les populations de nos contrées en apprécièrent davantage le bonheur qu'elles avaient d'appartenir à Gontram. Aussi, dans leur reconnaissance, ne l'appelèrent-elles que *le bon roi*, nom le plus beau qu'un prince puisse ambitionner. Gontram travailla toute sa vie à le mériter. Il ne fut ni un héros, ni ce que l'on appelle un grand roi; mais il fut le père de son peuple. Sa bonté, poussée à l'excès, dégénéra souvent en faiblesse et compromit plus d'une fois sa dignité et même sa vie : défaut d'autant plus excusable, que les exemples de sa famille et les lois de sa nation auraient dû le jeter dans un excès tout opposé et bien autrement funeste.

Nous venons de voir ce qu'étaient les autres princes francs de cette époque. Il ne faudrait pas croire que les actes de cruauté et de débauche dont leur histoire est souillée presque à chaque page, fussent uniquement le fruit de leur caractère et de leurs passions personnelles : c'était plutôt le résultat des mœurs et des lois de la nation. La loi salique regardait la vie d'un homme comme si peu de chose, qu'elle ne punissait le meurtre que d'une amende pécuniaire. Seulement le meurtrier d'un Franc devait payer une amende double de celle qui frappait le meurtrier d'un Romain ou d'un Gaulois [1]. On voit bien là l'orgueil du barbare, qui considérait les vaincus comme des êtres inférieurs à lui, comme un troupeau abandonné à sa discrétion. Le rapt et les autres crimes n'étaient également punis que d'une amende. Le divorce était autorisé par les lois civiles; les époux étaient libres, non-seulement de se séparer, mais encore de contracter une autre alliance, si bon leur semblait. Les prisonniers de guerre étaient réduits en esclavage : c'était le plus riche butin des soldats. Ils enlevaient des familles entières et en trafiquaient comme d'un vil bétail [2].

On comprend quels souverains de telles lois devaient former et ce qu'il fallut à l'Église de courage et de persévérance pour faire de la nation

---

[1] Amédée GABOURD, *Hist. de France*, t. Ier, p. 211, 7e édit.
[2] *Hist. de l'Égl. gallic.*, t. IV, Discours prélim.

française le peuple le plus humain et le plus civilisé du monde. Gontram semble envoyé de Dieu pour donner aux princes de son siècle, occupés à se vautrer dans le sang et la débauche, le modèle d'un prince vraiment chrétien.

CHAPITRE II

Salonius et Sagittaire. — Gontram se montre un peu Franc avant d'être tout à fait chrétien. — Chilpéric et Sigebert.

Nous savons peu de chose des premières années du règne de Gontram, jusqu'à la mort de son frère Charibert en 567. Ce dernier prince aurait eu toutes les qualités d'un grand et d'un bon roi, si l'amour déréglé des femmes n'eût fait la honte et le malheur de son règne. Comme nous l'avons dit, ses frères partagèrent entre eux ses États, à l'exception de la ville de Paris, sur laquelle ils ne purent s'entendre, chacun voulant l'avoir dans son lot. Ainsi ils décidèrent qu'elle appartiendrait à tous en commun et qu'aucun d'eux ne pourrait y entrer sans le consentement des autres. Le traité était à peine signé, que Sigebert se plaignit à Gontram d'avoir été lésé dans le partage et se montra prêt à revendiquer, les armes à la main, ce qu'il appelait son droit. Le bon roi, qui estimait plus la paix et le bien de ses peuples que la possession de quelques villes, consentit à céder à son frère Aix, Avignon et ses dépendances avec une portion de Marseille [1].

La même année, Gontram eut une occasion bien douloureuse de manifester son zèle pour l'honneur et la discipline de l'Église. Les siéges épiscopaux d'Embrun et de Gap étaient occupés par deux frères, Salonius et Sagittaire. Ils avaient été disciples de saint Nizier, de Lyon, qui les avait ordonnés diacres, trompé par ce masque de vertu dont l'ambition sait se parer pour arriver aux honneurs. Le masque tomba dès qu'ils furent parvenus à l'épiscopat, et ils allièrent avec le ministère le plus saint la vie la plus criminelle. Gontram fut vivement affligé de ces scandales, d'autant plus funestes qu'ils venaient de plus haut. Il fit assembler à Lyon un concile des évêques de ses États. Salonius et Sagittaire furent convaincus des crimes dont on les accusait et déposés de l'épiscopat. Alors, ils allèrent se jeter aux pieds du roi et le prièrent de leur permettre de recourir au pape. Gontram consentit volontiers à une demande si conforme à la bonté et à l'équité de son caractère; il leur donna même des lettres de recommandation pour Jean III, qui tenait le siège de Rome. Ils en obtinrent, à force d'artifices et de mensonges, un décret qui les rétablissait dans leurs siéges. Le roi soupçonna sans doute la fraude; néanmoins, par respect pour l'autorité du pape, il se contenta de leur faire une vive réprimande et les renvoya à leurs évêchés.

[1] *Hist. de l'Égl. gallic.*, t. IX, p. 28. — Mgr DEPÉRY, *Hist. hagiol. du dioc. de Gap*, p. 173.

Bientôt des plaintes éclatèrent de toutes parts contre la conduite des deux évêques. Gontram, espérant les ramener à de meilleurs sentiments, leur envoya l'ordre de se rendre à sa cour. Sagittaire seul y alla; mais le roi, pour lui faire sentir l'ingnité de sa conduite, refusa de lui parler. Ce refus mit l'évêque en une telle fureur, qu'il vomit contre son prince les injures les plus atroces, et alla jusqu'à dire que ses enfants étaient incapables de lui succéder, parce que la reine, leur mère, était de basse condition. Poussé à bout, Gontram les fit arrêter tous deux et enfermer séparément dans des monastères, où ils firent quelque temps une pénitence forcée. Cependant, son fils étant tombé malade, le bon roi craignit que ce ne fût un châtiment du ciel; il se dit à lui-même que peut-être les deux évêques étaient innocents et que Dieu vengeait sur l'enfant les mauvais traitements infligés par le père à ses ministres. Il les mit donc en liberté, en les conjurant de prier Dieu pour son fils. Sortis de prison, Salonius et Sagittaire parurent d'abord complètement changés, mais ce ne fut pas pour longtemps : ils se replongèrent bientôt dans des désordres plus honteux encore qu'auparavant. Alors Gontram comprit qu'il ne pouvait continuer à supporter un pareil scandale, sans se rendre responsable devant Dieu de la perte des âmes que ces mercenaires entraînaient dans leur ruine. Il fit de nouveau assembler un concile à Châlons-sur-Saône (570). Les deux coupables furent déposés et enfermés dans la basilique de Saint-Marcel, d'où ils trouvèrent moyen de s'échapper. A quelques années de là, Sagittaire fut tué dans une bataille, les armes à la main contre son prince. Dieu, en permettant cette chute effrayante, rappelait à notre saint que celui qui commande aux autres doit prendre garde de tomber lui-même et qu'une dignité plus élevée ne fait qu'obliger à une vie plus parfaite. Cette leçon ne fut pas perdue : depuis ce moment, Gontram s'appliqua plus que jamais à réparer ses fautes passées et à se tenir pur devant Celui qui ne fait acception de personne et juge les grands plus sévèrement que les petits [1].

C'est que sa vie n'avait pas toujours été exempte de blâme. Au commencement de son règne, il avait pris pour concubine une servante d'un seigneur de sa cour, nommée Vénérande, de laquelle il eut un fils qu'il appela Gondebad. Touché de la grâce, il rompit bientôt ces liens criminels et épousa Marcatrude, fille d'un de ses sujets; car, dans ces circonstances, il consultait plus les inclinations de son cœur que la raison d'État et les bienséances de son rang. Il n'eut pas lieu, toutefois, de s'applaudir de son choix. Marcatrude, ayant eu un fils et voulant lui assurer la couronne, fit empoisonner Gondebad. Mais, en punition de son crime, Dieu lui enleva son propre fils et elle mourut elle-même peu après. Alors Théodéchilde, fille d'un berger et l'une des concubines de Charibert, osa prétendre à la main de Gontram. Elle vint à sa cour avec des trésors considérables, fruit de ses rapines et de ses dérègle-

---

[1] *Annal. Bened.*, t. I, p. 150. — *Hist. de l'Égl. gallic.*, ibid., p. 38. — *Hist. hagiol. du dioc. de Gap*, p. 184.

ments, pensant qu'ils lui tiendraient lieu de noblesse et de vertu. Mais Gontram ne fut pas la dupe de cette femme; en qualité d'héritier de Charibert, il retint les trésors qui lui appartenaient, et confina Théodéchilde à Arles, dans un monastère. Il épousa ensuite Austrechilde, une des suivantes de sa première femme, qui lui donna deux fils, Clotaire et Clodomir [1].

Malgré les fautes qui souillèrent les premières années de son règne, Gontram fut toujours loin d'imiter la licence effrénée de ses frères, qui voulaient allier avec la foi chrétienne le désordre d'une vie païenne. Il ne contracta jamais aucune alliance illicite, et, depuis l'expulsion de Vénérande, son respect pour les liens sacrés du mariage et les lois de la pudeur ne se démentit pas un instant.

Chilpéric, surtout, était loin d'imiter un si bel exemple. Après avoir répudié et enfermé dans un monastère la reine Andovère, il s'était livré tout entier à Frédégonde, l'ennemie de Dieu et des hommes, comme l'appelait saint Gontram. Toutefois, il épousa encore Galsvinthe, fille d'Athanagilde, roi des Visigoths d'Espagne; mais ce fut pour la faire étrangler bientôt après, à l'instigation de Frédégonde, qui désormais régna seule et sans rivale sur le roi et sur le royaume (568). Sigebert avait épousé Brunehaut, sœur de Galsvinthe. Après la mort de celle-ci, Frédégonde et Brunehaut se jurèrent la plus profonde inimitié et, pour la satis-

---

[1] Greg. Turon. — Moreri, *Dict. histor.*, art. Gontram. — Hist. de l'Égl. gallic., ibid., p. 40.

faire, elles ne craignirent pas de mettre la France en feu. En 572, sainte Radegonde parvint à réconcilier les deux frères ; mais il aurait fallu, avant tout, réconcilier les deux femmes, ce qui était impossible. En 573, l'érection de l'évêché de Châteaudun, ville du royaume de Sigebert, au préjudice de l'église de Chartres qui dépendait de Chilpéric, ralluma la guerre. Gontram, qui ne prenait part à ces querelles que pour les faire cesser, s'interposa comme médiateur. Mais parce qu'il s'agissait d'une affaire ecclésiastique, il en laissa la décision aux évêques. Il fit donc assembler, avec le consentement de ses frères, un concile à Paris, ville qui, comme nous l'avons dit, appartenait en commun aux trois rois. Le concile ne fut pas plus heureux que Gontram : Sigebert ayant refusé de se soumettre à sa décision, la guerre continua. Théodebert, fils de Chilpéric, met la Touraine et le Poitou à feu et à sang ; il est tué dans une bataille. Alors Sigebert prend sa revanche, ravage les États de Chilpéric et va l'assiéger lui-même dans Tournai ; mais il tombe sous le poignard d'un assassin envoyé par Frédégonde. Childebert, son fils, âgé de cinq ans, est proclamé roi d'Austrasie par Gondebaud, général des troupes de son père. Pour Brunehaut, elle est prise par Chilpéric, qui l'envoie en exil à Tournai (575), d'où elle s'échappe bientôt pour aller rejoindre son fils. Mérovée, fils de Chilpéric, chargé par son père de s'emparer du Poitou, est épris des charmes de sa tante et l'épouse. Son père le fait ordonner prêtre ; il s'échappe et va périr, à quelque temps de là, sous le fer d'un sicaire soudoyé par Frédégonde (577). La fureur de Chilpéric ne connaît plus de bornes ; il persécute les évêques, écrase son peuple d'impôts et se fait abhorrer de tous ses sujets [1].

Tandis que les deux tiers de la France étaient ainsi désolés par l'intrigue, l'assassinat et le despotisme, Gontram continuait à gouverner son royaume dans la bonté, la justice et la paix. Quoiqu'il se fût déclaré pour Sigebert contre Chilpéric et Frédégonde, il ne prit aucune part à ces guerres de barbares, suscitées par la haine mutuelle de deux femmes. Ne pouvant réconcilier ses frères, il se contenta de déplorer devant Dieu leurs sanglantes rivalités et travailla avec zèle, par ses lois et son exemple, à étendre le règne de la religion parmi les peuples qui lui étaient confiés.

CHAPITRE III

Invasions des Lombards. — Crimes et pénitence.

Le Seigneur, qui aime à purifier dans le creuset de l'affliction la vertu de ses serviteurs, permit que, dans le temps même où Gontram faisait tous ses efforts pour épargner à son royaume les horreurs de la guerre, les Lombards vinssent mettre à feu et

---

[1] *Hist. univ. de l'Égl. cathol.*, ibid., p. 296. — *Hist. de l'Égl. gallic.*, t. IV, passim. — FELLER, art. *Mérovée et Chilpéric.*

à sang plusieurs de ses provinces. Ces barbares, dont une partie était encore païenne et l'autre infectée de l'hérésie arienne, firent une première incursion dans les Gaules en 568, l'année même de leur établissement en Italie. Ils franchirent les Alpes et dévastèrent le Haut-Dauphiné. En vain Gontram leur opposa une armée commandée par Périce; elle fut taillée en pièces, Périce fut tué dans la bataille et les Lombards retournèrent en Italie chargés de butin. Enhardis par ce succès, ils crurent que rien ne pourrait leur résister et presque chaque année la France les vit passer la frontière. Le patrice Amat, qui voulut les arrêter, fut tué et son armée anéantie. Alors Gontram envoya contre eux le patrice Mommol. Celui-ci, plus habile et plus heureux, les défit et passa presque toutes leurs troupes au fil de l'épée[1].

En 575, les Lombards repassèrent les Alpes, sous la conduite de trois de leurs ducs : Amo, Zaban et Rhodan. Amo prit le chemin d'Embrun, ravagea Gap, Carpentras, Cavaillon, Avignon, Aix et Marseille. Zaban descendit vers Die et alla mettre le siège devant Valence. Rhodan brûla la Novalaise et Oulx, massacra les moines de ces deux abbayes avec une foule d'habitants de ces contrées; puis, quand il n'eut plus rien à détruire et qu'il eut poursuivi jusque dans les montagnes ceux qui avaient échappé au glaive et aux flammes, il passa le Montcenis et parcourut toute la Maurienne et

---

[1] *L'Art de vérifier les dates*, p. 561. — *Hist. hagiol. du dioc. de Gap*, p. 368.

la vallée de l'Isère jusqu'à Grenoble[1]. Paul Brittio, évêque d'Albe, dit que la ville de Saint-Jean fut prise et ses habitants massacrés[2]. Le nombre des victimes fut immense. Les barbares en voulaient principalement aux prêtres et aux églises. Mgr Depéry va nous raconter leur défaite et leur expulsion[3] :

« Les deux chefs lombards, qui s'étaient avancés vers l'Isère, ne furent pas si heureux qu'Amo ; car le roi Gontram, ayant appris cette nouvelle invasion, mit le patrice Mommol à la tête d'une armée pour leur faire face. Mommol était le plus grand homme de guerre de ce temps-là. Il courut à la rencontre de Rhodan, lui offrit la bataille près de Grenoble et le défit. Rhodan s'enfuit avec cinq cents hommes seulement et alla rejoindre Zaban, son collègue, qui assiégeait Valence, et qui, informé de cette première défaite, partagea à ses soldats le butin amassé et reprit la route des Alpes.

« Mais Mommol, gagnant quelques défilés, put leur couper la retraite à Embrun. Les habitants du pays avaient aussi pris les armes. Ce général se vit donc à la tête d'une armée imposante par le nombre et par la valeur de ses soldats, et il concerta si bien son plan, que les Lombards furent défaits une seconde fois sous les murs d'Embrun. Les Dauphinois, qui s'étaient joints aux soldats de Mommol, irrités des ravages et des cruautés des Lombards, ne leur firent aucun quartier.

---

[1] *Hist. hagiol. du dioc. de Gap*, ibid. — *Gloires de l'Abb. de la Noval.*, liv. II. — SACCHETTI, *Memorie della Chiesa di Susa*, p. 57.
[2] COMBET, Introd., n° 21.
[3] *Hist. hagiol.*, etc., p. 370.

« Les débris de l'armée vaincue remontèrent à la hâte le cours de la Durance et arrivèrent sous Mont-Dauphin, dans la plaine de Calme, aujourd'hui Plan-de-Phasi. Là, de nouvelles barrières avaient été dressées; les montagnards avaient eu le temps de se mettre sur la défensive, et une journée encore plus meurtrière se préparait. Une victoire complète vint achever la déroute des barbares. Le carnage dura jusqu'à la nuit. Quelques fuyards s'étant sauvés en traversant la Durance, allèrent se cacher dans les montagnes de Champcela, Frayssinières et Dourmillouse. »

Après la destruction de l'armée lombarde, Gontram s'appliqua à réparer les désastres de l'invasion. Il fit rebâtir la ville de Saint-Jean, ruinée par ces barbares [1].

Ce fléau avait à peine cessé, qu'un autre vint jeter la désolation dans les Gaules. Saint Grégoire de Tours, sortant un jour du palais de Chilpéric, rencontra dans la cour saint Salvi, évêque d'Albi. Après qu'ils eurent conversé quelque temps à l'écart, Salvi dit, en montrant le palais : « Voyez-vous sur le toit de cette maison ce que j'y remarque? — J'y vois, répondit Grégoire, les nouveaux ornements que le roi y a fait placer depuis peu. » Salvi lui demanda s'il ne voyait pas autre chose. « Non, reprit Grégoire, qui croyait que le saint évêque voulait plaisanter. — Et moi, dit Salvi en jetant un profond soupir, je vois le glaive de la justice divine tiré du fourreau et pendant sur cette maison [2]. »

---

[1] GRILLET, t. III, p. 262. — BESSON, *Mémoires*, etc., p. 282.
[2] *Hist. de l'Égl. gallic.*, *ibid.*, p. 130.

La prédiction ne tarda pas à s'accomplir. En 580, il y eut des tempêtes, des incendies, des inondations, des tremblements de terre. Ces fléaux furent suivis d'une dyssenterie contagieuse. Chilpéric en fut malade à l'extrémité. A peine était-il hors de danger, que ses deux fils, Clodobert et Dagobert, furent atteints de la contagion et moururent l'un après l'autre. Le malheur fit revenir Chilpéric à de meilleurs sentiments. Il jeta au feu les rôles des taxes injustes qu'il venait d'imposer sur ses sujets et depuis il se montra plus humain envers eux; il fit même de grandes aumônes aux pauvres et aux églises. Frédégonde, au contraire, s'endurcit sous la main de Dieu qui la frappait; elle devint furieuse comme une lionne qui a perdu ses petits. Chilpéric avait encore de la reine Andovère un fils nommé Clovis; Frédégonde résolut de le perdre. Elle rendit sa fidélité suspecte à son père, le fit arrêter et assassiner dans sa prison. Ensuite elle fit égorger sa mère la reine Andovère, confina sa sœur Basine dans un monastère et confisqua leurs biens à son profit. Le corps de Clovis fut jeté dans la Marne, d'où un pêcheur le retira et l'ensevelit dans son champ. Plus tard, Gontram le fit transporter dans l'église de Saint-Germain-des-Prés avec celui de Mérovée.

Après avoir désolé les provinces de Chilpéric, la contagion envahit le royaume de Bourgogne. La reine Austrechilde en fut atteinte et bientôt son état parut sans remède. Désespérée de se voir mourir à la fleur de l'âge, elle s'en prit à ses médecins, Nicolas et Donat, et dit au roi : « J'aurais espéré de guérir, si je n'étais tombée entre les mains de médecins infidèles : ce sont les potions qu'ils m'ont données qui m'ôtent la vie. C'est pourquoi, je vous conjure de me promettre avec serment de venger ma mort par la leur, afin qu'ils ne puissent se glorifier de m'avoir fait mourir. » Gontram eut la lâcheté de le lui promettre, et, en effet, dès qu'il lui eut rendu les derniers devoirs, il fit mettre à mort les deux médecins.

Hélas! la sainteté n'est pas l'impeccabilité, le plus souvent elle n'est pas même l'innocence. La bonté et l'amour de la justice, qui furent les qualités dominantes de saint Gontram, n'étaient pas chez lui le résultat d'une inclination naturelle, mais l'œuvre de sa foi vive et de sa haute piété. Naturellement soupçonneux et irascible, il luttait avec courage contre ces vices qu'avait fortifiés le milieu tout barbare dans lequel s'était passée son enfance. Parfois, la nature gagnait le dessus, et alors il se laissait aller à des emportements dont on ne l'aurait jamais cru capable et qui montrent ce qu'il aurait été sans la religion. Du reste, ces chutes furent rares, et les historiens n'en rapportent qu'un autre exemple. Gontram aimait beaucoup la chasse. Il apprit un jour qu'un buffle avait été tué dans la forêt royale des Vosges. Le garde de la forêt en accusa Chundon, l'un des chambellans du roi. A cette nouvelle, Gontram ne se posséda plus, et, comme Chundon niait le fait, il ordonna, suivant l'usage du temps, un duel entre l'accusateur et l'accusé. Celui-ci se fit remplacer par un de ses neveux. Les deux champions se tuèrent l'un l'autre. Ce que voyant, Chundon courut se réfugier dans l'église de Saint-Marcel; mais il fut arrêté avant d'avoir pu y arriver, et Gontram le fit lapider [1].

Ces deux crimes empoisonnèrent le reste de sa vie; car s'il était prompt à la colère, il rentrait bientôt en lui-même, et alors, pénétré d'horreur pour la faute qu'il venait de commettre, il en gémissait devant Dieu et s'efforçait de l'expier par un redoublement de prières et par les abondantes aumônes qu'il répandait dans le sein des pauvres. C'est par là que les saints sont nos modèles et un encouragement après nos chutes.

Le Seigneur châtia Gontram dès cette vie, par la perte de ses deux fils, Clotaire et Clodomir, qui moururent en bas âge. Le saint roi se soumit à la volonté de la Providence. Méprisant, dit saint Grégoire de Tours, le vain éclat d'une couronne périssable, il travailla avec une nouvelle ardeur à s'en préparer une autre dans le ciel, et ses trésors devinrent le patrimoine des pauvres et des églises. Son zèle, ajoutent les historiens de l'Église gallicane, soutenait et animait celui des prélats de son royaume. Il paraissait comme un évêque au milieu des évêques [2], tant il avait à cœur les intérêts de l'Église. Il ne négligeait rien pour porter ses sujets à la piété chrétienne, et se faisait un honneur de la pratiquer lui-même le premier en toute occasion. De si beaux exemples sanctifièrent sa famille. Ses deux filles, Clodoberge et Clodehilde, renoncèrent aux vanités du monde et consacrèrent à Dieu leur virginité.

---

[1] *Annal. Ord. S. Bened.*, t. I, p. 207.
[2] FRÉDÉGAIRE, cité par l'hist. de l'Égl. gallic., *ibid.*, p. 173.

Clodoberge alla, quelques années après, recevoir sa récompense dans le ciel. Pour Gontram, dégoûté du mariage après la mort de la reine Austrechilde, il ne voulut pas contracter une autre alliance, soit par amour de la continence, soit pour être plus libre de s'adonner à la pratique des bonnes œuvres propres à son rang.

CHAPITRE IV

L'Église et les monastères au Vᵉ et au VIᵉ siècles. — Fondation de la cathédrale et de l'évêché de Maurienne. — Les saints Felmase, Hiconius et Liborius I. — Conciles.

Le Vᵉ siècle avait vu la plus étonnante révolution dont l'histoire ait conservé le souvenir : l'empire romain s'était affaissé sous le poids de sa propre corruption, plus encore que sous les coups des barbares. Les Francs avaient rapidement étendu leurs conquêtes du Rhin aux Pyrénées et des Alpes à l'Océan. Plus malheureuse, parce qu'elle était plus coupable, l'Italie passa des Romains aux Goths, des Goths aux Grecs, et des Grecs aux Lombards. Dans cette crise effroyable, la société entière avait été mise en péril. Religion, lois, monuments, arts et sciences, le glaive des barbares attaqua tout, bouleversa tout et abattit tout ce qui était humain.

Qui sauva l'Europe du chaos où elle allait retomber? Dans quel asile sacré se réfugièrent la science, la liberté et la foi? Quelles mains bénies abritèrent le flambeau de la civilisation, pour le conserver, plus brillant et plus pur, aux générations suivantes?

L'histoire n'a qu'une voix et elle nomme l'Église.

L'Église avait devant elle une immense tâche : consoler les vaincus, civiliser les vainqueurs, réparer les désastres de la conquête, former de ces bandes sauvages et des débris des populations massacrées un même peuple, adoucir le désespoir des uns et la férocité des autres, donner à tous avec le pain matériel le pain spirituel de l'instruction et de la foi, faire, en un mot, de ce chaos une société et tirer de leurs ruines la religion, les arts et les sciences. Pour la remplir, l'histoire dit encore quel puissant auxiliaire l'Église trouva dans les monastères. Là, de pieux moines usaient leur vie à copier les manuscrits de l'antiquité; là, s'ouvraient les églises et les écoles où l'intelligence du barbare s'éclaira et son cœur s'adoucit; là, de saints laboureurs apprenaient au Franc et au Goth à demander à la terre une fortune plus innocente que celle que leur procuraient le pillage et le meurtre ; là, se formaient ces grands évêques et ces doctes abbés dont la voix puissante, parce qu'elle était sainte, arrêtait le despotisme du vainqueur et brisait son orgueil farouche; là aussi se réfugiaient, à l'abri des autels, les victimes quotidiennes des révolutions et des caprices des grands, alors que la justice n'était que la force aveugle au service des passions les plus brutales.

Fonder et doter des églises et des monastères,

c'était donc, non-seulement un acte de piété, mais encore une œuvre éminemment civilisatrice. Aussi devint-elle l'expression ordinaire de la religion des riches et l'expiation des grandes fautes. De là, cette prodigieuse quantité de monastères dont se couvrirent la France et l'Europe entière, surtout depuis la merveilleuse impulsion donnée à la vie monastique par saint Benoît. Gontram se distingua, entre tous les princes de son temps, par sa munificence envers ces saints asiles de la prière et de la science. « Il donna plusieurs belles terres au monastère de Saint-Symphorien d'Autun et à celui de Saint-Bénigne de Dijon; et il établit dans ce dernier la psalmodie continuelle sur le modèle du monastère d'Agaune, où les moines, divisés en plusieurs troupes, se relevaient les uns les autres pour chanter jour et nuit sans interruption les louanges de Dieu. Ce prince fit bâtir une magnifique église et un monastère dans le faubourg de Châlons-sur-Saône, en l'honneur de saint Marcel, martyr...; et il y institua aussi un chœur continuel, voulant que l'ordre de la psalmodie fût le même que celui qui était observé dans l'église de Tours. Il fit approuver par quarante évêques les règlements qu'il y établit. Rien n'est plus édifiant que la manière dont ce prince parle, dans l'acte, de la fondation de ce monastère; il commence ainsi :

« Gontram, par la disposition de la divine Pro-
« vidence, roi sous le règne de Dieu, serviteur des
« serviteurs du Seigneur, à tous les enfants de
« notre mère la sainte Église, salut. Je vois avec
« douleur qu'en punition de nos péchés, des églises

« fondées pour le service de Dieu dépérissent par
« l'ambition démesurée des princes et par la trop
« grande négligence des prélats ; et je suis pénétré
« de douleur de ne pouvoir suffire à tout. Cepen-
« dant, pour ne pas paraître les mains vides devant
« l'arche du Seigneur, nous avons résolu de doter
« des plus belles terres la basilique que nous avons
« fait ériger en l'honneur du glorieux martyr saint
« Marcel de Châlons. » Il marque ensuite plusieurs
lieux dont il charge les habitants de bâtir les divers
édifices nécessaires au monastère[1]. »

Certes ! un roi qui, dans un acte public, reconnaît
qu'il n'est que le lieutenant de Dieu pour le gouvernement de son peuple, un roi qui se glorifie du
titre de serviteur des serviteurs de Dieu ; ce roi,
sans doute, peut commettre des fautes, mais à
coup sûr il comprend les devoirs que la souveraineté
lui impose. Gontram savait que, lieutenant de Dieu
et serviteur d'un peuple chrétien, il aurait à rendre
un compte sévère de son administration. Aussi,
dans les actes de son gouvernement, apportait-il la
vigilance la plus scrupuleuse, afin qu'il n'y eût rien
qui ne fût conforme à la loi de Celui qui est le roi
des rois aussi bien que des peuples.

Aucune province du royaume ne reçut du saint
roi Gontram des bienfaits aussi grands et aussi
durables que la Maurienne. Dès les premières
années de son règne, il apprit par la renommée
les nombreux miracles qui s'opéraient auprès des

---

[1] *Hist. de l'Égl. gallic.*, ibid., p. 174. — *Acta Sanctorum*,
p. 28. — *Mart., Comment. præv.*, § 11.

reliques de saint Jean-Baptiste. Sa piété en fut touchée et il résolut de donner un témoignage éclatant de sa dévotion envers le saint Précurseur. Il envoya dans la ville de Maurienne des officiers chargés d'y faire construire une église digne du précieux dépôt qu'elle devait garder et, quand elle fut achevée, il invita saint Isiche II, archevêque de Vienne, à en faire la consécration solennelle, qui eut lieu vers l'année 565, la quatrième du règne de Gontram. La Maurienne avait déjà été démembrée du diocèse de Turin et réunie à celui de Vienne. Une des légendes de sainte Thècle dit en termes exprès que, lorsque saint Isiche consacra l'église de Saint-Jean, *ce lieu appartenait à son diocèse.*

Après les victoires de Mommol sur les Lombards et l'expulsion de ceux-ci des provinces qu'ils avaient envahies, Gontram voulut compléter son œuvre en établissant un siége épiscopal dans la ville de Maurienne, sous la juridiction métropolitaine de l'archevêque de Vienne. Pour le remplir, il jeta les yeux sur saint Felmase. L'histoire ne nous fait connaître ni la famille ni le lieu de la naissance de ce premier évêque de Maurienne. Elle l'appelle seulement un homme de grande sainteté *(magnæ sanctitatis virum).* N'en eut-il pas eu d'autre, cette illustration était suffisante pour un évêque. Felmase fut sacré en 579 par l'archevêque de Vienne, dans le concile assemblé à Châlons-sur-Saône pour juger les deux évêques prévaricateurs, Salonius et Sagittaire. Gontram dota le nouvel évêché avec sa générosité ordinaire. Il céda à l'évêque, à titre de fief perpétuel, la vallée cottienne située de l'autre côté du Montcenis, les communes de Saint-André et d'Argentine sur la rive droite de l'Arc, et toutes celles de la rive gauche depuis le Frênet *(Fraxinetum)* jusqu'au bas de Pont-Amafrey *(Pontem-Amalfredi)*, y comprises la ville de Saint-Jean et ses dépendances[1]. Une des principales obligations des serfs consistait à fournir ce qui était nécessaire pour l'entretien des murs et du toit de la cathédrale. De plus, ayant pris conseil des évêques et des seigneurs du royaume, il unit au diocèse de Maurienne la ville de Suse avec les deux châteaux-forts de Saint-Martin et de *Primianum*, et toutes les paroisses environnantes jusqu'à Aveillane, que Mommol venait de conquérir sur les Lombards. Du consentement du concile, il fixa ensuite les autres limites du diocèse, afin d'éviter tout conflit de juridiction avec les évêques circonvoisins.

Gontram pourvut en même temps à la défense du pays sans cesse menacé par les Lombards. Des leudes et d'autres chefs militaires *(grafflones)* furent chargés de garder la frontière, de concert avec les comtes du pays; mais tous furent soumis à l'évêque dont ils devaient en toutes choses suivre les ordres. C'était, en effet, le seul moyen de donner aux populations une protection assurée et puissante contre les violences des seigneurs francs, toujours enclins à traiter les pays conquis comme une proie livrée aux caprices de leur nature encore barbare[2].

---

[1] Bulles de Lucius III, de Clément III, d'Innocent III et d'Urbain III. (Archives de l'évêché.)
[2] Voir Pièces justificatives, n° 11.

Nos évêques prirent ainsi rang parmi les leudes ou grands vassaux de la couronne et purent exercer dès l'origine leur part de salutaire influence sur les affaires de l'État.

L'établissement de l'évêché de Maurienne rencontra une vive opposition de la part d'Ursicinus, évêque de Turin et successeur de Rufus dont nous avons parlé. Ce fait résulte de deux lettres adressées par le pape saint Grégoire le Grand, après la mort de saint Gontram, l'une à Thierri et à Théodebert, rois des Francs, l'autre à Siagrius, évêque d'Autun. « Notre frère dans l'épiscopat, Ursicin, évêque de la ville de Turin, est-il dit dans la première de ces lettres, se plaint amèrement d'avoir eu à supporter un grave dommage dans celles des paroisses de son diocèse qui font partie de votre royaume, de telle sorte que, contrairement à l'usage de l'Église et à toutes les dispositions des saints canons, sans aucun démérite de sa part, on n'a pas craint d'y établir un nouvel évêque, et, pour aggraver encore cet excès, on a enlevé en même temps plusieurs objets appartenant à son église. Si ces faits sont reconnus vrais, comme il n'est pas juste qu'un innocent soit opprimé, après vous avoir assurés de notre affection paternelle, nous supplions Vos Excellences de vouloir bien accorder à notre recommandation ce que je vous crois déjà disposés à accorder à la dignité épiscopale, et de faire complètement rendre justice à cet évêque, comme nous l'espérons de votre équité. Nous avons la confiance que, après avoir constaté les faits, vous réformerez ce qui a été opéré injustement, et que vous ferez restituer ce qui a été enlevé par la violence [1]. » Dans la seconde lettre, saint Grégoire presse l'évêque d'Autun de s'interposer auprès des deux rois pour qu'ils rendent à Ursicinus le territoire dont on avait formé le nouveau diocèse de Maurienne. Les représentations du pape ne produisirent pas l'effet qu'en attendait l'évêque de Turin, puisque la Maurienne conserva son évêché. Tout porte à croire que l'approbation pontificale ne tarda pas à sanctionner la fondation de saint Gontram, bien que la bulle la plus ancienne que nous ayons en faveur de l'évêché de Maurienne, soit celle de Lucius III, de l'année 1184.

Saint Felmase ne put pas réaliser toutes les espérances que l'on fondait sur ses hautes vertus, ayant passé à une meilleure vie peu après son élévation à l'épiscopat. Dieu adoucit les regrets qu'occasionna une si grande perte, en appelant un autre saint au siége de Maurienne. Ce fut le B. Hiconius qui souscrivit les actes du premier et du second concile de Mâcon (581 et 585). On ne sait pas autre chose de cet évêque. Il en est quelquefois ainsi des saints : Dieu ne permet pas toujours que les exemples de vertu dont leur vie est remplie soient transmis à la postérité, comme pour nous apprendre que ses vrais serviteurs ne travaillent pas pour la vaine gloire de ce monde, mais pour la gloire éternelle que lui seul distribue et qui s'acquiert par l'humilité.

---

[1] Combet, Preuves, n° 7. — M⁰ʳ Billiet, *Mémoires sur les premiers évêques de Maurienne*, p. 26.

On ne connaît pareillement qu'une seule particularité de la vie de Leporius, successeur d'Hiconius, que la légende de sainte Thècle qualifie aussi de bienheureux. Le diocèse de Maurienne s'étendait alors, au delà du Gallibier, jusqu'au-dessous de Briançon. Malgré les précautions que saint Gontram avait prises pour déterminer ses confins d'une manière précise, des difficultés s'élevèrent à ce sujet entre le B. Leporius et l'archevêque d'Embrun. Elles furent portées au tribunal du roi qui, ayant pris l'avis de ses comtes, envoya le duc Méro, l'un de ses généraux, pour terminer le différend. Les deux évêques se rendirent sur les lieux avec le délégué du roi et il fut décidé que la rivière de Baysse *(Baisdra)* et la petite ville de Rame *(Rama)* serviraient de limites; on y planta une borne *(unam bornam)* afin de couper court à toute discussion ultérieure. La convention fut ensuite envoyée à Rome pour qu'elle reçût l'approbation du Souverain Pontife. Néanmoins, les mêmes difficultés se renouvelèrent plus tard; car nous voyons en 794 saint Marcel, archevêque d'Embrun, s'adresser au concile de Francfort pour obtenir une nouvelle délimitation entre son diocèse et celui de Maurienne[1].

Tels furent les trois évêques qui gouvernèrent notre diocèse, sous le règne de saint Gontram. On

---

[1] Lég. de sainte Thècle. — COMBET. — ANGLEY. — DAMÉ. *Hist. hagiol. du dioc. de Gap*, p. 419. — MÉNABRÉA, *Montmél. et les Alp.*, p. 252. — Mgr BILLIET, *ibid.* — *Hist. de l'Égl. gallic.*, etc. — Voir Pièces justificatives, n° 12.

voit que le bon roi ne négligeait rien pour asseoir son œuvre sur des bases durables. Dieu a exaucé ses vœux : l'évêché de Maurienne a résisté à toutes les tempêtes que les guerres et les révolutions ont déchaînées sur lui depuis l'époque de sa fondation. C'est sans doute à l'intercession de son saint fondateur et de ses saints évêques que nous devons son rétablissement en 1825.

La politique ne fut peut-être pas complètement étrangère à la séparation des vallées de Maurienne et de Suse du diocèse de Turin. Celui-ci appartenant aux Lombards, Gontram dut naturellement désirer de soustraire ses sujets à une juridiction étrangère et à des relations trop fréquentes avec ces barbares qui, en Italie, dépouillaient les églises, tuaient les prêtres, ruinaient les villes, exterminaient les populations[1], et qui venaient de porter le massacre et l'incendie dans ses provinces. Néanmoins son zèle pour le bien spirituel de ses peuples et sa dévotion envers saint Jean-Baptiste eurent certainement la plus grande part dans la fondation de notre évêché. Il aimait à voir les évêques, les consultait dans les affaires de l'État, les encourageait de son appui et excitait ceux dont le zèle lui semblait se refroidir. Les conciles tenaient souvent lieu de parlements. Il s'en réunit un grand nombre sous son règne, à Châlons, à Mâcon, à Lyon et à Valence. Le rétablissement de la paix entre les rois francs, la surveillance à exercer sur les juifs, les rapports des chrétiens avec eux, le soin des pauvres

---

[1] ROHRBACHER, t. IX, p. 172.

et des malades, principalement des lépreux; l'arrangement des difficultés qui survenaient entre les diocèses, le maintien de la discipline ecclésiastique, la répression des attentats contre les biens et les droits de l'Église, le châtiment des clercs et des religieuses qui viendraient à transgresser leurs vœux, de saints règlements pour les évêques et les clercs, afin qu'il n'y eût rien, dans leur vie, qui pût donner prise à la malignité publique : tels sont les principaux objets de leurs canons. Gontram les sanctionnait de son autorité royale et les faisait observer comme des lois de l'État. Il n'eût pas soupçonné que la politique d'un prince catholique pût consister à traiter l'Église en ennemie, à enchaîner son indépendance, à la dépouiller de ses biens, à la regarder, en un mot, comme un adversaire dangereux qu'il faut ruiner par la ruse, quand on ne peut pas l'écraser par la violence. La simplicité et la vivacité de sa foi lui montraient, au contraire, dans l'Église une autorité divine à laquelle, comme catholique, il devait obéissance aussi bien que le dernier de ses sujets, et dont, comme prince, il importait à lui et à ses peuples qu'il recherchât l'amitié.

Entre tous ces conciles il en est un dont nous devons faire ici une mention spéciale. C'est celui qui s'ouvrit à Valence le 23 mai 584; voici à quelle occasion.

Outre les fondations dont nous avons parlé, Gontram, la reine Austrechilde et les princesses Clodoberge et Clodehilde, leurs filles, avaient doté une foule d'églises et de monastères. Le bon roi

craignit que ses successeurs ou les seigneurs du royaume ne vinssent à mettre la main sur ces donations. C'est pourquoi il voulut les faire confirmer par l'autorité ecclésiastique, pour que la crainte des censures retint les usurpateurs. Le concile, entrant dans ses pieuses intentions, porta le décret suivant :
« Nous étant assemblés par ordre du très glorieux roi Gontram, dans la ville de Valence, pour apporter remède à diverses plaintes des pauvres, nous avons cru d'abord devoir ordonner ce qui nous a paru le plus avantageux pour la conservation du roi, pour le salut de son âme et pour le bien de la religion; car ce prince a fait écrire au saint concile par Asclépiodote, son référendaire, pour nous enjoindre de confirmer par l'autorité apostolique et par nos souscriptions toutes les donations que lui, la reine Austrechilde d'heureuse mémoire, les princesses leurs filles, consacrées à Dieu, Clodoberge d'heureuse mémoire, et Clodehilde, ont faites aux églises, ou pourront faire dans la suite. C'est pourquoi, comme nous sommes persuadés que les évêques doivent autoriser une si louable dévotion, qui ne peut manquer d'être agréable à Dieu, le saint concile, Dieu le présidant, a ordonné d'un commun consentement, par cette présente constitution, que rien de tout ce que ledit seigneur roi, la reine son épouse et les princesses leurs filles ont donné ou pourront donner dans la suite à la basilique de Saint-Marcel et de Saint-Symphorien, ou autres lieux, ou aux serviteurs de Dieu, en quelque forme et de quelque espèce que soient les donations, ne puisse être usurpé par les évêques des lieux, ou par

les rois futurs, du consentement des évêques. Si quelqu'un a la témérité de donner atteinte à aucune de ces donations, que par le jugement de Dieu il soit frappé d'anathème, comme meurtrier des pauvres et comme sacrilége ! Qu'il soit condamné pour son crime aux supplices éternels[1] ! »

Heureuse politique que celle qui met avant tout le royaume de Dieu et sa gloire, l'instruction et la sanctification des peuples ! Tout le reste lui est donné par surcroît.

CHAPITRE V

Gontram et ses neveux. — L'usurpateur Gondovalde.

Nous avons vu Childebert II succéder à Sigebert, son père, sur le trône d'Austrasie. Il n'avait alors que cinq ans, et Brunehaut, sa mère, gouverna sous son nom. D'un autre côté, Frédégonde, maîtresse du cœur de Chilpéric, gouvernait le royaume de Soissons. Les deux tiers de la France se trouvaient ainsi entre les mains de deux femmes, et de deux femmes qui se haïssaient le plus cordialement du monde. Aucun rapprochement ne paraissait possible entre elles. De fait, Childebert et Brunehaut s'allièrent d'abord intimement avec Gontram et

---

[1] *Hist. de l'Égl. gallic.*, ibid., p. 175. — *Acta SS.*, ibid., Comment. præv., § 141, n° 7. — MABILLON, ibid., p. 172.

plusieurs fois ils réprimèrent par les armes les prétentions sans cesse renaissantes de Chilpéric. Mais que ne peut l'ambition sur le cœur des princes, quand la crainte de Dieu ne les retient pas! Childebert, croyant avoir à se plaindre de Gontram, fit alliance avec Chilpéric, et en 583 ils envoyèrent des troupes nombreuses ravager les États de ce prince. Gontram, plein de confiance en Dieu qui connaissait la justice de sa cause, marcha contre Chilpéric, le défit complètement et lui accorda la paix, à la condition que leurs difficultés seraient soumises à l'arbitrage des évêques et des seigneurs. L'année suivante, il fit également la paix avec Childebert, à la même condition[1]. C'est ainsi qu'il évitait, autant qu'il lui était possible, l'effusion du sang. Peu après ces événements, il eut une nouvelle occasion de montrer la bonté de son cœur.

Chilpéric semblait prendre à tâche d'attirer de plus en plus sur lui la colère de Dieu. On se souvient que, lors du partage des États de Charibert, ses trois frères étaient convenus, avec les serments les plus solennels, que la ville de Paris appartiendrait à tous en commun, mais qu'aucun d'eux n'y entrerait, à l'insu des autres, sous peine d'être déchu de ses droits. Sigebert le premier avait violé son serment, et Gontram, pour un bien de paix, avait gardé le silence. Chilpéric, à son tour, entra plusieurs fois dans Paris, tantôt sous un prétexte, tantôt sous un autre. Gontram se tut encore; mais

---

[1] Hist. de l'Égl. gall., ibid., p. 171. — L'Art de vérif. les dates, p. 526.

le ciel se chargea de venger tous ces parjures. Chilpéric eut un fils qui le dédommageait en quelque façon de la mort des autres ; il lui fut enlevé au bout de quelques mois. Sa fille Rigonthe, fiancée à Récarède, fils de Leuvigilde, roi des Visigoths, se vit dépouillée de ses trésors, pendant qu'elle se rendait en Espagne pour accomplir son mariage, et bientôt un horrible événement rompit toutes les espérances que l'on fondait sur cette alliance. Chilpéric fut assassiné à Chelles, en revenant de la chasse. Abandonné de tous, le malheureux roi serait resté sans sépulture, si saint Mallulfe, évêque de Senlis, auquel depuis trois jours il refusait une audience, ne lui eût rendu les derniers devoirs. Juste châtiment des crimes dont sa vie n'avait été qu'un long tissu (584)[1].

De tant de fils qu'il avait eus, Chilpéric ne laissa qu'un enfant de quatre mois. C'était un faible appui pour Frédégonde, qui craignait avec raison de recevoir enfin la punition de ses forfaits ; mais son esprit artificieux lui fit trouver des ressources. Elle implora la protection de Ragnemode, évêque de Paris, et se réfugia dans son église avec une partie de ses trésors, pour se soustraire à la fureur du peuple, toujours facile à s'émouvoir et à se calmer. De cet asile, elle députa au roi Gontram, le priant de venir prendre la défense d'un pupille qu'elle mettait sous sa protection, et dont elle lui confiait les intérêts aussi bien que les siens. Gontram fut touché du malheur de Chilpéric et de celui dont sa veuve était

---

[1] Voir Pièces justificatives, n° 13.

menacée; il oublia tout ce qu'il avait eu à souffrir de la part de l'un et de l'autre, et se rendit en diligence, à la tête de son armée, à Paris, où il fut reçu avec de grandes démonstrations de joie. Il y était à peine arrivé que Childebert se présenta d'un autre côté pour y entrer aussi; mais les Parisiens lui fermèrent les portes. Il envoya des députés s'en plaindre à Gontram, qui, après quelques reproches, leur répondit : « Voici le traité que nous avons fait, savoir : que celui qui entrerait, sans le consentement de son frère, dans la ville de Paris, perdrait sa part du royaume de Charibert, et que le saint martyr Polyeucte et les saints confesseurs Hilaire et Martin seraient les vengeurs du parjure. Malgré ce serment, mon frère Sigebert y est entré ; ainsi il a perdu sa part, et, par un juste châtiment de Dieu, il a été misérablement assassiné. Chilpéric, qui a donné la même atteinte au traité, a eu le même sort. Ils sont déchus l'un et l'autre de leurs droits par la transgression de leur serment. C'est pourquoi, avec le secours de la loi, je me rendrai maître de tout le royaume de Charibert; je n'en céderai à personne que ce qu'il me plaira. »

Childebert envoya de nouveaux députés dire à Gontram : « Livrez-moi l'homicide qui a étranglé ma tante, qui a tué mon père et mon oncle, et qui a fait mourir mes cousins. » Gontram se contenta de répondre qu'il aviserait à ce qu'il conviendrait de faire. Il paraît qu'il ne crut pas Frédégonde coupable de la mort de Chilpéric, dont beaucoup de gens la soupçonnaient d'être l'auteur. Elle en accusa Éberulfe, chambellan du feu roi, qui fut obligé de se réfugier dans l'église de Saint-Martin de Tours, dont il avait autrefois pillé les terres. Gontram, l'ayant appris, jura aux seigneurs de sa cour que non-seulement il ferait mourir Éberulfe, mais encore qu'il éteindrait sa race jusqu'à la neuvième génération, afin d'abolir par cette sévérité la détestable coutume d'assassiner les rois. Il fit donc garder étroitement les portes de l'église, et il envoya à Tours un de ses officiers, nommé Claude, avec ordre de tuer Éberulfe, s'il pouvait l'attirer hors de l'église. Mais Claude alla, avant de partir, prendre les instructions de Frédégonde, et, sans égard pour la défense que le roi lui en avait faite, il tua Éberulfe dans l'église même.

Frédégonde faillit occasionner une guerre entre son beau-frère et son neveu. Childebert, vivement froissé du refus qu'avait fait son oncle de lui livrer celle qui avait soudoyé les assassins de ses parents, envoya, dans une assemblée générale des Francs ou plaid, des ambassadeurs pour faire de nouvelles instances auprès de Gontram et demander en même temps la cession de plusieurs villes qu'il prétendait lui appartenir. Gontram refusa l'un et l'autre. Il y eut de vives altercations. A la fin, l'un des ambassadeurs dit au roi : « Sire, nous prenons congé de vous. Vous n'avez pas voulu rendre les cités de votre neveu ; elle est encore entière, nous le savons, la hache qui a été enfoncée dans les têtes de vos frères : elle vous fera sauter la cervelle plus vite encore. » Le roi, irrité, les fit chasser ignominieusement de la ville. Toutefois, cette scène étrange n'eut pas de suites fâcheuses. Childebert s'étant rendu à une autre assemblée, Gontram le reçut avec la tendresse d'un père; il lui mit une lance à la main et lui dit devant tout le monde : « Ceci est la marque que je vous donne mon royaume. Désormais, soumettez à votre autorité toutes mes villes comme étant les vôtres; car, par le fait de nos péchés, il ne reste de notre famille que vous qui êtes le fils de mon frère. Vous serez donc mon héritier et mon successeur dans tout mon royaume, à l'exclusion des autres. » Puis, le prenant à l'écart et lui recommandant le secret le plus inviolable, il lui fit connaître les personnes qui méritaient ou non sa confiance. Au moment de se mettre à table, il dit aux chefs de l'armée : « Vous voyez que mon fils Childebert est devenu un homme fait. Gardez-vous donc de le traiter comme un enfant. Laissez-là vos intrigues et vos cabales. Il est roi; votre devoir est de le servir. » Et disant ces choses et d'autres encore, il le traita joyeusement pendant trois jours, lui céda tout ce que les députés avaient vainement réclamé, et le renvoya comblé de présents [1].

Plus sensible aux intérêts de Dieu qu'aux siens propres, Gontram s'appliqua avec encore plus de soin à réparer les injustices commises par Chilpéric qu'à venger sa mort. Il fit restituer aux particuliers les biens que ce prince leur avait enlevés, ordonna l'exécution des testaments faits en faveur des églises, qu'il avait cassés, rétablit sur le siége de Rouen le saint évêque Prétextat, qui en avait été chassé, relégua Frédégonde à Vau-de-Reuil, près

---

[1] ROHRB., t. IX, p. 300. — GREG. TURON. *apud Bolland., ibid.*

de Rouen, et fit de grandes libéralités aux pauvres. Ces actes de justice et de piété ne le rassuraient pourtant pas contre la perfidie, et la mort tragique de ses frères lui faisait craindre un sort pareil. On lui donna même avis qu'on en voulait à sa vie. C'est ce qui l'obligea de prendre des gardes, et, tant qu'il resta à Paris, il n'entrait pas même dans les églises sans être environné de gens armés. Mais sa bonté et l'amour de son peuple étaient pour lui une sauvegarde bien plus sûre.

Un jour de dimanche qu'il assistait à la messe, après que le diacre eut annoncé aux assistants de faire silence, ce qui, dans l'ancienne liturgie gallicane, se pratiquait après l'évangile, Gontram se tourna vers le peuple et dit avec une simplicité digne de ce temps : « Hommes et femmes, vous tous qui êtes ici présents, je vous conjure de me garder une fidélité inviolable et de ne pas attenter à ma vie, comme vous avez fait à celle de mes frères. Qu'il me soit au moins permis d'élever pendant trois ans mes neveux..., de peur, ce qu'à Dieu ne plaise, que si je venais à mourir..., il n'y eût personne de notre race qui pût vous protéger et vous défendre. » Le peuple répondit par des acclamations et des prières pour la conservation d'un si bon prince.

Gontram avait à peine achevé de régler les affaires de Chilpéric, qu'une trahison inattendue le força de porter ailleurs son attention. Mommol, qu'il avait élevé, dès le commencement de son règne, à la dignité de patrice, c'est-à-dire de généralissime des troupes de Bourgogne, enflé des victoires qu'il avait remportées sur les Lombards et sur Chilpéric, forma le noir projet de détrôner son bienfaiteur. S'étant retiré en 581 dans les États de Childebert, il fit venir de Constantinople un aventurier nommé Gondovalde ou Gondebaud, qui déjà précédemment avait cherché à se faire passer pour fils de Clotaire Ier, et s'empara de plusieurs villes du royaume de Gontram. Plusieurs évêques se laissèrent entraîner dans son parti, et l'usurpateur fut proclamé roi à Brives-la-Gaillarde. A cette nouvelle, Gontram se hâta de quitter Paris et d'envoyer contre les insurgés une armée commandée par Leudégisile, lequel se conduisit plus en chef de brigands qu'en général d'une armée chrétienne. Ses soldats allèrent jusqu'à piller les églises et à enlever les vases sacrés. Toutefois, Gondovalde fut pris à Comminges avec Mommol et les autres chefs de son parti. Leudégisile ne se contenta pas de les mettre à mort; sous prétexte d'exercer une juste vengeance, il passa les habitants au fil de l'épée et réduisit la ville en cendres. Gontram fut complètement étranger à ces actes de cruauté barbare, qui, sans doute, désolèrent son cœur paternel. Il fit distribuer aux pauvres les trésors de l'usurpateur et la moitié de ceux de Mommol, et donna l'autre moitié à son neveu Childebert [1]. Pour prévenir le retour de pareils soulèvements, il résolut de faire le procès aux évêques qui avaient favorisé le parti de l'usurpateur; mais comme, même dans ses plus justes ressentiments, il n'oubliait

---

[1] Greg. Turon., *ibid.*, n° 15.

jamais le respect que les princes doivent aux lois de l'Église, il ne voulut le faire que selon les règles catholiques. Il indiqua donc un concile à Mâcon pour le 23 octobre de la même année 585, et, en attendant, il reprit le chemin de Paris, où il était invité de se rendre pour être parrain du jeune Clotaire, fils de Chilpéric, qui n'était pas encore baptisé.

Il arriva à Orléans le 4 juillet, fête de la translation de saint Martin. Une foule innombrable de peuple sortit au devant de lui, avec des bannières, criant : Vive le roi ! et lui donnant mille bénédictions. Les Juifs se distinguèrent entre tous par l'exagération de leur enthousiasme ; ils disaient à Gontram : « Que toutes les nations vous adorent, qu'elles fléchissent le genou devant vous et soient soumises à votre empire ! » Mais le roi ne se laissa pas prendre au piége qu'ils lui tendaient. Il dit aux évêques avec lesquels il mangea, après avoir assisté à la messe : « Malheur à la perfide nation des Juifs ! Ils ne m'ont donné des louanges si outrées qu'afin que je rétablisse leur synagogue que les chrétiens ont abattue ; mais, avec la grâce de Dieu, je ne le ferai jamais. »

Le lendemain, le roi alla faire sa prière dans les diverses églises d'Orléans et rendit une visite à saint Grégoire de Tours, qui lui présenta des eulogies de saint Martin. C'étaient de petits pains bénis dans l'église de ce saint. Après cela, Gontram invita à dîner les évêques qui s'étaient rendus à Orléans pour le recevoir. Bertram de Bordeaux et Pallade de Saintes y allèrent comme les autres, quoiqu'ils aussent encouru l'indignation du roi pour avoir favorisé le parti de Gondovalde. Dès qu'il les aperçut, il leur fit d'assez piquants reproches, aussi bien qu'à Nicaise d'Angoulême et à Antidius d'Agen. Il dit à Bertram : « Je vous rends grâces de ce que vous avez si bien gardé fidélité à votre parenté ; car vous devez savoir, mon cher père, que vous êtes mon parent par ma mère, et vous n'auriez pas dû conspirer pour perdre votre famille. » Puis se tournant vers Pallade, il lui dit : « Je ne vous ai pas non plus beaucoup d'obligation, à vous qui vous êtes parjuré trois fois à mon égard ; ce qui est bien indigne d'un évêque. Mais Dieu a jugé ma cause. Je vous ai toujours traité en père de l'Église, et loin de me traiter en roi, vous n'avez cherché qu'à me tromper par vos artifices. » Ces prélats ne répondant rien, le roi se fit donner à laver et ne laissa pas de les admettre à sa table, où il ne voulut s'asseoir qu'après avoir reçu la bénédiction des évêques. Il pouvait avoir été mal informé touchant Pallade de Saintes, qui était un saint évêque.

Au milieu du repas, il fit chanter au diacre de Grégoire de Tours un psaume responsoire (c'est ce qui répondait au graduel) qu'il avait entendu chanter à l'église le jour précédent, et il voulut que les évêques le chantassent, chacun à son tour ; ce qu'ils firent comme ils purent. La piété de Gontram lui faisait trouver plus de goût à ces cantiques spirituels qu'à toutes les chansons profanes. Montrant ensuite aux évêques sa vaisselle d'argent, il leur dit que c'était la dépouille du traître Mommol, qu'il ne s'en était réservé que deux plats, que c'était autant qu'il lui en fallait pour le service ordinaire de sa table; ce qui marque combien elle était frugale. Il ajouta qu'il avait fait briser, pour être distribués aux pauvres, les autres vases qui étaient en grand nombre.

Gontram, parlant ensuite aux évêques de son neveu Childebert qu'il nomma son fils, leur dit : « Tout ce que je vous demande, c'est de prier pour sa conservation. Ce jeune prince nous donne par ses vertus les plus grandes espérances, et il serait difficile de trouver plus de sagesse et de prudence dans les personnes d'un âge avancé. Si Dieu daigne nous le conserver, il relèvera la gloire de notre famille. Le jour de sa naissance nous en fournit un heureux augure; car mon frère Sigebert étant à l'église le saint jour de Pâques, on y vint, au moment où le diacre commençait l'évangile, lui annoncer qu'il lui était né un fils; en sorte que le peuple répondit en même temps au diacre et à celui qui apportait la nouvelle : Gloire soit à Dieu tout-puissant. De plus, Childebert a reçu le baptême le saint jour de la Pentecôte et il a été proclamé roi le saint jour de Noël. C'est pourquoi, si vous priez pour lui, j'espère que Dieu lui fera la grâce de régner heureusement. » Les évêques firent aussitôt tous ensemble une prière pour la conservation des deux rois. « Je sais, ajouta Gontram, que sa mère Brunehaut en veut à ma vie. Mais je ne la crains pas, et j'ai confiance que Dieu, qui m'a délivré de mes ennemis, me préservera de ses embûches. »

Pendant le repas, Gontram parla encore avec vivacité contre Théodore de Marseille, qu'il avait fait arrêter pour avoir reçu Gondovalde à son débarquement; il l'accusa même de la mort de Chilpéric. Grégoire de Tours prit la défense du prélat absent : « Prince, dit-il, qui a fait mourir Chilpéric, sinon sa méchanceté et vos prières? car il vous a dressé bien des embûches. » Sur quoi il rapporta un songe qu'il avait eu. Le roi dit qu'il en avait eu un autre, où il avait vu trois saints évêques, Tétric de Langres, Agricole de Châlons et Nizier de Lyon, qui, tenant Chilpéric enchaîné, le jetèrent dans une chaudière bouillante.

Saint Grégoire avait demandé à Gontram la grâce de quelques seigneurs engagés dans l'affaire de Gondovalde, et il n'avait rien pu obtenir. Il retourna le lendemain et lui dit : « Écoutez, prince, c'est mon seigneur qui m'envoie vers vous; quelle réponse voulez-vous que je lui rapporte, puisque vous ne daignez pas m'en faire? » Le roi, tout surpris, lui demanda : « Quel est donc votre seigneur ? — C'est saint Martin qui m'envoie, » répliqua l'évêque en souriant. Ce nom désarma la colère du prince; il permit aux coupables de se présenter devant lui et, après leur avoir reproché leur perfidie, il la leur pardonna en considération de saint Martin.

Le dimanche suivant, Gontram, étant allé à la messe, entendit l'évêque Pallade chanter une prophétie; il se mit en colère et dit qu'il n'assisterait pas à une messe où son ennemi officiait. Il voulut même sortir de l'église, mais les évêques l'arrêtèrent et lui dirent qu'ils avaient cru qu'il verrait sans peine à l'autel un évêque reçu à sa table ; qu'au reste, le concile lui ferait justice de Pallade, s'il se trouvait coupable. Le roi demeura, et l'on fit revenir à l'autel cet évêque, qui s'était déjà retiré à la sacristie couvert de confusion. Nous apprenons toutes ces particularités de saint Grégoire de Tours, qui était présent et qui ajoute que Gontram, pendant son séjour à Orléans, charma les Orléanais par sa bonté populaire, allant les voir dans leurs maisons et ne dédaignant pas d'y manger de ce qu'on lui présentait.

Le baptême du jeune Clotaire ayant été différé, Gontram retourna dans son royaume faire tenir le concile, qui s'assembla au jour marqué, sous la présidence de saint Prisque de Lyon. Le principal objet de sa convocation était, comme on l'a vu, le jugement des évêques qui avaient embrassé le parti de Gondovalde. On déposa Faustien, qui avait été ordonné évêque d'Acqs, à la nomination de cet usurpateur, et l'on condamna Bertram de Bordeaux, Oreste de Bazas et Pallade de Saintes, qui l'avaient ordonné, à lui payer chaque année et tour à tour cent sous d'or pour son entretien. On imposa une pénitence de trois ans à Ursicin de Cahors, qui avait reçu Gondovalde. Quant à Théodore de Marseille, on ne décerna rien contre lui, soit qu'on respectât sa haute sainteté, soit qu'il se fût justifié des accusations portées contre lui, ou que Gontram eût égard aux représentations que Childebert lui avait fait faire en sa faveur. Gontram s'était proposé de traiter ces évêques avec beaucoup plus de sévérité et il en aurait condamné plusieurs au bannissement, si une grave maladie qu'il fit alors, en lui faisant craindre les jugements de Dieu, ne lui eût inspiré de modérer les siens.

Le concile fit encore plusieurs canons dont voici les principaux objets. Il recommande la sanctification des dimanches et détermine les peines que l'on doit infliger à ceux qui profanent les jours du Seigneur. Les fidèles doivent payer exactement la dîme aux prêtres, afin que, n'étant distraits par aucun autre travail, ceux-ci puissent mieux vaquer aux fonctions spirituelles de leur ministère et consacrer leur superflu au soulagement des pauvres. Les clercs ne peuvent être jugés que par l'évêque. On doit respecter le droit d'asile accordé aux églises et si nécessaire en ces temps de violences et de révolutions. L'évêque est spécialement obligé d'exercer l'hospitalité et il ne doit rien y avoir dans sa maison qui puisse en éloigner les pauvres. Il est défendu d'enterrer les morts sur des corps qui ne sont pas consumés ni dans les tombeaux d'autrui. Enfin le concile excommunie ceux qui s'emparent par violence des biens des particuliers ou qui arrachent les évêques de leurs églises, et rappelle aux fidèles l'horreur qu'ils doivent avoir pour les mariages incestueux.

C'est ainsi que les conciles s'efforçaient de maintenir la discipline ecclésiastique et de protéger en même temps l'honneur et les biens des particuliers. Leurs canons furent les premiers codes. Gontram, n'ignorant pas que les plus sages règlements de l'Église produisent peu d'effets quand ils ne sont pas soutenus par l'autorité du prince, crut devoir tenir la main à l'observation des canons du dernier concile de Mâcon. Il adressa, à cet effet, aux évêques et aux magistrats laïques l'ordonnance suivante, qui est un monument de son zèle et de sa piété :

« Ayant considéré avec attention ce qui pouvait contribuer à l'affermissement de notre couronne et au bien de nos sujets, nous avons reconnu que ce qui excite la colère de Dieu et attire sur nous tant de guerres et de maladies contagieuses, lesquelles enlèvent les hommes et les troupeaux, c'est qu'on commet aujourd'hui impunément tous les crimes que les canons punissaient autrefois. Je m'adresse donc spécialement à vous, saints pontifes, à qui la bonté divine a confié l'office et l'autorité de pères. J'espère que vous vous appliquerez avec soin à gouverner et à corriger, par vos fréquentes prédications, les peuples qui vous sont soumis, et que, tous s'étudiant à mieux vivre, Dieu, par sa bonté, fera cesser les fléaux qui nous affligent et nous donnera des jours plus tranquilles et plus sereins.

« Je n'ignore pas qu'indépendamment de nos ordres, vous pontifes du Seigneur, vous êtes particulièrement chargés du soin de prêcher sa loi. Mais je ne puis me dispenser de vous faire souvenir que vous vous rendez coupables de tous les péchés des autres, si vous gardez un criminel silence et si vous cessez de vous élever contre les fautes de vos enfants; car moi-même, qui tiens de Dieu ma couronne, je ne pourrais éviter sa colère, si je ne prenais soin de mes sujets. C'est dans cette vue que, par la teneur de ce présent édit, nous faisons très expresses défenses de vaquer, les dimanches et les fêtes, à aucun travail corporel, excepté à ce qui est nécessaire pour préparer à manger, et nous défendons spécialement de plaider en ces saints jours.

« Secondez-nous, saints évêques; unissez-vous à vos prêtres, aux juges des lieux et aux autres personnes de probité et d'autorité; agissez de concert pour la réforme des mœurs, afin que, tous se portant au bien, l'Église ait la consolation de voir ses enfants se purifier des souillures de leurs péchés. Si quelqu'un, soit ecclésiastique, soit laïque, méprise vos avis, il faut qu'il éprouve la sévérité des canons et même celle des lois civiles; car il est juste que les magistrats répriment, selon les lois, ceux que les évêques ne peuvent corriger. »

Gontram ordonne ensuite aux juges de rendre la justice avec intégrité, de la rendre par eux-mêmes, et non par des substituts qui pourraient se laisser corrompre et la vendre aux parties. Il déclare qu'il punira toutes les malversations, même dans les juges ecclésiastiques qui participeraient, en quelque manière que ce soit, aux désordres de ceux qui sont soumis à leur juridiction. « Nous voulons, dit-il en finissant, que tous les articles de cet édit soient observés à perpétuité, parce que c'est dans le saint concile de Mâcon que nous les avons arrêtés. » Cette ordonnance est du 10 novembre 585.

Voilà comment le saint roi de Bourgogne, se

considérant dans son royaume comme *l'évêque du dehors,* selon la belle et juste expression d'un grand docteur, s'unissait aux *évêques du dedans* pour corriger les vices de son peuple, établir partout et sur tout le règne de Dieu et détourner les foudres de sa justice. Mais il paraît que la réforme des mœurs ne répondit point à ses désirs ni au zèle des évêques, car la main de Dieu continua de s'appesantir sur la France. Une cruelle famine la désola presque tout entière et décima ses habitants; à ceux qu'elle n'enleva pas elle rendit la vie plus amère que la mort. On fut réduit à faire du pain avec des racines de fougère et à manger l'herbe des champs. Les mauvais riches et les usuriers profitèrent de la misère publique pour achever de dépouiller les pauvres, lesquels, n'ayant plus rien, vendaient leur liberté pour avoir du pain.

CHAPITRE VI

Guerre avec les Visigoths. — Gontram, Frédégonde et Childebert.

Tandis qu'un prince français donnait sur le trône l'exemple de toutes les vertus chrétiennes, une princesse française mourait victime de son attachement à la foi catholique. C'était Ingonde, fille de Sigebert et nièce de saint Gontram, mariée à saint Erménégilde, fils aîné de Leuvigilde, roi des Visigoths d'Espagne. Après avoir souffert les traitements les plus barbares de la part de Goisvinthe, arienne forcenée, que Leuvigilde avait épousée en secondes noces, après avoir vu décapiter son mari par l'ordre de son propre père, Ingonde alla mourir en Afrique, où relâchèrent les Grecs qui la conduisaient prisonnière à Constantinople. Elle avait eu une grande part à la conversion de saint Erménégilde et, par suite, au retour de l'Espagne à la foi catholique, dont le sang de ce glorieux martyr fut comme le germe fécond.

A la nouvelle de l'injure que venaient de recevoir sa famille et sa foi, Gontram fut saisi de la plus vive indignation et il résolut de la venger. Aussitôt que le concile de Mâcon fut terminé, il fit marcher une armée contre la province Narbonnaise qui obéissait aux Visigoths; mais l'expédition fut malheureuse. Le soldat, qui avait souffert de la misère de l'année précédente, voulut s'en dédommager par le pillage et il n'attendit pas, pour le faire, qu'il fût en pays ennemi. Il commit les plus cruelles hostilités sur les terres même des Français, pilla les vases sacrés des églises et massacra les prêtres au pied des autels. Ces sacriléges firent tort à la cause qu'ils soutenaient et assurèrent la victoire aux ennemis. Gontram parut moins affligé de la défaite complète de ses troupes que des crimes qui l'avaient attirée. Les chefs de l'armée, craignant la juste colère du prince, assez prompte dans le premier mouvement, se réfugièrent à Autun dans la basilique de Saint-Symphorien.

Gontram s'étant rendu en cette ville pour la fête de ce saint martyr, ils obtinrent la permission de paraître devant lui, mais à la charge de se représenter lorsqu'on examinerait juridiquement leur conduite. Le roi, ayant donc convoqué quatre évêques et les principaux seigneurs de sa cour, fit comparaître les généraux coupables et leur parla en ces termes : « Comment la victoire accompagnerait-elle nos armes! Nous suivons trop mal les exemples de nos pères. C'est en bâtissant des églises, en se confiant au Seigneur, en honorant les martyrs et en respectant les ministres des autels, qu'ils ont gagné tant de batailles et fait tant de conquêtes, et nous, au contraire, bien loin de montrer, par notre manière de faire la guerre, que nous craignons le Seigneur, nous pillons ses temples, nous massacrons ses ministres, nous déshonorons et nous dispersons les reliques des saints. On n'obtient pas la victoire par de tels sacriléges. N'en doutez pas, c'est là ce qui affaiblit nos bras dans le combat, ce qui émousse nos épées et rend inutiles nos boucliers. Si c'est ma faute, que Dieu m'en punisse! Mais si c'est vous qui méprisez mes ordres, il faut que vos têtes soient abattues, pour servir d'exemple à toute l'armée... Il vaut mieux faire mourir quelqu'un des chefs que d'exposer toute la nation aux traits de la colère de Dieu. »

Les généraux répondirent qu'on ne pouvait assez louer la piété du roi et son respect pour les églises et les évêques. « Mais que pouvions-nous faire? ajoutèrent-ils. Tout le peuple est livré à l'iniquité, personne ne craint le roi et ne respecte ni duc ni comte. Si quelque seigneur, par zèle pour votre conservation, se met en devoir de corriger les coupables, on excite des séditions contre lui, et sa vie est en péril s'il ne prend le parti de se taire. » Le roi dit : « Que celui qui suit la justice vive, mais que celui qui méprise nos ordres périsse, afin de nous laver du blâme de ces actions. » Il paraît cependant qu'il se contenta de priver de leurs charges quelques-uns de ces ducs, son excessive bonté le portant facilement et peut-être trop facilement à pardonner, lorsqu'il trouvait quelque apparence de raison.

Pendant ce temps, on apporta la nouvelle que Récarède, fils de Leuvigilde, avait fait une irruption en France et surpris Toulouse. Gontram envoya aussitôt une nouvelle armée, qu'il mit sous la conduite des ducs Leudégisile et Nicétius; mais Récarède ne l'attendit pas pour repasser la frontière. Son père députa deux fois des ambassadeurs à Gontram pour demander la paix, sans pouvoir l'obtenir[1].

Gontram avait un ennemi plus à craindre que les Visigoths; c'était Frédégonde. Cette femme, pour qui l'habitude du crime était une seconde nature, avait bien vite oublié les services qu'elle avait reçus du bon roi; disons mieux, la bonté de Gontram n'avait fait que l'encourager dans l'exécution de ses noirs desseins; elle conçut le projet de le faire assassiner.

Une nuit, Gontram, allant à l'église pour assister aux matines, avec un flambeau qu'on portait devant lui, vit comme un homme ivre et armé, caché dans un coin de l'église. Il le fit prendre, et cet homme,

---

[1] *L'Art de vérifier les dates*, p. 526. — ROHRBACHER, *ibid.*, p. 310.

mis à la question, avoua qu'il avait été chargé de tuer le roi par les ambassadeurs que Frédégonde avait envoyés à la cour de Bourgogne, sous prétexte de quelques affaires.

Peu de temps après, Gontram se rendit à Châlons pour la fête de saint Marcel. Au moment où il s'approchait de l'autel, après la messe, pour recevoir la sainte communion, car c'était la coutume de l'Église gallicane de ne la donner qu'après la messe, un homme, fendant la presse comme pour lui parler, laissa tomber un poignard. On se saisit de lui et on l'entraîna hors de l'église pour l'appliquer à la question. Il confessa qu'il avait été envoyé pour poignarder le roi et qu'il avait cru ne pouvoir exécuter ce détestable dessein que dans l'église, parce qu'ailleurs le roi était toujours environné de sa garde. Gontram fit mourir les complices; mais pour l'assassin, craignant de violer le droit d'asile des lieux saints, il lui fit grâce de la vie, parce qu'il avait été pris dans l'église. Évidemment la Providence veillait à la conservation d'un si bon prince.

Furieuse de voir échouer tous ses complots contre la vie de son bienfaiteur, Frédégonde fit poignarder dans l'église saint Prétextat de Rouen, empoisonna un seigneur qui lui reprochait le meurtre de ce saint évêque et voulut même étrangler sa fille Rigonthe. Elle s'allia avec les ennemis de saint Gontram et un jour on intercepta une lettre de Leuvigilde à Frédégonde, ainsi conçue : « Faites mourir mes ennemis, Childebert et sa mère, et achetez de Gontram la paix à quelque prix que ce soit. » Gontram envoya cette lettre à son neveu, qui fit prudemment de se tenir sur ses gardes, car déjà les assassins étaient entrés dans ses États, déguisés en mendiants. Ils furent découverts et périrent dans les supplices.

Gontram voulut enfin mettre un terme à tant de forfaits; il fit demander aux ministres qui gouvernaient pendant la minorité de Clotaire qu'on lui livrât Frédégonde; mais ils refusèrent, promettant d'en faire eux-mêmes bonne justice. On comprend qu'il n'en fut rien et que Frédégonde put continuer à son aise le cours de ses attentats.

Il en résulta cependant que les liens d'amitié qui unissaient Gontram et Childebert se resserrèrent plus étroitement. Dans une assemblée qu'ils tinrent à Andelot, les deux rois conclurent un traité, par lequel, après avoir réglé fort en détail les limites de leurs États et leurs autres intérêts, ils se jurèrent une alliance éternelle. L'acte est daté du 28 novembre 587.

Ils faillirent, néanmoins, se brouiller peu de temps après; voici à quelle occasion. Le roi Leuvigilde était mort en 586, après avoir détesté une hérésie qui l'avait porté à devenir le meurtrier de son propre fils. A son lit de mort, il avait recommandé le prince Récarède, son héritier, aux soins de saint Léandre, archevêque de Séville. A l'école de ce grand évêque, Récarède n'avait pas tardé à connaître la vérité; il l'avait embrassée aussitôt et sa conversion avait entraîné celle du plus grand nombre de ses sujets.

Quoique heureux dans la guerre, le nouveau roi aimait la paix et il l'avait inutilement fait demander à Gontram, dès qu'il était monté sur le trône. Il envoya une nouvelle ambassade après sa conversion, comptant que la profession de la même foi faciliterait l'alliance des deux nations. Il offrait de payer dix mille sous d'or et de se purger par serment du crime qu'on lui imputait d'avoir trempé dans le meurtre d'Herménégilde et dans les mauvais traitements faits à la princesse Ingonde. Il demandait aussi en mariage Clodosinde, sœur de Childebert. Brunehaut, qui ne voulait pas la guerre avec un prince de sa nation et de sa famille, goûtait fort ces propositions et les faisait goûter au roi son fils. Mais Gontram croyait son honneur engagé à venger sa nièce et voulait avoir sa revanche des Visigoths qui avaient battu son armée. En 589, il tenta une nouvelle expédition, qui ne fut pas plus heureuse que les précédentes, car ses troupes furent taillées en pièces, par la faute du général qui les commandait[1]. Néanmoins, il paraît que la paix ne fut pas conclue, non plus que le mariage de Clodosinde.

En effet, Childebert II ne faisait rien alors sans le conseil de son oncle, qu'il regardait comme son père et qui l'avait adopté pour son fils. Ces deux princes vivaient dans une parfaite intelligence depuis le traité d'Andelot. Cependant, quelques mesures qu'on y eût prises, on n'avait pu prévoir toutes les difficultés. Gontram crut avoir quelques sujets de se plaindre, et il voulut assembler un concile de tous les évêques de ses États et de ceux de son neveu, pour traiter plusieurs affaires qu'il

---

[1] *L'Art de vérifier les dates*, p. 527.

estimait ne pouvoir être terminées que par un concile national. Childebert ne jugeait pas ce concile nécessaire, et, désirant faire agréer ses raisons au roi son oncle, il profita d'une visite que lui fit saint Grégoire de Tours pour l'envoyer en ambassade auprès de Gontram, avec un seigneur nommé Félix. Saint Grégoire trouva Gontram à Châlons-sur-Saône; il lui dit en l'abordant : « Prince, le roi Childebert, votre neveu, vous salue et vous rend grâces de ce que vous continuez à lui donner des avis salutaires pour le salut de son âme et pour le bien de ses peuples. — Et moi, répondit Gontram, je n'ai pas lieu de le remercier, car on ne garde pas ce qu'on m'a promis. » Sur quoi, il fit lire le traité d'Andelot. Puis, se tournant vers Félix, il lui dit : « Eh bien! êtes-vous venu à bout d'établir une amitié solide entre ma sœur Brunehaut et Frédégonde, l'ennemie de Dieu et des hommes? » Saint Grégoire répondit : « Ne doutez pas que ces deux femmes ne soient amies comme elles l'ont été, je veux dire que la haine qui les arme l'une contre l'autre subsistera toujours. Mais nous souhaiterions que vous eussiez moins d'amitié pour Frédégonde, car vous faites plus d'honneur à ses ambassadeurs qu'aux nôtres. » Gontram répliqua : « Sachez que je ne puis donner mon amitié à une femme qui a envoyé des assassins pour m'ôter la vie. »

Après quelques explications sur le mariage de Clodosinde avec Récarède et sur la guerre que Childebert voulait faire aux Lombards et que Félix proposa à Gontram, Grégoire ajouta : « Prince, vous avez souhaité que le roi Childebert, votre neveu, fît assembler un concile de tous les évêques de son royaume avec ceux du vôtre, pour la discussion de plusieurs articles. Mais il lui paraît plus conforme aux canons de faire tenir des conciles provinciaux dans chaque métropole, où le métropolitain, de concert avec ses suffragants, pourrait mieux découvrir et corriger les abus de sa province. Qu'est-il besoin, en effet, de faire assembler tant d'évêques, puisque la foi de l'Église n'est point en péril et qu'il ne s'élève aucune nouvelle hérésie ! »

Gontram répondit que ce concile aurait à juger bien des injustices qui s'étaient commises, des mariages incestueux qui avaient été contractés et plusieurs autres crimes, surtout l'assassinat commis sur la personne de saint Prétextat, qui était l'affaire la plus importante. Ainsi il persista dans le dessein de faire tenir un concile national et il indiqua l'époque à laquelle il devrait s'ouvrir.

Après que le roi eut ainsi parlé, dit saint Grégoire de Tours, nous allâmes à l'église, car c'était la solennité de la Résurrection du Seigneur. Après la messe, il nous admit à sa table, qui ne fut pas moins riche en mets qu'en propos gracieux, car toujours le roi parlait de Dieu, de l'édification des églises, de la défense des pauvres. De temps en temps il riait d'une joie spirituelle et ajoutait des paroles agréables pour nous ; il disait, entre autres choses : « Plaise à Dieu que mon neveu accomplisse ce qu'il m'a promis, car tout ce que j'ai est à lui ! Que s'il est offusqué de ce que je reçois les ambassadeurs de mon neveu Clotaire, n'ai-je point assez d'intelligence pour faire que cela ne produise aucune querelle entre eux? Je m'entends mieux à trancher les affaires qu'à les prolonger. Je donnerai à Clotaire, si je trouve des preuves qu'il est mon neveu, deux ou trois villes quelque part, pour n'avoir pas l'air de le déshériter et afin qu'il ne chicane point Childebert sur ce que je lui laisserai. » Après nous avoir ainsi tenu toute sorte de propos gracieux et nous avoir comblés de présents, continue saint Grégoire, il nous congédia en nous recommandant d'insinuer toujours au roi Childebert tout ce qui lui serait avantageux[1].

Il y a toute apparence que le concile qu'avait indiqué saint Gontram n'eut pas lieu, car on n'en trouve aucun vestige. Peut-être la peste, qui en ce temps-là commençait à faire de cruels ravages, en empêcha-t-elle la tenue.

CHAPITRE VII

Piété de saint Gontram. — Son amour pour la justice. — Baptême de Clotaire II. — Mort du bon roi Gontram. — Son caractère.

Un vaisseau venu d'Espagne avait apporté la contagion à Marseille. Bientôt, malgré l'héroïque dévoûment de saint Théodore, évêque de cette ville, on compta les morts par milliers et, la plupart de ceux qu'avaient épargnés les premiers coups

[1] ROHRBACHER, *ibid.*, p. 315.

de la maladie ayant cherché leur salut dans la fuite, la ville se trouva presque sans habitants. De Marseille la peste gagna rapidement le territoire de Lyon (588). Dans ces tristes circonstances, Gontram fit tout à la fois l'office d'un bon roi et d'un pieux évêque. Il ordonna que l'on célébrât des *Rogations* et que, pendant les trois jours qu'elles dureraient, on jeûnât au pain d'orge et à l'eau. Il en donna le premier l'exemple, en redoublant ses austérités, ses prières et ses aumônes accoutumées. Ses sujets le regardaient avec vénération et respectaient plus en lui la qualité de saint que celle de souverain. On arrachait les franges de ses vêtements pour les appliquer aux malades : une femme guérit ainsi son fils, qui était atteint d'une fièvre quarte. On lui amenait des possédés, et saint Grégoire de Tours dit qu'il avait été témoin du pouvoir qu'il exerçait sur eux [1]. Un autre historien [2] prétend que dans une vision Dieu découvrit à ce prince un trésor dont il se servit pour orner le tombeau de saint Marcel de Châlons. Gontram était surtout le protecteur du faible et de l'innocent opprimés par les grands, comme il le fit voir l'année suivante (589), en prenant la défense d'une jeune fille à qui l'amour de la pudeur avait inspiré le courage d'une héroïne.

Le duc Amalon, en l'absence de sa femme, s'éprit d'une passion criminelle pour une jeune fille et se la fit amener par ses domestiques.

---

[1] *Apud Bolland.*, p. VI, n° 36.
[2] PAUL DIAC., *Hist. Longob.*, liv. III, chap. XXXV.

Comme elle résistait de toutes ses forces, ils lui donnèrent des coups de poing et la mirent toute en sang. Le duc, qui était pris de vin, la reçut en cet état. La courageuse fille résistait toujours; enfin, voyant que ses prières et ses larmes étaient inutiles contre la force, elle se saisit d'une épée qu'elle aperçut au chevet du lit et en porta un coup mortel à celui qui allait lui ravir un bien qu'elle estimait plus que la vie. Aux cris du duc, ses gens accoururent et voulurent tuer cette nouvelle Judith. Mais Amalon, rentré en lui-même, leur cria : « N'en faites rien; c'est moi qui ai péché en voulant lui ravir l'honneur : ce qu'elle a fait mérite plutôt qu'on lui conserve la vie. » Et il expira.

La jeune fille profita, pour s'échapper, du trouble où était la famille. Mais les parents du défunt étaient puissants et, sans nul doute, ils chercheraient à venger sa mort. Elle courut donc se réfugier dans l'église de Saint-Marcel de Châlons, s'y jeta aux pieds de saint Gontram et lui raconta ce qui venait de lui arriver. Le prince la reçut avec bonté, et non-seulement lui accorda la vie, mais encore il rendit une ordonnance par laquelle, déclarant qu'il la prenait sous sa protection, il défendit aux parents d'Amalon de l'inquiéter. Certes, l'honneur d'une jeune fille, pauvre et sans défense, vaut toujours la vie d'un vil impudique en habits dorés; mais, dans ces temps surtout, où les mœurs des Francs étaient encore à demi barbares et où les grands se croyaient tout permis, parce qu'ils pouvaient tout impunément, il était bon de leur rappeler qu'il y a une justice devant laquelle grands et petits sont égaux.

Gontram n'écoutait aucune considération humaine, quand il s'agissait de défendre le droit et la vertu. Il en donna, peu après l'événement que nous venons de rapporter, une autre preuve non moins éclatante. Frédégonde avait forcé Chrodielde, fille de Charibert, et Basine, fille de Chilpéric, à prendre le voile dans le monastère fondé à Poitiers par sainte Radegonde. Mais ces princesses avaient logé les passions les plus mondaines sous l'habit de la pénitence et de l'humilité. Elles se révoltèrent contre leur abbesse, quittèrent le monastère et y rentrèrent ensuite à la tête d'une troupe de satellites armés, qui se livrèrent aux plus épouvantables excès. Les armes spirituelles n'ayant pas réussi à faire rentrer ces insensées dans le devoir, on eut recours aux rois Gontram et Childebert. Ceux-ci nommèrent des commissaires qui, soutenus par l'autorité royale, parvinrent à rétablir la paix dans le monastère (590).

Quelque bon et ami de la paix que fût saint Gontram, il n'oubliait pas qu'un des premiers devoirs d'un souverain est de veiller à la sûreté de ses sujets. Waroc, duc de Bretagne, ayant envahi les pays de Gand et de Rennes, il marcha contre lui et le contraignit à lui rendre hommage [1].

Pendant que Gontram remplissait ainsi les devoirs d'un bon et saint roi, Frédégonde continuait sa vie de cruautés et de perfidies. Dieu, qui ne veut pas

---

[1] *L'Art de vérif. les dates*, p. 327. — FELLER, art. *Gontram*.

la mort du pécheur, mais sa conversion, lui envoya encore un avertissement. Son fils Clotaire tomba dangereusement malade. Alors les sentiments de dévotion, qui la prenaient d'ordinaire dans le danger, ne manquèrent pas de la faire recourir à Dieu qu'elle oubliait dans la prospérité. Elle envoya de grosses sommes d'argent à l'église de Saint-Martin et donna la liberté à tous les prisonniers, pour obtenir la guérison de son fils. Le Seigneur se laissa toucher : Clotaire recouvra la santé, et cette fois la conversion de Frédégonde parut un peu plus sincère; car, dès que le jeune roi fut rétabli, elle prit des mesures pour lui procurer la grâce du baptême qu'elle avait différé jusqu'alors. Elle envoya, à ce sujet, une ambassade à Gontram, pour le prier de se rendre au plus tôt à Paris et d'y tenir son fils sur les fonts sacrés.

La perfidie de Frédégonde, dont le saint roi avait tant de fois failli être la victime, ne devait pas lui faire désirer beaucoup une entrevue avec cette femme. Cependant il n'écouta que sa bonté naturelle et ne crut pas pouvoir se dispenser d'un acte dont sa foi et sa piété lui montraient la haute importance. Il avait d'abord conçu des doutes sur la légitimité de Clotaire; mais une enquête qu'il avait faite les avait dissipés, et il ne voulait pas faire retomber sur le fils les crimes de la mère. Il se rendit donc à Paris, accompagné de plusieurs évêques et d'autres seigneurs de son royaume. De là il alla à la maison de plaisance de Rueil et donna ordre de préparer le baptistère de Nanterre.

Pendant qu'on faisait les préparatifs de la cérémonie, arrivèrent des ambassadeurs de Childebert, qui se plaignirent de ce que Gontram oubliait le traité conclu avec leur maître, pour s'allier avec Frédégonde, son ennemie. Gontram répondit qu'il était toujours dans la disposition d'observer inviolablement le traité, mais qu'il n'avait pu refuser de tenir son neveu sur les fonts baptismaux; qu'aucun chrétien ne devait rejeter une pareille demande, et que c'était uniquement la crainte d'offenser le Seigneur qui la lui avait fait accorder. Tel est le respect des saints pour les usages vénérables de l'Église, et telle est leur crainte de déplaire à Dieu, même dans les choses qui, au premier coup-d'œil, semblent indifférentes.

Gontram présenta donc au baptême le fils de Frédégonde et, en le levant des fonts, il le nomma Clotaire, ajoutant: « Que cet enfant croisse et qu'il égale un jour la puissance de celui dont il porte le nom! » Ses vœux furent exaucés. Clotaire II devint, dans la suite, maître de tout l'empire français, comme l'avait été son aïeul Clotaire I*er*, auquel il eut le bonheur de ne ressembler que par cet endroit. C'était en l'année 591, Clotaire avait alors sept ans.

C'est la dernière action remarquable que l'histoire rapporte de saint Gontram. Il régnait depuis trente-deux ans avec plus de bonté que de gloire aux yeux des hommes, lorsque Dieu l'appela à échanger sa couronne temporelle contre une couronne éternelle. Gontram mourut le 28 mars 593 à Châlons-sur-Saône, sa résidence ordinaire. Il fut enseveli dans l'église du monastère de Saint-Marcel qu'il avait fondé. Beaucoup de miracles s'opérèrent par son intercession[1] et l'Église le mit au nombre des saints. Son nom est inscrit dans le martyrologe romain au 28 mars. On le trouve aussi, avec celui de sainte Thècle, dans les litanies des saints de l'ancien bréviaire de la cathédrale de Saint-Jean.

« Cela ne veut pas dire, ajoute le savant auteur de l'*Histoire universelle de l'Église catholique*[2], que toutes les actions de sa vie fussent saintes, car il en est quelques-unes qu'il expia par la pénitence. Mais quand on pense qu'il était le chef des Francs, parmi lesquels le meurtre était comme une habitude et se compensait légalement par quelques pièces de monnaie; quand on se rappelle les cruautés commises par tous les princes barbares que l'histoire nous a fait connaître un peu en détail, entre autres, par son père et par son frère Chilpéric, sa bonté, sa piété, sa charité, tiennent du prodige. On y voit comment l'élément chrétien travaillait sans cesse à corriger la barbarie originelle. C'est la crainte de Dieu, c'est le culte des saints qui arrêtent le bras et radoucissent le cœur de Gontram; ce sont les évêques qui le portent à la clémence. »

« Gontram, disent les auteurs de l'*Histoire de l'Église gallicane*[3], est le premier de nos rois que l'Église ait mis au nombre des saints, honneur qu'il a mérité par sa tendre piété, par son zèle ardent pour les intérêts de la religion et par les grandes aumônes qu'il fit aux pauvres et aux églises. Ce fut

---

[1] *Fleurs des vies des Saints*, 28 mars.
[2] *Ibid.*, p. 318.
[3] T. IV, p. 318.

un prince plus heureux à procurer le bien de l'Église que celui de l'État. Content de se faire aimer, il n'eut pas le talent de se faire craindre. Il commandait avec sagesse, mais il était trop bon pour savoir se faire obéir. On ne peut surtout assez admirer la facilité avec laquelle il pardonna toujours les plus atroces attentats commis contre sa personne, lorsqu'il lui était si facile d'en tirer vengeance. Dès qu'il s'agissait de rendre service à Frédégonde, il oubliait que cette reine avait plusieurs fois fait attenter à sa vie et il ne se vengeait d'elle que par de nouveaux bienfaits. La politique inspirait d'autres conseils; mais Gontram ne consultait que sa religion. »

En 1435, Jean Raulin, évêque de Châlons, voyant le tombeau de saint Gontram presque entièrement détruit par les siècles, lui en fit élever un autre magnifique dans une chapelle de la même église de Saint-Marcel. Dans le siècle suivant, les protestants ruinèrent la chapelle et le tombeau, jetèrent au vent les cendres du saint, brisèrent et dispersèrent les os qui restaient encore, à l'exception du crâne qui fut sauvé[1]. La cathédrale de Saint-Jean avait obtenu, on ne sait à quelle époque, un bras de son fondateur[2] et le conserva jusqu'en 1793, où il fut jeté à la rue et disparut avec les autres reliques.

Au XIVᵉ siècle, Aimon II de Miolans, évêque de Maurienne, établit la fête de saint Gontram pour la ville de Saint-Jean et la paroisse de Villargondran,

---

[1] BAILLET, *Vies des Saints*, 28 mars.
[2] Procès-verbal de la visite pastorale de la cathédrale en 1607.

et la fixa au 28 mars. Supprimée depuis la Révolution, elle vient d'être rétablie, avec l'autorisation du Saint-Siége, et étendue à tout le diocèse (1858). Mgr Vibert n'a pas voulu que la Maurienne perdît le souvenir de son bienfaiteur. Espérons que le bon roi de Bourgogne, qui sur la terre n'a pas oublié notre vallée dans la distribution de ses royales générosités, continuera à la protéger au pied du trône de Dieu.

Saint Avre, prêtre.

(VIIᵉ SIÈCLE.)

Avre ou Aupre, car son nom latin, *Aper*, a été traduit de ces deux manières, naquit à Sens dans la première moitié du VIIᵉ siècle. Dès son enfance, il parut favorisé de ces grâces particulières par lesquelles le Seigneur marque comme d'un sceau ses élus de prédilection. Sa tendre piété, l'angélique pureté de ses mœurs, son parfait détachement de toutes les choses de la terre, attirèrent les regards de son évêque, qui l'admit au nombre de ses clercs et l'éleva à la dignité du sacerdoce aussitôt qu'il eut atteint l'âge prescrit par les saints canons. Avre vit dans ce sublime honneur, non ce qu'il pouvait avoir d'éclatant et d'avantageux aux yeux des hommes, mais uniquement l'étroite obligation qu'il lui imposait de conformer sa vie à celle du divin modèle de tous les chrétiens et plus spécialement des prêtres. Il se mit à méditer cette parole de Jésus-Christ : « Celui qui ne renonce pas à tout ce qu'il possède, ne peut être mon disciple[1], » et cette autre que le Sauveur s'appliquait à lui-même : « Aucun prophète n'est écouté dans son pays[2]. » Craignant donc que, s'il restait dans sa patrie, au milieu des biens que Dieu lui avait

---

[1] Luc, 14, 33.
[2] Luc, 4, 24.

donnés, le ministère sacré qui venait de lui être confié ne fût stérile pour les autres et ne le perdît lui-même, il prit, avec la permission de son évêque, le parti de distribuer aux pauvres tout ce qu'il possédait et de se retirer en Maurienne auprès du saint évêque Leporius II.

Dieu permit qu'il prît sa route par le diocèse de Grenoble. Étant arrivé dans cette ville, Clarus, qui en était évêque, l'accueillit avec bonté, et, appréciant bientôt la sainteté de l'hôte que la Providence lui envoyait, il ne négligea rien pour le retenir dans son diocèse. Avre finit par se rendre à ses pressantes sollicitations et fut adjoint au clergé de la ville épiscopale. Plus tard, Clarus lui confia la paroisse de la Terrasse. Il y déploya, pendant plusieurs années, toute la vigilance et tout le zèle d'un apôtre. On ne saurait dire le bien qu'il fit par ses discours, et plus encore par la sainteté de sa vie et par ses prières; car, que peut la parole de l'homme, si l'exemple ne la corrobore et si la grâce ne la féconde? Comme il était aussi versé dans la science de la religion qu'estimé de son peuple pour ses hautes vertus, et qu'il n'épargnait aucune fatigue dès qu'il s'agissait de gagner une âme à Dieu, bien des pécheurs rentraient, à sa voix, dans le droit chemin dont ils s'étaient depuis longtemps écartés.

Il y en eut d'autres que les remontrances du saint homme ne firent qu'irriter et endurcir dans le mal. Ce fut de ces malheureux que le démon se servit pour se venger des défaites qu'il essuyait chaque jour. Il les poussa à répandre contre leur pasteur les plus atroces calomnies et à l'accuser même de crimes honteux, lui dont la pureté sans tache resplendissait devant Dieu de tout l'éclat du baptême. Avre n'eut pas de peine à se justifier auprès de son évêque, qui, d'ailleurs, connaissait trop sa vertu, pour se laisser prendre à des accusations dont la cause n'était pas difficile à découvrir.

Cette épreuve, une des plus terribles auxquelles les serviteurs de Dieu puissent être soumis, fut regardée par saint Avre comme un avertissement du ciel. Il s'affermit de plus en plus dans son premier dessein et ne voulut plus différer de l'accomplir. Ayant, non sans peine, obtenu de Clarus la permission de le quitter, il alla trouver Léporius, qui se trouvait pour lors à sa maison de campagne appelée *Mililian* ou *Milincian*, et le pria de lui donner un local où il pût construire une cellule pour lui et une maison pour les pèlerins et les pauvres. Léporius consentit avec joie à cette demande et rédigea un acte par lequel il céda au saint le territoire où s'élève maintenant le village de Saint-Avre, près du bourg de la Chambre. Avre y bâtit une cellule, un hospice et une chapelle en l'honneur de saint Nazaire et de ses compagnons.

Les habitants des lieux voisins ne tardèrent pas à concevoir pour lui la plus grande vénération; car la sainteté est un parfum divin, dont la présence se décèle bien vite par la bonne odeur de Jésus-Christ qu'il répand partout. Ils accoururent à sa cellule, les mains pleines des offrandes de leur charité. C'étaient les provisions des pauvres, dont le saint se faisait le dépositaire. Il les recevait dans son hospice, fournissait à tous leurs besoins, pansait leurs plaies et leur lavait les pieds pour l'amour de Celui qui a dit : « Si moi qui suis votre Seigneur et votre Maître, je vous ai lavé les pieds, à combien plus forte raison ne devez-vous pas vous les laver les uns aux autres[1] ! » A ceux qui étaient ignorants, il joignait au pain matériel le pain spirituel, les instruisant et leur apprenant surtout à connaître et à aimer Dieu qui est charité. Pour lui, il jeûnait tous les jours, priait continuellement et était tout heureux lorsque le Seigneur remplissait sa maison des frères souffrants de Jésus-Christ. Sa charité pour les pauvres était comme un écoulement de l'amour divin dont son cœur était rempli; et c'est bien ainsi qu'il se manifeste toujours, puisque ce que l'on fait au dernier des enfants de Dieu, c'est à Dieu lui-même qu'on le fait[2]. Enfin, quand saint Avre eut amassé au ciel des trésors de mérites, le Seigneur l'y appela, pour l'en faire jouir pendant l'éternité. On croyait à Grenoble, au XVe et au XVIe siècles, que son corps avait été transporté dans la collégiale de Saint-André de cette ville[3].

Le diocèse de Grenoble a fait l'office de saint Aupre jusqu'en 1783. A cette époque, il fut supprimé dans le nouveau bréviaire viennois, uniquement parce que la commission de rédaction avait admis

---

[1] JOAN., 13, 14.
[2] MATTH., 25, 40.
[3] Brév. manusc. de la collég. de S.-And., du XVe siècle. — Autre brév. de la même collég., de 1552. — *Off. S. Apri, ad usum diœces. Maurian.*, 1760 et 1791.

en principe que chaque diocèse ne pourrait imposer au bréviaire commun plus de quatre offices propres. La Révolution ne permit pas de s'occuper du supplément dans lequel on aurait pu le placer. Néanmoins, les paroisses de la Terrasse et de Saint-Aupre près de Voiron, dont notre saint est le patron, continuent à célébrer sa fête tous les ans [1].

En Maurienne, on ne voit indiqué nulle part l'office de saint Avre jusqu'à l'année 1760, où on le trouve imprimé avec l'approbation de Pierre-François Arthaud, vicaire général, et fixé au 4 décembre. Un décret de la sacrée Congrégation des Rites vient tout récemment de restituer cette fête au diocèse de Maurienne; elle se célébrera désormais le 25 octobre.

Le village de Saint-Avre, qui doit son origine à l'hospice construit par le saint dont il porte le nom, dépendait, avant la Révolution, quant au spirituel, du chapitre de Saint-Marcel de la Chambre, à qui appartenait la nomination du curé. Il y a quelques années, les habitants ont fait reconstruire leur église et y ont placé un tableau représentant saint Avre catéchisant les pauvres. Quant à la cellule, à l'hospice et à la chapelle du saint, il n'en reste plus aucun vestige.

Les bréviaires grenoblois de 1450 et de 1552 terminent par les paroles suivantes la légende de saint Avre : « C'est pourquoi, vous qui êtes venus

---

[1] Nous devons ces détails à l'obligeance de M. le chanoine Rousselot, vicaire général du diocèse de Grenoble.

célébrer la fête de ce saint homme, écoutez bien ceci ; Donnez, selon vos forces, aux pauvres et aux étrangers la nourriture de votre pauvreté et ne craignez pas de leur laver les pieds. Si vous faites cela, vous aurez part à la vie éternelle avec ce saint dont le corps ici repose. »

Le B. Thomas, abbé de Farfe.

(VII⁰ ET VIII⁰ SIÈCLES.)

CHAPITRE I⁰ʳ

Pèlerinage en Terre-Sainte.

Vers l'année 674, il y avait dans la ville de Maurienne, sa patrie, un prêtre nommé Thomas. C'était un homme doux, simple, plein de foi et de charité, faisant ses délices de la prière et de l'oraison. Quoiqu'il fût jeune encore, ses compatriotes le vénéraient comme un saint. Dieu, qui avait ses desseins, lui inspira la pensée d'aller visiter Jérusalem et les autres lieux consacrés par les mystères de la vie du Sauveur et de sa sainte Mère. Ce pèlerinage offrait bien des dangers; car depuis longtemps la Palestine, la Syrie et l'Égypte étaient tombées entre les mains des Musulmans, et souvent les pèlerins étaient pris, rançonnés ou égorgés par ces ennemis du nom chrétien. Néanmoins ils accouraient toujours au tombeau de Jésus-Christ, presque aussi nombreux qu'au temps de sainte Thècle, et plusieurs espéraient y trouver, comme complément de leur pèlerinage, la couronne du martyre.

Thomas, ayant fait goûter son projet à quelques

disciples qui vivaient sous sa conduite, partit avec eux pour la capitale du monde chrétien. C'était l'usage alors : on regardait la visite du tombeau des Apôtres comme le préliminaire nécessaire de la visite du tombeau de Jésus-Christ; Rome était considérée comme la porte de la Terre-Sainte, et c'était logique. Dans ses courses pieuses aux monuments de la ville éternelle, si éloquents pour le cœur catholique, notre bienheureux fit connaissance de deux saints prêtres : l'un se nommait Marcien et devint plus tard évêque de Fermo; l'autre, appelé Martyrius, fut abbé d'un monastère voisin de l'église de Saint-Pierre. Ces deux religieux conçurent pour lui la plus haute estime et la plus tendre affection, et, ayant eu connaissance de son dessein, ils le prièrent de les recevoir pour compagnons de voyage. Thomas, dont leurs nobles qualités avaient aussi gagné le cœur, y consentit avec joie. Ils partirent donc ensemble. Le voyage, embelli par les charmes de cette amitié véritable que la religion seule sait former, se fit sans accident, et nos pèlerins allèrent, après une longue navigation, débarquer sur les côtes de la Palestine. Nous ne les suivrons pas dans les différentes stations de leur pèlerinage : Bethléem et l'étable où naquit le Sauveur; Nazareth et la maison où il passa, travaillant et obéissant, la plus grande partie de sa vie; Jérusalem, le prétoire de Pilate, le chemin du Calvaire, le tombeau de Jésus-Christ et le bois sacré de la vraie croix. Nous renonçons aussi à décrire les sentiments de joie, d'amour et de pieuse douleur, dont leur âme surabondait dans ces lieux tout pleins encore du souvenir de Celui qui les a sanctifiés à jamais par la profondeur incompréhensible de ses abaissements et l'immensité de son amour. Enfin, leur vœu étant accompli, Marcien et Martyrius reprirent le chemin de l'Italie.

Thomas ne put se résoudre à se séparer sitôt de cette terre chère à son cœur. Il dit adieu à ses deux compagnons, retourna à Jérusalem avec ses disciples et y passa encore trois ans, servant jour et nuit dans l'église du Saint-Sépulcre et priant Notre-Seigneur avec larmes de lui faire connaître sa volonté et de le conduire là où il pourrait le plus efficacement travailler pour sa gloire.

Une nuit, fatigué de ses prières et de ses veilles, Thomas s'endormit auprès du tombeau de Jésus-Christ. Il vit s'approcher de lui la bienheureuse Vierge Marie, qui lui dit : « Pourquoi cette tristesse et ces larmes? Soyez constant et prenez courage; le Seigneur a exaucé vos prières. Retournez en Italie. Lorsque, par la protection de Dieu, vous y serez arrivé, cherchez dans la province de Sabine, au lieu appelé *Aculien*, trois grands cyprès qui s'élèvent isolés à côté les uns des autres. Tout près est une basilique magnifique, bâtie en mon honneur; elle m'est chère et je la visite souvent. C'est là que vous passerez le reste de votre vie. Rien n'y manquera ni à vous ni aux vôtres; tous les biens vous y suivront et une multitude de frères, attirés par votre exemple, iront travailler avec vous à la conquête du royaume éternel. » Pendant que la Mère de Dieu parlait ainsi, elle présentait à son serviteur un pain d'une merveilleuse grandeur et d'une blancheur éclatante, et elle ajouta : « Recevez ce pain et allez sans inquiétude ; sachez qu'il ne vous fera jamais défaut et qu'il suffira abondamment pour tous les jours de votre vie[1]. » C'était le pain de l'amour de Dieu, pain céleste qui nourrit l'âme et lui rend insipides toutes les futilités de la terre. A partir de ce moment, le bienheureux fut tellement embrasé du feu de la charité et en même temps reçut à tel point le don des larmes, qu'il ne pouvait ni parler de Dieu, ni vaquer à l'oraison ou à la psalmodie, sans qu'elles coulassent en abondance de ses yeux ou plutôt de son cœur. La contemplation des choses divines l'élevait bien au-dessus des misérables vanités de ce monde. Continuellement uni à Dieu par l'ardeur de ses désirs, on eût dit à chaque instant que son âme allait briser les liens de chair qui la retenaient loin de son amour. La vie de Thomas devint une oraison non interrompue et comme un chant perpétuel des louanges de Dieu. C'est ainsi que l'apôtre saint Jean représente les saints devant le trône de Dieu, les saints de la terre comme les saints du ciel ; car pour eux la vie temporelle et la vie éternelle ne sont qu'une même vie, ils font dans la première par la foi et le combat ce qu'ils feront dans la seconde par l'amour seul et dans la gloire. De cette vallée de larmes leurs regards sont fixés sur la patrie. Ils y montent sans

---

[1] MABILLON, *Acta Sanctorum Ord. S. Bened.*, t. III, 10 déc., n° 2. — MURATORI, *Script. rer. italic., Chron. Vulturn.*, t. I, p. 2. — ROHRBACHER, *Hist. univ. de l'Égl. cathol.*, t. X, p. 493. — FLEURY, *Hist. ecclés.*, t. IX, p. 120.

cesse par les divins échelons de la grâce et quand, arrivés au sommet par la sainteté parfaite, autant que peut l'être la sainteté de l'homme, ils voient les portes éternelles tarder encore à s'ouvrir, il n'est pas étonnant qu'ils souffrent de ce retard des douleurs que nous ne connaissons pas, nous restés parmi nos affections terrestres et nos viles passions.

En retournant en Italie pour obéir à la voix du ciel, notre saint vint à passer par Éphèse. Il ne put résister au désir de rester quelque temps auprès du tombeau de saint Jean l'Évangéliste, l'apôtre par excellence de la charité. Il y demeura trois ans, occupé de la méditation des grands mystères dont il venait de visiter le glorieux théâtre. Enfin, Dieu le pressant de plus en plus, il s'embarqua pour l'Italie. Son pèlerinage avait duré près de sept ans.

CHAPITRE II

Le monastère de Farfe. — Le duc Faroald.

Lorsque, au commencement du VIIe siècle, saint Benoît vint donner un si vaste développement à la vie monastique en Occident, l'Italie possédait déjà un grand nombre de monastères. Mais ils n'étaient pas réunis sous une règle commune. Il y avait, dit Cassien, presque autant de règles et de manières de vivre que de monastères : les uns étaient uniquement soumis à la volonté de leur abbé; d'autres suivaient les traditions et les usages des anciens ; la plupart cependant avaient des règles écrites, mais particulières à chacun d'eux et où toute latitude était laissée aux changements que les circonstances pouvaient demander. Ces règles étaient généralement basées sur celle de saint Basile, traduite en latin par Rufus, prêtre et moine d'Aquilée [1].

Entre tous ces monastères on distinguait celui de Farfe dans la Sabine, au diocèse de Spolète. Il avait été fondé, au VIe siècle, par saint Laurent, syrien de naissance, qui, ayant quitté ses parents, était allé à Rome avec sa sœur, sainte Suzanne, et s'était ensuite retiré en ce lieu pour y servir Dieu dans les exercices de la vie religieuse. Il devint évêque de Spolète et est grandement loué pour sa sainte vie dans une bulle du pape Jean VII, adressée à saint Thomas et aux religieux de Farfe. Quelques années après la mort de saint Laurent, les Lombards envahirent l'Italie. Partout sur leur passage les églises furent profanées, les moines massacrés, les monastères pillés et livrés aux flammes. Ils pénétrèrent dans la Sabine ; le monastère de Farfe tomba entre leurs mains et fut complètement détruit ; l'église seule resta debout, mais dépouillée et abandonnée, jusqu'au moment où le Seigneur envoya un nouveau saint Laurent restaurer l'œuvre du premier. La reconstruction du monastère de Farfe, que nous allons raconter, est placée par Mabillon [2] et Muratori [3] en l'année 681.

---

[1] Mabillon, *Annal. Benedd.*, t. I, p. 6.
[2] *Ibid.*, p. 519.
[3] *Chron. Farf.*, *Proleg.*

Dès qu'il fut arrivé en Italie, Thomas se rendit dans la Sabine. Un jour qu'il se trouvait dans un lieu appelé *Lervinaire*, il lui vint en pensée d'y offrir le saint sacrifice de la messe. Quand il l'eût achevé, se sentant fatigué, il dit à ses disciples de préparer le repas avec les provisions qui pourraient se trouver encore dans leurs sacs, et il se retira sous un arbre pour y prendre un peu de repos. Son intention était d'aller le plus tôt possible à Rome, afin d'y visiter de nouveau les tombeaux des saints Apôtres, et de reprendre ensuite le chemin de la Maurienne. Voulait-il revoir une dernière fois sa patrie, avant d'accomplir la mission que la sainte Vierge lui avait confiée? ou bien, se voyant dans un pays désert, sans ressources et ne sachant même où chercher les ruines du monastère qu'il devait reconstruire, commençait-il à regarder l'apparition qu'il avait eue à Jérusalem comme une illusion de l'esprit de ténèbres? Nous ne savons. Mais Dieu, qui connaissait l'obéissance de son serviteur, vint une seconde fois lui manifester sa volonté. Tandis que le saint reposait, la Mère de Dieu lui apparut et lui dit avec bonté : « C'est ici le lieu que je vous ai promis ; courage donc, mon frère, et ne vous laissez point prendre à une lâche défiance. » Et lui montrant non loin de là trois cyprès, elle ajouta : « Allez et, près de ces arbres que vous voyez, vous trouverez la basilique dont je vous ai parlé. C'est là que vous demeurerez. Vous y jouirez du repos en Dieu; travaillez comme un vaillant soldat, pour mériter la couronne de vie. Je serai avec vous et avec vos frères maintenant et toujours. J'en amènerai une multitude auprès de vous, afin qu'ils apprennent à servir Dieu sous votre conduite. » Ayant dit ces mots, la bienheureuse Vierge disparut[1].

A son réveil, Thomas raconta à ses compagnons la vision qu'il avait eue, et, regardant autour de lui, il vit en effet trois cyprès à une petite distance, du côté de l'Orient. « Voilà bien, s'écria-t-il, les arbres qui m'ont été montrés. Levez-vous et allons où Dieu nous appelle. » Ils y allèrent aussitôt, mais non sans peine ; car ils furent obligés de s'ouvrir avec leurs couteaux un passage à travers les ronces et les épines. Parvenus au pied des cyprès, il ne leur fut pas difficile de trouver la basilique, et, y entrant, ils rendirent grâces à Dieu.

Quand ils y eurent passé quelques jours à chanter les louanges du Seigneur, les disciples de Thomas commencèrent à s'ennuyer et à dire tristement : « Que ferons-nous ici, vénérable père, lorsque les provisions qui nous restent seront épuisées? Ce lieu, vous le voyez, ne peut être connu que des bêtes féroces et des voleurs, qui viendront nous égorger. » Thomas les consola en disant : « J'ai confiance en la générosité infinie de Dieu tout-puissant et en l'intercession de sa sainte Mère, que nous n'aurons à craindre ni la faim ni les voleurs. La bonté du Seigneur viendra à notre secours, car, il l'a promis par le prophète, *ceux qui espèrent en lui ne manqueront de rien*[2], et sa promesse s'accomplira bientôt à notre égard. »

---

[1] *Acta Sanctorum Ord. S. Bened.*, *ibid.*, n° 3.
[2] Ps. 33, 11.

Le duché de Spolète était alors gouverné par Faroald, deuxième du nom, fils et successeur de Trasemund. Ce prince, ayant en ce temps-là le dessein d'aller à Rome, fit partir des valets et des bêtes de somme chargés de provisions, voulant lui-même les suivre le lendemain avec son escorte. Mais, pendant la nuit, la sainte Vierge lui apparut et lui dit : « Renoncez au voyage que vous projetez, car il ne vous est pas avantageux d'aller à Rome maintenant. Suivez plutôt mon conseil, qui vous sera beaucoup plus profitable. Il y a dans le territoire de la Sabine une église consacrée en mon honneur, dans laquelle des moines étrangers habitent, servant Dieu nuit et jour par la prière et le chant des hymnes. Faites-leur porter toutes les provisions qui viennent de partir, afin que par leurs prières le Seigneur vous soit propice. »

Faroald appela ses officiers, et, leur ayant fait part de ce qui venait de lui arriver pendant son sommeil, il s'informa s'il se trouvait au palais quelqu'un de Rieti. « Castallus, préteur de cette ville, répondirent-ils, est précisément ici. » Le duc le fit appeler et lui demanda en quel lieu de la Sabine il y avait une église dédiée à la sainte Vierge, où demeuraient des moines étrangers. « Je connais, répondit le préteur, beaucoup d'églises de la Sabine consacrées à la Mère de Dieu ; mais quelle est celle qu'habitent ces moines ou ces étrangers, je l'ignore absolument. — Eh bien ! reprit Faroald, allez, cherchez avec soin la demeure de ces religieux et faites-leur porter aussitôt les provisions que j'avais envoyées à Rome. »

Le préteur partit et dirigea vers la Sabine la troupe chargée de vivres. Ces hommes, étant arrivés à un endroit appelé *Pompeianus*, s'informèrent auprès des habitants où était l'église de la Sainte-Vierge, habitée par des moines étrangers.

« Nous connaissons, dirent-ils tous unanimement, plusieurs églises qui sont dédiées à la sainte Vierge, mais nous ne pouvons vous dire où sont ces moines. Cependant nous tenons de nos pères que leurs ancêtres avaient entendu dire que, dans la terre appelée *Aculien*, près de trois cyprès, il y avait une église d'une merveilleuse beauté, sous le vocable de la sainte Vierge, et que tout à côté s'élevait, du temps des Romains, un monastère de religieux. Nous ne sachons pas qu'il y ait là maintenant aucune habitation. » Et, en parlant de la sorte, ils montraient de la main dans quelle direction se trouvaient ces trois cyprès, sans que personne connût le chemin qu'il fallait suivre pour y arriver. Tout-à-coup les bêtes de somme, que l'on avait fait arrêter, partent d'elles-mêmes et prennent précisément la direction qui venait d'être indiquée. Les conducteurs les suivent, curieux de voir la fin de ce singulier événement.

Comme ils approchaient de l'église, les frères, entendant le bruit d'une troupe d'hommes et de chevaux, crurent que c'étaient des voleurs, et, courant à l'église tout effrayés, ils s'en prirent au B. Thomas qui, prosterné au pied de l'autel, épanchait son âme devant Dieu, et ils lui dirent : « Voici, père, que, comme nous vous l'avons prédit, des voleurs viennent nous égorger. » Et ils s'efforçaient de fermer la porte.

Cependant l'un d'entre eux vit par un trou les gens du prince se disposer à décharger leurs montures devant l'église. Il courut tout joyeux dire à Thomas et aux autres que non-seulement il n'y avait rien à craindre, mais que des chevaux arrivaient chargés de vivres. Aussitôt tous sortirent et demandèrent aux conducteurs d'où venaient ces provisions et qui les leur envoyait. Ceux-ci répondirent : « Faroald, glorieux duc de Spolète, averti par la sainte Vierge Mère de Dieu, vous envoie ce présent et vous prie de vous souvenir de lui devant le Seigneur. » Ils déposèrent leur charge, reçurent la bénédiction des frères et reprirent le chemin par lequel ils étaient venus[1].

Faroald envoya souvent des présents au monastère de Farfe; il pria même l'abbé Thomas de venir le voir à Spolète, se recommanda à ses prières et, afin d'assurer l'existence du monastère, il lui céda des terres considérables. Il écrivit ensuite au pape Jean VII pour le prier de confirmer cette donation par son autorité apostolique, et chargea le B. Thomas d'aller à Rome presser cette affaire. Le Souverain Pontife l'accorda volontiers; il en fit dresser une bulle, qui fut adressée *à l'abbé Thomas, religieux prêtre, et à la congrégation du vénérable monastère de Sainte-Marie, Mère de Dieu, toujours vierge.* La lettre de Faroald et la bulle de Jean VII sont de l'année 705 ou 706. On peut les voir dans le tome II des *Annales de l'Ordre de Saint-Benoît.*

C'est ainsi que Marie accomplit la promesse qu'elle avait faite au B. Thomas et récompensa magnifiquement sa confiance.

[1] MABILLON, *ibid.* — MURATORI, *Chron. Farf.*

CHAPITRE III

Les frères de Bénévent. — Le monastère de Saint-Vincent.

Pendant que l'abbé Thomas et le duc de Spolète reconstruisaient le monastère de Farfe, il y avait à Bénévent trois jeunes gens dont l'histoire se lie à celle de notre bienheureux. Ils se nommaient Paldon, Tason et Taton. Les deux derniers étaient frères; Paldon était leur cousin germain du côté paternel. Ils appartenaient à une famille noble, mais ils étaient plus nobles encore par l'amour divin qui embrasait leurs cœurs. Ayant entendu la voix du Ciel qui les appelait à une vie plus parfaite que celle qu'ils pouvaient mener dans le monde, ils résolurent de dire adieu à ses vanités, de quitter leurs parents et de renoncer aux richesses qu'ils avaient à attendre, afin de gagner plus sûrement les biens éternels. Leur dessein était d'aller dans les Gaules, en des monastères différents, pour y servir Dieu, séparés de corps, mais unis toujours par les liens de la charité. Comme ils savaient avec quelle tendresse leurs parents les aimaient, ils se contentèrent de dire qu'ils allaient à Rome visiter les tombeaux des saints Apôtres. Ils obtinrent ainsi leur consentement et partirent à cheval, accompagnés de domestiques qui conduisaient des chevaux chargés des provisions du voyage. Mais dès qu'ils eurent dépassé les terres de Bénévent et qu'ils furent entrés dans la province des Marses, ils descendirent de cheval et ordonnèrent aux domestiques de ramener les montures et les provisions à la maison paternelle, parce que, ajoutèrent-ils, « nous avons fait vœu d'aller à Rome seuls et à pied. » Un peu plus loin, ils rencontrèrent des pauvres couverts de haillons, auxquels ils donnèrent leurs riches habits et, louant Dieu, ils revêtirent en échange les livrées de la pauvreté.

Ils arrivèrent ainsi au monastère de la Sainte-Vierge, que gouvernait le B. Thomas. Celui-ci les accueillit avec bonté et avec ses frères leur lava les pieds, selon le précepte du Seigneur. Quand il vit leurs membres délicats et la blancheur de leur teint, il comprit que ces haillons ne couvraient pas des mendiants ordinaires. La noblesse de leur port et la distinction de leurs manières le confirmèrent dans ses soupçons. Néanmoins, ayant achevé de remplir les devoirs de l'hospitalité chrétienne, il se retira, sans rien dire, dans sa cellule. Le lendemain matin, il les fit appeler en secret, et, les interrogeant avec douceur, il leur dit : « Qui êtes-vous, mes frères, et d'où venez-vous? Je vous en prie, ne me cachez point la cause de votre arrivée ici. Peut-être fuyez-vous la sentence des juges du siècle, ou bien, comme il n'est que trop facile à la faiblesse humaine, avez-vous commis quelque crime et cherchez-vous à en éviter le châtiment. Quoi qu'il en soit, je vous aiderai selon mes forces; mais dites-moi l'exacte vérité. »

Les trois jeunes gens virent bien qu'ils ne pouvaient plus cacher leur secret au vénérable abbé. Ils lui dirent donc qui ils étaient, quelle était leur patrie, pourquoi ils avaient quitté leurs parents;

qu'ils voulaient aller à Rome et de là se rendre dans les Gaules. Ils terminèrent en priant le saint homme de ne pas s'opposer à l'exécution de leur dessein.

« Dieu me préserve, leur répondit-il, de vous détourner d'une si sainte entreprise. Je veux, au contraire, vous aider à l'accomplir ; j'irai à Rome avec vous. » Son intention était de les empêcher d'entreprendre le voyage des Gaules et de conserver à leur pays ces saints jeunes gens. Nous allons voir que c'était aussi la volonté de Dieu.

Thomas connaissait à Rome une veuve déjà avancée en âge, qui employait sa fortune et son nombreux domestique à exercer l'hospitalité envers les étrangers. C'était chez elle qu'il logeait chaque fois que les affaires du monastère ou le désir de rendre ses hommages au Souverain Pontife l'appelaient dans la capitale du monde chrétien. Il y alla aussi cette fois avec ses trois compagnons. Quand ceux-ci eurent satisfait leur dévotion, notre saint les engagea de la manière la plus affectueuse à retourner avec lui au monastère de Farfe, afin de s'y former à la vie religieuse et d'y examiner, dans le silence et la prière, quelle était la volonté de Dieu à leur égard. « Croyez-moi, mes chers enfants, leur disait-il ; revenez au monastère de la bienheureuse Vierge Marie, dont le Seigneur, par sa bonté, m'a fait supérieur. Quoique ce ne soit pas notre usage (la règle de saint Benoît voulait que les novices fussent dans une maison séparée de celle des profès), cependant, à cause de l'ardeur de vos désirs, je vous ferai admettre dans l'intérieur de la maison,

Vous partagerez la nourriture et la couche de nos frères; vous suivrez leurs pieux exercices, vous irez avec eux au travail des champs. Vous apprendrez, par leurs exemples, de quelle manière on doit vivre dans un monastère. » Ces pressantes invitations gagnèrent les trois jeunes gens, qui reprirent avec le bienheureux le chemin de Farfe.

Tandis que ces choses se passaient, le père et les autres parents de Tason et de Taton les cherchaient partout avec la plus vive anxiété. Ils allèrent à Rome, visitèrent toutes les églises et toutes les maisons où ils pensaient qu'on pourrait leur en donner des nouvelles; enfin, ils allèrent chez la pieuse veuve dont nous avons parlé. Au portrait qu'ils lui firent de ceux qu'ils cherchaient, elle n'eut pas de peine à reconnaître les compagnons du B. Thomas. Elle répondit aux parents désolés qu'en effet ils avaient logé chez elle avec l'abbé de Farfe et qu'ils étaient retournés avec lui à ce monastère. Qu'on juge de leur joie à cette nouvelle! Ils courent à Farfe, demandent le père Thomas et le supplient de leur faire voir leurs enfants. Celui-ci y acquiesça volontiers. Mais quand les trois novices apprirent que leurs parents demandaient à les voir, ils demeurèrent consternés. Mille sentiments opposés déchiraient leur âme. D'une part, l'affection qu'ils portaient à leurs parents et que la religion n'avait pas éteinte les pressait de se rendre à leur invitation; de l'autre, leur résolution était prise de ne pas retourner à Bénévent. Pourquoi s'exposer à de nouveaux combats, peut-être à une défaite? Le sacrifice était accompli; quel besoin était-il d'en renouveler l'amertume, en accordant une entrevue qui ne pouvait qu'être déchirante pour tous ? Il fallut toute l'éloquence du saint abbé pour vaincre leur répugnance et les décider à parler à leurs parents.

Quand ils les virent, ceux-ci éclatèrent en sanglots. « Pourquoi, dirent-ils, nous avez-vous abandonnés comme des pécheurs déjà morts ? Pourquoi avez-vous dédaigné le salut de nos âmes ? N'avez-vous plus de piété filiale, plus de compassion pour vos proches ? Nous aussi nous voulons nous convertir au Seigneur et quitter le siècle. Nous vous en conjurons par le Créateur du ciel et de la terre, ne nous abandonnez pas. Revenez avec nous, autrement craignez que Dieu ne vous demande compte de nos âmes. »

Les trois jeunes gens demeuraient toujours inflexibles dans leur résolution de se retirer dans les Gaules, comme ils l'avaient promis au Seigneur. Alors Thomas, éclairé de la lumière d'en haut, prit la parole et leur dit : « O mes bien-aimés ! écoutez mes conseils et ne vous défiez pas de la miséricorde divine. Si vous voulez me croire, votre exemple attirera plusieurs au royaume de Dieu. Suivez mes avis et ne soyez point insensibles aux larmes de vos parents. Je vous montrerai un lieu où ils pourront accomplir avec vous leurs pieux désirs, car j'ai confiance en la bonté de Dieu que vous y produirez des fruits agréables à ses yeux. »

Il se souvenait, en effet, que, passant par le pays des Samnites, à son retour de l'Orient, il avait vu, sur les bords du Vulturne, un oratoire dédié à saint

Vincent. Les deux rives du fleuve étaient couvertes d'épaisses forêts; on n'y voyait aucune habitation, si ce n'est des retraites de voleurs et des repaires de bêtes féroces. Il indiqua ce lieu à ses trois disciples et il ajouta : « Allez, soldats de Jésus-Christ, allez en paix; fixez en ce lieu la tente de votre pèlerinage. Dieu tout-puissant peut vous y préserver de tout mal; il vous protégera le long de la route et vous défendra contre tout ennemi. J'irai moi-même demander ce lieu au prince du pays, que je vous rendrai favorable. »

Paldon, Tason et Taton se rendirent à ces raisons. Peu de jours après, ayant reçu la bénédiction de l'abbé Thomas, ils partirent pour l'endroit qui leur avait été indiqué, n'emportant que quelques vivres dans un panier. A peine arrivés, leur premier soin fut de réciter l'office divin dans l'oratoire de Saint-Vincent; la nuit venue, ils se couchèrent sur la terre nue, avec une pierre pour oreiller. Ils commençaient à s'endormir, quand arriva un homme inconnu, qui leur apportait de la farine et du vin. C'était en l'année 703.

Bénévent avait pour duc Gisulfe Ier, qui avait succédé à Grimoald, son cousin. Une nuit, ce prince vit en songe la sainte Vierge, accompagnée d'un religieux d'un aspect vénérable et doux. La Mère de Dieu, s'adressant à Gisulfe, lui dit : « Tout ce que celui-ci vous demandera, accordez-le-lui; car c'est un saint homme, et il priera pour vous. » Le lendemain, à son lever, le duc commanda à ses officiers d'aller voir devant la porte du palais s'il ne s'y trouvait point un moine étranger. « S'il y est, ajouta-t-il, introduisez-le avec honneur et amenez-le-moi. »

Ils y allèrent et trouvèrent le B. Thomas qui, selon la promesse qu'il avait faite à ses trois disciples, venait solliciter en leur faveur la protection du prince. Les officiers le firent entrer et le conduisirent à leur maître. Celui-ci ne l'eut pas plus tôt aperçu, qu'il reconnut le religieux qui lui avait été présenté en songe. Il se leva de son siége, se prosterna devant le saint et lui dit : « La glorieuse Vierge Marie vous a déjà fait connaître à moi cette nuit. Maitenant, demandez tout ce que vous voudrez ; je vous l'accorderai volontiers. — Je n'ai, répondit Thomas, qu'une petite demande à adresser à votre piété. Il y a dans le pays des Samnites, sur les bords du Vulturne, un lieu inconnu des hommes, où s'élève un oratoire en l'honneur de saint Vincent. Accordez-moi ce local pour y bâtir un monastère, et Dieu vous récompensera de votre charité. »

Gisulfe y consentit avec plaisir : « Dès ce moment, dit-il, cette terre est à vous, mon père, et je vais vous en remettre la donation signée de ma main. »

Thomas lui parla des trois cousins ; il fit si bien, que le duc lui donna l'assurance qu'il les prenait désormais sous sa protection spéciale, eux et leur sainte entreprise. Puis, ils prirent congé l'un de l'autre. Thomas partit en toute hâte pour le nouveau monastère de Vulturne. Il y demeura quelques jours, réglant tout ce qui regardait le bien de la communauté, déterminant l'endroit où il fallait placer le réfectoire, le dortoir, les appartements des étrangers et les autres parties de la maison, et donnant à ses disciples les avis les plus salutaires. Paldon étant celui des trois qui avait le caractère le plus doux, il le nomma abbé du monastère. Enfin, quand tout fut réglé, il repartit pour Farfe, emportant avec lui le titre de la donation que le duc de Bénévent lui avait remis.

Le monastère de Saint-Vincent acquit bientôt une grande célébrité. La maison suffisait à peine pour recevoir ceux qui allaient y chercher le Seigneur dans la solitude. Il demeura longtemps soumis à celui de Farfe, où les religieux allaient souvent comme à leur maison-mère, et y remplissaient à leur tour les plus bas offices, en sorte que leur abbé n'était que le vicaire de celui de Farfe, dont il suivait en tout la direction. Cet état de choses continua jusqu'à l'abbé Faroald, qui, impatient de cette sujétion, s'empara du gouvernement du monastère et ne voulut plus reconnaître l'autorité de l'abbé de Farfe. Les auteurs du temps déplorent cette séparation et la regardent comme la cause de la décadence où tomba par la suite ce monastère.

Quant à ses trois fondateurs, Paldon, étant mort en 720, eut pour successeur Tason, que Taton remplaça en 729. Ce dernier mourut en 739. Leur père finit aussi ses jours dans le monastère. Tous les quatre sont honorés comme saints [1].

---

[1] BOLLAND., *Acta Sanctorum*, 11 oct. — *Annal. Bened.*, t. I, p. 519. — *Acta Sanctorum Ord. S. Bened.*, ibid., nos 6-8. — *Chron. Vulturn. et Farfe*. — FLEURY, t. IX, p. 121. — ROHRB., t. X, p. 494.

CHAPITRE IV

Les donations aux monastères au moyen-âge. — Mort du B. Thomas. — Quelques mots sur l'histoire du monastère de Farfe.

Pour comprendre les motifs qui portaient les princes du moyen-âge à faire de si larges concessions aux monastères, il faut sans doute faire la part des sentiments religieux dont ils étaient animés, mais il faut aussi se rappeler ce que nous avons dit, dans la vie de saint Gontram, sur l'état de presque toute l'Europe au vi° siècle et sur les immenses services que rendirent les monastères à cette époque. Par suite de la dépopulation produite par les invasions des barbares, et aussi parce que les vainqueurs regardaient la culture de la terre comme indigne de leur mains victorieuses, des contrées, autrefois les plus fertiles de l'Europe, s'étaient converties en forêts, en marais fangeux ou en déserts stériles. Après avoir obtenu des rois ou des seigneurs ces terrains incultes, qui ne servaient que de repaires aux bêtes féroces et aux brigands, les moines y bâtissaient une église et un monastère. Quelques années plus tard, les forêts avaient été abattues, les marais desséchés, les landes arides mises en culture, les bêtes féroces détruites, les voleurs expulsés; des chemins s'ouvraient aux voyageurs, qui trouvaient dans le monastère l'hospitalité la plus cordiale; de riches moissons remplaçaient les ronces et les épines, et avec le temps la maison de la prière et du travail voyait de populeux villages se former autour de son enceinte.

Est-il donc étonnant que les princes de cette époque aient été si faciles à doter les monastères de concessions de ce genre, qui leur coûtaient peu et que l'intérêt de l'État leur conseillait, autant que celui de la religion, de la science et des arts? Est-il incroyable que, pour les y exciter, Dieu se soit parfois servi des moyens surnaturels que sa puissance tient au service de sa bonté?

Telles sont la cause et la source de la richesse et de la puissance des monastères au moyen-âge, richesse et puissance que leur reprochent amèrement tant d'écrivains modernes.

Revenons au monastère de Farfe, que nous avons laissé au moment où le pape Jean VII confirmait les donations faites au B. Thomas par le duc Faroald.

La sainte Vierge avait dit au bienheureux que ses exemples attireraient à Farfe une multitude de frères, désireux de marcher, sous sa conduite, à la conquête du royaume de Dieu. C'était une promesse en même temps qu'une prophétie. Marie tint parole. Du fond de la solitude où Thomas s'était retiré avec ses disciples de Maurienne, le bruit de sa sainteté se répandit au loin. Il en est de la vertu comme de la violette : plus elle se fait humble et petite, plus elle se cache aux regards des hommes, et plus son parfum la trahit. La douceur du caractère du saint abbé, la tendre affection qu'il portait à ses frères, sa charité prévenante envers les étrangers auxquels la porte du monastère était toujours ouverte, la ferveur toute céleste qui paraissait sur son visage et qui montrait que, ne touchant la terre que des pieds, son âme vivait au ciel, lui gagnaient tous les cœurs. Aussi vit-il accourir à lui une foule d'hommes de toutes conditions, venus des contrées voisines et même des provinces les plus éloignées. Thomas les recevait avec joie et, à si sainte école, ils ne tardaient pas à faire de rapides progrès dans la perfection de la vie religieuse. Ses leçons étaient inspirées par cet esprit de bonté et de douce fermeté qui faisait le fond de son âme. Mais la plus efficace de toutes, c'étaient ses exemples. Il suffisait de le voir pour comprendre ce que l'on devait être soi-même.

Ennemi de la paresse, il obligeait ses religieux à défricher les forêts, à cultiver les terres que lui avait données le duc Faroald et quelques autres qu'il avait achetées lui-même, à exercer l'hospitalité, à unir la prière et la pratique de toutes les vertus aux travaux de l'agriculture. Par ce moyen, il rendit les chemins partout sûrs et renouvela complètement la face du pays.

Le saint homme passa ainsi trente-cinq ans sept mois et cinq jours à la tête du monastère de Farfe, soupirant après l'heureux jour où il lui serait donné de partir pour la céleste patrie. Ce jour vint enfin. Oh! il est doux de mourir, quand on a consacré quarante-deux ans de sa vie à la prière, à la mortification et à la charité! Les saints ne meurent pas; ils s'endorment entre les bras de Dieu, pour se réveiller dans la gloire éternelle.

Le B. Thomas de Maurienne rendit son âme à

Dieu le 10 décembre de l'année 745, au milieu de ses disciples éplorés[1].

Il fut enseveli sous le maître-autel de l'église du monastère, à côté de saint Laurent le Syrien. Cet autel ayant été refait en 1604, les deux saints corps furent trouvés enfermés dans des urnes de marbre. On les transporta alors dans le caveau de l'ancienne chapelle des reliques, dont l'ouverture fut murée et où ils reposent encore aujourd'hui.

Un manuscrit du XIe siècle, conservé dans les archives du monastère de Farfe et intitulé : *Lectionarium et passiones martyrum*, contient l'office de saint Thomas, au 12 de décembre. La légende est divisée en onze leçons; Mabillon la donne textuellement dans ses *Actes des Saints de l'Ordre de Saint-Benoît*. En 1636, Grégoire de Pérouse, prieur de Farfe, supprima cet office propre, par la raison qu'il n'était pas approuvé par le Saint-Siège[2]. Néanmoins, l'office et la fête de saint Thomas continuèrent à être célébrés et se célèbrent encore dans le monastère de Farfe, au jour indiqué, comme au commun des abbés.

Un des autels latéraux de l'église de Farfe est dédié à saint Thomas. Le tableau représente l'apparition que la sainte Vierge lui fit à Jérusalem.

Nous devons ces détails à l'obligeance de M. l'abbé Métral, aumônier des Dames du Sacré-Cœur

---

[1] *Acta Sanctorum Ord. S. Bened.*, ibid., n° 8. — *Annal. Bened.*, t. II, p. 41. — *Script. rer. italic.*, t. II, p. 2, *Chron. Farf.* — Fleury et Rohrb., ibid. — Grillet, *Diction. hist.*, etc., t. III, p. 270.

[2] Gallizia, *Atti de' Santi*, etc., t. III, p. 81.

à Rome, qui a bien voulu les demander pour nous à l'abbé de Farfe, D. Angelo Pescetelli, procureur général des Bénédictins du Mont-Cassin.

Nous ne pouvons terminer cette biographie sans dire ce qu'est devenu, dans le cours des siècles, le monastère du B. Thomas de Maurienne. D'ailleurs, nous avons encore à parler d'un Mauriennais.

Sept ans après la mort du saint fondateur, mourut Haunepertus de Toulouse, qui lui avait succédé dans le gouvernement du monastère. Il fut remplacé par Lucerius de Maurienne. Dès son enfance, Lucerius avait été confié au B. Thomas, pour apprendre les saintes lettres sous sa direction. Il l'avait accompagné à Jérusalem et était demeuré avec lui au monastère de Farfe. On peut croire que, dirigé par cet habile maître, il avait fait de grands progrès dans la science et dans la vertu. Pendant qu'il gouverna le monastère, Trasmund, fils de Faroald, duc de Spolète, lui donna l'église de Saint-Gétule, martyr, et confirma toutes les donations faites par son père et par divers autres bienfaiteurs. Lucerius statua que les religieux auraient pleine liberté de choisir leur abbé; il fonda en 735 le monastère de Saint-Sauveur, à huit milles de Farfe, et passa à une meilleure vie le 24 juin 739[1].

Telle était l'affluence de ceux qui allaient au monastère de Farfe chercher une voie plus sûre pour arriver à Dieu, qu'il fut forcé d'envoyer des colonies en divers endroits de l'Italie. Il devint ainsi le chef-lieu d'une congrégation nombreuse et

---

[1] *Annal. Bened.*, t. II, p. 41 et 103.

compta 683 églises sous sa dépendance. Il ne relevait que du pape et de l'empereur. Louis II, Charles le Chauve, Charles le Gros, Béranger, Othon et Henri IV d'Allemagne confirmèrent ses priviléges, qui étaient fort étendus. Détruit par les Sarrasins en 891, époque à laquelle il contenait huit cents religieux, il fut reconstruit, cinquante-huit ans plus tard, après l'expulsion de ces barbares. En 1009, il adopta la réforme de Cluny. En 1097, l'abbé Bérald, voyant qu'il tombait en ruine, fit bâtir un autre monastère sur la montagne, avec les revenus de l'abbaye et le secours des Romains.

A partir de cette époque, l'histoire du monastère de Farfe n'offre plus rien de remarquable, que les tracasseries des seigneurs voisins et ces alternatives de ferveur et de relâchement auxquelles n'échappe aucune société religieuse [1]. Néanmoins, protégé par ses deux saints fondateurs, il a résisté à toutes les tempêtes et est parvenu jusqu'à nos temps, quoique bien déchu de son antique gloire. En 1849, une bande républicaine, commandée par un certain Capiccioni, a enfoncé ses portes, au nom de la liberté, chassé les religieux et emporté tout ce qui s'est trouvé d'argent, de grains et de bestiaux dans le monastère [2].

Prions le B. Thomas qu'en protégeant son monastère, il se souvienne aussi devant Dieu du pays qui

---

[1] MABILLON, MURATORI, *passim*. — GALLIZIA, *ibid.*
[2] BRESCIANI, *Lionello*, p. 322 (traduction française).

l'a vu naître et qu'il nous obtienne cette foi vive, cette piété fervente, cette confiance entière en la Providence, cette charité ardente, qui ont fait de lui une des gloires de l'ordre de Saint-Benoît et un instrument de salut pour tant d'âmes.

Première invasion des Sarrasins en Maurienne.

Saint Émilien, évêque, saint Marin, moine, martyrs.

(VIIIᵉ SIÈCLE.)

CHAPITRE Iᵉʳ

Invasion des Sarrasins en Maurienne, au VIIIᵉ siècle.

Au commencement du VIIIᵉ siècle, on eut dit que l'univers entier allait subir le joug de l'islamisme. Maîtres de la Mésopotamie, de la Syrie, de la Perse, de l'Égypte et de toutes les côtes septentrionales de l'Afrique, les farouches sectateurs de Mahomet reculaient chaque année les frontières de leur immense empire, dont Damas était la capitale. Ils ne se promettaient rien moins que l'anéantissement du christianisme et la soumission de tous les peuples au Coran. Leur moyen de propagande était simple, le sabre; Mahomet ne leur en avait pas indiqué d'autre.

En 711, la trahison du comte Julien leur livre l'Espagne. Le 28 avril, 25,000 Musulmans débarquent sur la côte d'Algésiras et, le 17 juillet suivant, le royaume des Visigoths est renversé à la bataille de Xérès. Mousa, lieutenant du calife Valid en Afrique, accourt lui-même dans la péninsule. En quinze mois l'Espagne est subjuguée.

Mousa ne s'en tient pas là. Il forme le projet de retourner à Damas au travers de l'Europe et de l'Asie-Mineure. Laissant en Espagne le gros de ses forces, il part, suivi d'une troupe d'élite armée à la légère, et se dirige vers la France. « On dépeint ces hommes de guerre, dit Mgr Depéry[1], une épée au côté, une massue appuyée sur le cheval, à la main une lance à laquelle était attaché un petit drapeau, un arc suspendu à l'épaule et un turban sur la tête; plus tard, ils adoptèrent l'armure des chrétiens. »

Qu'étaient donc ces nouveaux barbares qui menaçaient l'Europe d'un asservissement aussi cruel et plus dégradant que celui des Huns, des Goths, des Vandales et des autres envahisseurs des siècles précédents? Les chrétiens les appelaient Sarrasins ou Maures, et ce nom s'étendit généralement à tous les Musulmans que la chrétienté eut à combattre en Espagne, en Palestine, sur les côtes d'Italie, devant Malte, etc. Les Sarrasins ou Sarracènes étaient, dans l'origine, une tribu nomade de l'Arabie-Déserte. On donna ensuite, par extension, ce nom à tous les Arabes Bédouins qui occupaient l'Arabie-Pétrée et les contrées situées entre le Tigre et l'Euphrate. Ces peuples embrassèrent le mahométisme et envahirent l'Afrique. Au mont Atlas et dans les contrées adjacentes, ils rencontrèrent

---

[1] *Hist. hagiol.*, etc., p. 301.

d'innombrables tribus nomades, désignées sous le nom de Berbers.

« Elles ne furent jamais entièrement asservies. Plus tard, confondues avec les restes des populations carthaginoises, romaines, vandales, les aventuriers et les renégats, les esclaves et les captifs, elles furent appelées Maures. Une partie seulement de cette agrégation de plusieurs peuples parlait arabe ; le reste se servait de différents idiomes. Les uns étaient disciples de Mahomet, les autres, chrétiens, juifs et même païens, car les peuples de l'Atlas adoraient, de toute antiquité, le feu et les astres. C'est pourquoi ils étaient appelés Sabéens ou Madjours, c'est-à-dire adorateurs, nom qu'ils portent encore [1]. » Cependant l'islamisme était la religion dominante et officielle.

Tels étaient les nouveaux maîtres de l'Espagne et les envahisseurs de la France, de la Savoie et de l'Italie. Dieu s'en servit comme d'un terrible instrument de sa justice sur nos contrées, qui, au lieu de profiter des châtiments précédents pour revenir à lui, n'avaient fait que tomber dans une plus grande corruption de mœurs. Il ne permit pas, toutefois, qu'elles fussent asservies d'une manière permanente au joug des sectateurs du faux prophète de la Mecque. La discorde se mit parmi les chefs des Sarrasins, et leurs invasions au VIIIe siècle ne furent que des courses de bandes armées se livrant à la dévastation et au pillage. Ils ne purent ou ne

---

[1] Mgr DEPÉRY, ibid., p. 390. — Dict. encyclop. usuel, par Ch. SAINT-LAURENT, art. Sarrasins.

surent faire aucune conquête fixe, aucun établissement durable, excepté dans la Gaule narbonnaise, qu'ils occupèrent près de vingt ans et d'où ils se répandaient comme un torrent dans le midi et l'ouest de la France.

De 719 à 732, le Languedoc, la Guienne, la Provence, l'Aquitaine, le Dauphiné, le Lyonnais et toutes les contrées voisines furent mises à feu et à sang. Abdérame, chef de l'armée sarrasine, se disposait à aller assiéger Tours quand Charles-Martel et Eudes, duc d'Aquitaine, l'atteignirent entre cette ville et Poitiers. La bataille dura trois jours. Abdérame fut tué et la plus grande partie de son armée demeura sur le champ de bataille (752). Les fuyards se jetèrent dans la Provence et le Dauphiné[1]. Il est très probable que quelques bandes pénétrèrent en Savoie et que c'est à cette époque, comme le croit Mabillon, qu'il faut rapporter le martyre de saint Marin. Tout porte à penser aussi que la ville de Saint-Jean partagea le sort de nos vallées ravagées par les Sarrasins, irrités et furieux de leur défaite.

« Il n'y eut plus dans nos pays, dit Mgr Depéry[2], de sécurité ni pour le voyageur, ni pour le paisible habitant des campagnes. Afin de ne pas être égorgées par ces barbares, les familles entières se retiraient dans des lieux fortifiés, ou se repliaient vers

---

[1] MABILLON, *Annal. Ord. S. Bened.*, t. II, p. 82. — *Hist. de l'Égl. gallic.*, t. V, p. 402. — REINAUD, *Invasions des Sarrasins*, etc., p. 29. — FAUCHÉ-PRUNELLE, *Mém. sur les invasions des Sarrasins*, Bulletin de l'Acad. delphin., t. II, p. 221.

[2] *Hist. hagiol.*, etc., p. 392.

quelque cité plus populeuse, en état de repousser leurs agressions subites. » La langue et la plume de l'homme, dit Baronius[1], sont également impuissantes à raconter le massacre des malheureux chrétiens, la ruine des églises, les incendies, les sacriléges, l'acharnement contre les prêtres, le viol des vierges consacrées à Dieu et les horreurs de tout genre que commirent partout sur leur passage ces ennemis implacables du nom de Jésus-Christ.

En 734, une nouvelle armée sarrasine passa les Pyrénées. Jousouf, gouverneur sarrasin de Narbonne, de concert avec le traître Mauronte, duc de Marseille, traversa le Rhône. Arles, Avignon, Valence, Vienne et toutes les contrées ravagées précédemment lefurent de nouveau. Heureusement, Charles-Martel, tranquille du côté du Nord et de l'Est, put disposer de ses forces contre ces féroces ennemis. Pendant que son frère Childebrand chassait les Sarrasins du bassin du Rhône et leur enlevait les villes fortes dont ils s'étaient emparés, Charles écrivit à Luitprand, roi des Lombards, et sollicita son secours contre les bandes qui s'étaient établies en Provence et dans les Alpes (737). Luitprand accourut; mais les Sarrasins ne l'attendirent pas, et depuis ils n'osèrent plus rien entreprendre, si ce n'est quelques descentes sur les côtes de Provence. Nos montagnes furent-elles entièrement purgées de ces barbares? C'est sur quoi les auteurs ne s'accordent pas. Il est difficile que quelques-uns ne soient pas restés cachés dans nos

---

[1] *Annales ecclésiast.*, t. IX, p. 72.

vallées reculées[1]. Ce ne fut qu'en 752 que Pepin le Bref, ayant repris sur eux la Gaule narbonnaise, les refoula définitivement au delà des Pyrénées[2].

CHAPITRE II

Saint Émilien.

Saint Émilien avait succédé à Walchin sur le siége épiscopal de Maurienne, lorsque les sectateurs de Mahomet tombèrent sur le diocèse comme un torrent furieux, pillant les églises et les monastères, brûlant les villes et les villages, massacrant les fidèles qui refusaient d'abjurer leur foi et les poursuivant jusque dans les antres des montagnes. C'était contre les prêtres et les religieuses qu'ils s'acharnaient avec le plus de fureur. A eux étaient réservés les supplices les plus cruels et la mort la plus affreuse. Mais, avant d'être immolées, les vierges consacrées au Seigneur étaient condamnées à assouvir les passions infâmes de ces ennemis du nom chrétien, martyre plus douloureux pour elles que tous les tourments qui leur étaient ensuite infligés[3]. Et encore le sort de

---

[1] Mgr DEPÉRY, ibid., p. 304. — M. FAUCHÉ-PRUNELLE, ibid., p. 226.
[2] Hist. de l'Église gallicane, t. VI, p. 4. — Voir Pièces justificatives, n° 14.
[3] BARONIUS, cité plus haut.

ceux que frappait le glaive des infidèles était-il digne d'envie. Leurs âmes s'envolaient au ciel avec la palme du martyre. Les malheureux, qui, par leur jeunesse et la beauté de leurs formes, attiraient les regards des Sarrasins, étaient bien plus à plaindre : ils étaient emmenés et vendus comme esclaves. Dès lors, abandonnés à tous les caprices de maîtres impies et barbares, ils avaient à choisir entre l'apostasie et une vie si affreuse, qu'elle n'était que la plus longue et la plus cruelle des morts.

Oh! quand notre saint évêque apprit les ravages que les Sarrasins exerçaient dans les contrées limitrophes, quelles prières ferventes il dut faire monter vers le ciel! Avec quelle ardeur il supplia le Dieu des miséricordes d'épargner les ouailles qu'il lui avait confiées et de ne pas livrer son héritage à ces hommes plus féroces mille fois que les animaux des forêts! Mais le Seigneur visitait les iniquités de son peuple. Puisse-t-il au moins avoir épargné à ce bon pasteur la douleur de voir quelques-unes de ses brebis renier leur foi pour conserver une vie périssable.

L'histoire ne nous apprend aucune particularité de la vie de saint Émilien. Nous ne connaissons ni le lieu de sa naissance, ni les actions et les vertus de sa vie, ni même l'année précise de sa naissance à la gloire, selon le beau langage de l'Église[1]. Mais nous savons qu'il a eu le bonheur de verser son sang pour la cause de Jésus-Christ; et cela suffit pour lui mériter notre respect et notre

---

[1] Voir Pièces justificatives, n° 15.

dévotion. Il ne put pas, il est vrai, donner sa vie pour sauver celle de son peuple; mais il eut la consolation de partager ses souffrances et de lui apprendre par son exemple à sacrifier les biens et la vie de ce monde, pour obtenir la couronne immortelle que Dieu réserve à ceux qui souffrent pour la justice. Prions le Seigneur, par son intercession, de nous bien pénétrer de cette parole de l'Évangile : Ne craignez pas ceux qui n'ont de pouvoir que sur votre corps; mais craignez uniquement Celui qui peut perdre le corps et l'âme pour l'éternité [1].

CHAPITRE III

Saint Marin.

La vie de saint Marin est racontée par Mabillon [2], qui la tire d'un ancien bréviaire manuscrit du monastère de Saint-Savin en Poitou. Il y a aussi, dans les archives de l'évêché de Saint-Jean, une légende manuscrite de notre saint, qui paraît avoir été écrite au dernier siècle, d'après la tradition du pays et les *Actes des Saints de l'Ordre de Saint-Benoît*, et qui, sauf quelques variantes de nulle importance, s'accorde parfaitement avec la légende

---

[1] MATT., 10, 28.
[2] *Acta Sanctorum Ord. S. Bened.*, 24 nov.

donnée par Mabillon. Telles sont les sources auxquelles nous avons puisé le récit des vertus et du martyre du glorieux ermite du Châtel.

Saint Marin naquit très probablement en Italie, vers la fin du VIIe siècle. Il fut un de ces vases de prédilection dans lesquels le Seigneur dépose, en les formant, le germe des plus douces et des plus sublimes vertus. Né d'une famille distinguée par sa noblesse et sa fortune, il sut, dès l'âge le plus tendre, estimer à leur juste valeur ces périssables vanités dont le monde fait tant de cas; et, convaincu de leur néant, il s'appliqua à acquérir une noblesse plus réelle et des richesses plus solides. L'angélique pureté de ses mœurs, sa piété sincère, son attention à éviter les fautes les plus légères, ravissaient d'admiration tous ceux qui le voyaient. Doué d'une intelligence vive et précoce, il retenait merveilleusement ce qu'on lui enseignait et surtout les exemples des saints, qu'il était avide de connaître et qu'il s'efforçait d'imiter, selon les forces de son jeune âge et les exigences de sa position. Dans la crainte de dépasser la ligne souvent peu marquée du devoir, il se privait de bien des choses permises et mortifia son corps, avant d'avoir souillé la robe d'innocence dont il avait été revêtu à son baptême. C'est que la pénitence n'est pas seulement l'expiation nécessaire des fautes commises; elle est encore la meilleure sauvegarde contre les piéges du démon et les excitations de la concupiscence.

Un tel assemblage des dons de la nature et de la grâce frappa ses parents; ils comprirent que

Dieu avait des vues particulières sur leur enfant. Pour les seconder, ils le conduisirent à Rome et le confièrent à un saint évêque, nommé Elydius, renommé pour sa science et pour sa vertu, que les affaires de son diocèse ou les persécutions dont les plus saints évêques étaient alors si fréquemment l'objet, avaient sans doute obligé de se rendre dans la capitale du monde chrétien. Marin avait onze ans; mais déjà il était arrivé à cette vieillesse vénérable dont parle l'Esprit-Saint, et que l'on ne reconnaît pas au nombre des années, ni à la blancheur des cheveux, mais à la maturité de la raison et à la sainteté de la vie [1].

Elydius conçut pour lui une tendre affection et ne négligea rien pour le faire avancer rapidement dans la science et dans la vertu. On devine facilement comment un tel disciple répondit aux soins d'un tel maître. Marin eut bientôt laissé loin derrière lui tous ses condisciples, même ceux qui l'avaient précédé de plusieurs années dans la carrière des études. Ceux-ci en eurent une si grande jalousie, que, pour se venger d'une supériorité qu'ils étaient forcés de reconnaître, mais qu'ils n'avaient pas assez de vertu pour respecter, ils se mirent à le poursuivre d'injures, de mauvais traitements et de vexations de tout genre. Le saint jeune homme n'eut eu qu'un mot à dire pour faire cesser cette persécution journalière, d'autant plus cruelle qu'on la cachait avec soin à l'œil du maître. Mais, de même que l'orgueil est l'hôte ordinaire des intelligences

---

[1] *Sap.*, 4.

étroites, l'humilité est la compagne des esprits élevés et des cœurs chrétiens. Il se contenta de prier Dieu de pardonner à ceux qui se faisaient ses ennemis, et de rechercher, avec plus d'empressement encore qu'auparavant, toutes les occasions de leur rendre les petits services qui dépendaient de lui.

Marin étant arrivé à sa vingtième année, Elydius jugea que les mains de son bien-aimé disciple étaient assez pures et assez fortes pour devenir les dispensatrices des divins mystères. Les règles ecclésiastiques du temps défendaient, à la vérité, de recevoir le sacerdoce avant trente ans. Mais, pour celui qui a la plénitude de la vertu et de la science, l'Église sait se relâcher de la rigueur de ses lois. Le bon évêque eut un autre obstacle à vaincre, ce fut la répugnance de notre saint. Il avait une si haute estime du sacerdoce, il en avait tant de fois médité les grands devoirs et les sublimes fonctions, il avait en même temps une si basse opinion de lui-même, qu'il fut saisi de frayeur en apprenant son élévation prochaine à cette sublime dignité. Il se soumit cependant à la volonté de Dieu, clairement manifestée par celle de son supérieur; car les saints sont aussi obéissants qu'ils sont humbles; le sentiment de leur faiblesse ne fait qu'augmenter leur confiance en Celui qui les fortifie et qui aime à se servir de ce qui est petit pour confondre et sauver ce qui est grand.

Dans une âme aussi bien préparée que celle de Marin, la grâce du sacerdoce ne pouvait manquer de produire ses fruits. Il se pénétra surtout de cette maxime de saint Paul, que le corps doit être l'esclave de l'esprit et que, pour réprimer ses appétits déréglés, il faut le courber sous le joug de la mortification et de la pénitence. Il redoubla donc ses austérités : les veilles, les jeûnes, les disciplines, tout ce que la vie des saints lui apprenait, tout ce qu'une sainte haine de lui-même pouvait lui suggérer, il le mettait en œuvre pour rapprocher plus parfaitement sa vie de celle de son divin modèle. Il acheva ainsi de se dépouiller du vieil homme et s'unit si étroitement à Dieu, que, lorsqu'il descendait parmi les hommes, ce n'était qu'afin d'attirer les âmes aux célestes hauteurs où il s'était placé.

Cependant le Seigneur appela à une vie meilleure le B. Elydius, qui, à ce qu'il paraît, était, depuis quelque temps, rentré dans son diocèse où Marin l'avait accompagné. Celui-ci s'était tellement acquis par ses vertus l'estime et l'affection du clergé et du peuple, que tous, d'un commun accord, le choisirent pour succéder à son second père. Mais le saint, en ayant été averti, résolut d'échapper par la fuite au lourd fardeau qu'on voulait lui imposer. Une nuit, après avoir distribué aux pauvres tout ce qu'il possédait, il quitta secrètement la ville et prit la route de la Bourgogne.

Dieu le conduisit en Maurienne à un monastère consacré à la sainte Vierge, sous la règle de saint Benoît. Une multitude de moines y menaient la vie des anges. L'un d'entre eux principalement, le B. Eusippius, était vénéré des habitants du pays comme leur bienfaiteur et leur modèle. C'était bien le lieu le plus solitaire que l'on pût trouver et le plus propre à porter l'âme aux grandes et saintes pensées : au-dessus du monastère, une montagne abrupte et sauvage; derrière, un plateau défriché par les moines et le long duquel s'échelonnent aujourd'hui les hameaux de deux communes; au-dessous, un rocher taillé à pic; en face, une montagne aux flancs nus et tout semés de blocs de rochers arrachés par la tempête; entre les deux montagnes, au fond d'une étroite et profonde vallée, la rivière d'Arc, tantôt petite et paisible comme un ruisseau, tantôt large comme un fleuve, ou bruyante et furieuse comme un torrent; puis, au midi, les montagnes s'écartant pour faire place à la ville de Maurienne et à la cathédrale de Saint-Jean-Baptiste. Ce lieu s'appelait Chandor (*monasterium Candorense*). Le monastère était situé tout à fait au pied du mamelon sur lequel, trois siècles plus tard, si l'on en croit la tradition, Bérold de Saxe fit bâtir la tour qui porte encore son nom, afin d'arrêter les incursions du marquis de Suse[1]. On changea alors le nom de Chandor en celui de *château d'Hermillon (castrum Hermelionis)*, du nom de la commune qui est au bas de la montagne, de l'autre côté du mamelon. Aujourd'hui, la commune qui s'est formée auprès du château de Bérold et de l'antique monastère de Chandor, s'appelle simplement *Le Châtel*.

L'abbé de Chandor était un saint homme et se nommait Erilius. Ayant appris de notre saint pour

---

[1] Voir Pièces justificatives, n° 16.

quels motifs il avait quitté le diocèse où la Providence l'avait d'abord conduit, il le pria instamment de rester dans son monastère. Marin y consentit d'autant plus volontiers que, dès son arrivée, il avait été touché du recueillement et des grandes austérités que l'on y pratiquait. Devenu l'humble frère de ces fervents religieux, il en fut bientôt le modèle; si bien qu'Erilius, qui, dans ses entretiens avec lui, n'avait pas tardé à découvrir quels trésors de science étaient cachés sous cette profonde humilité, le chargea de l'enseignement de l'Écriture-Sainte et de la théologie. Marin remplit cette charge importante pendant une année, avec le plus grand succès; car il joignait à de vastes connaissances le talent de s'adapter à la capacité de ses élèves, de mesurer à chacun la part d'instruction qu'il pouvait saisir et de donner à la vérité l'aspect qui lui convenait. En même temps, il se regardait comme le dernier de tous et affligeait son corps par un redoublement de prières et de macérations.

Cependant sa réputation toujours croissante lui inspirait des alarmes. Son nom était connu au loin; on ne parlait dans le pays que de la sainteté et du savoir du bénédictin de Chandor; on venait à lui de toutes parts pour le consulter comme un oracle et l'admirer comme un saint. Tant d'honneurs fatiguaient, épouvantaient son humilité; il craignait l'écueil funeste de la vaine gloire et sentait chaque jour s'accroître le désir de la solitude. « Quoi! se disait-il à lui-même, j'ai abandonné les pompes du siècle, et le siècle m'a abandonné; faut-il que maintenant il me poursuive de son vain bruit et que je sois exposé à me laisser prendre à ses illusions que j'ai tant méprisées! »

Un soir qu'absorbé par ces pensées, il avait été surpris par le sommeil, la sainte Vierge, accompagnée des Apôtres, lui apparut et lui dit : « Marin, Marin, ce que vous voulez faire, faites-le promptement; car bientôt vous aurez beaucoup à souffrir pour le nom du Seigneur. » Aussitôt que le matin fut venu, il alla trouver Erilius et le pria de lui permettre de se retirer en quelque endroit de la montagne, où, séparé des hommes, il pût vaquer uniquement à la prière et à la méditation des vérités éternelles. Cette demande jeta l'abbé dans une grande perplexité. D'une part, il ne voulait pas s'opposer à la volonté de Dieu; de l'autre, la pensée de se séparer du saint l'affligeait vivement. La journée se passa dans cette incertitude. Mais, la nuit suivante, il eut une vision dans laquelle saint Benoît lui ordonna de laisser Marin faire ce qu'il désirait, parce que le temps n'était pas éloigné où il aurait beaucoup à souffrir pour Jésus-Christ. Erilius se soumit; il fit appeler notre saint et lui donna toute permission de suivre l'attrait de la grâce.

Marin se construisit une cellule sur une saillie de rocher, à mi-côte du mamelon que couronne la tour de Bérold. Il la sanctifia par un jeûne rigoureux de trois jours, qu'il aurait prolongé davantage si Dieu n'avait renouvelé en sa faveur le miracle qu'il opéra autrefois dans le désert pour saint Paul, patriarche des solitaires. Deux ours arrivèrent, portant chacun une ruche pleine de miel, qu'ils déposèrent devant le serviteur de Dieu; puis, se couchant à ses pieds, ils se mirent à les lécher, comme pour l'inviter à goûter de la nourriture que le Seigneur lui envoyait. Il rendit grâces à Dieu et, après avoir restauré ses forces affaiblies par une si longue abstinence, il ordonna aux messagers de la Providence de se retirer et de revenir chaque jour avec les bienfaits du ciel. Les deux ours obéirent et, depuis, ils ne manquèrent pas un jour d'apporter deux petits pains au saint ermite. Chaque fois, avant de s'en aller, ces bêtes féroces, devenues aussi douces que des agneaux, lui léchaient les pieds, en témoignage de leur respect et de leur soumission[1]. Absorbé dans la contemplation des choses célestes, Marin semblait n'appartenir plus à la terre; sa vie n'était plus celle d'un homme, c'était un ange revêtu d'un corps humain. Il n'avait qu'un désir, celui de donner sa vie pour l'amour de Jésus-Christ, qui a donné la sienne pour le salut des hommes, et, quoique son humilité lui persuadât qu'il était indigne d'une telle grâce, la plus grande que Dieu puisse accorder à ses serviteurs, il ne cessait cependant pas de la demander et de s'y préparer par un redoublement de ferveur et d'austérités. Une voix intérieure lui disait que ses prières seraient exaucées, comme la sainte Vierge le lui avait prédit dans la vision que nous avons rapportée.

Il y avait quatre ans que Marin vivait entièrement séparé du monde, n'ayant de commerce qu'avec le

---

[1] Voir Pièces justificatives, n° 17.

Ciel, quand les Sarrasins[1] envahirent les provinces qui formaient le royaume de Bourgogne, pillant, brûlant, massacrant tout ce qui se trouvait sur leur passage, poursuivant surtout les prêtres et les religieux, ainsi que nous l'avons dit précédemment. Ils arrivèrent au monastère de Chandor, dont tous les religieux s'étaient enfuis dans les montagnes et qu'ils voulurent incendier; mais Dieu ne le permit pas. Ils détruisirent tout ce qui leur tomba sous la main et se dirigèrent vers la ville de Maurienne, pour lui faire subir le même sort qu'à tant de villes et de villages dont il ne restait plus que des ruines fumantes. Le chemin qu'ils suivaient pour descendre dans la plaine et traverser l'Arc les conduisit tout près de l'ermitage de saint Marin.

Alors un ange lui apparaît et lui ordonne, de la part de Dieu, d'aller au-devant des barbares et de leur prêcher Jésus-Christ. Le saint, transporté de joie en voyant que ses plus ardents désirs vont être accomplis, sort de sa cellule; il s'avance à la rencontre des Sarrasins, leur reproche hardiment leur cruauté et leur annonce qu'il ne peut y avoir de salut pour eux s'ils ne croient en un seul Dieu en trois personnes, et en Jésus-Christ son fils unique. Ceux-ci s'arrêtent, étonnés de tant d'audace; puis, revenus de leur surprise, ils s'emparent de Marin, lui lient les mains et le conduisent à leur chef, que nos légendes nomment Requerem ou Acquirinus. A peine le serviteur de Dieu est-il arrivé en présence du tyran, que ses liens se rompent et que ses gardes

---

[1] Voir Pièces justificatives, n° 18.

sont renversés à terre. A la vue de ce miracle, Requerem s'écrie : « Que prétends-tu faire? T'imagines-tu me vaincre par tes arts magiques? Renonce à ton Dieu, adore le mien, et tu éprouveras les effets de la munificence d'Engald, mon roi; il te fera grand parmi nous et te donnera l'autorité sur les provinces de son empire. — Je n'ai que faire de vos trésors, répond le martyr; j'en ai de plus précieux et de plus assurés, que la rouille et les vers ne dévorent pas. — Prends garde à ce que tu fais, réplique le Sarrasin, rendu furieux par le courage du confesseur de Jésus-Christ; renonce à ton Dieu, sans quoi je châtierai ton obstination par les plus cruels supplices et tu périras d'une mort affreuse. »

Mais Marin ne s'émeut pas de ces menaces. « Notre roi, dit-il, sait adoucir les souffrances de ses soldats et changer leurs tourments en une gloire éternelle. »

Requerem fait jeter le saint dans une fournaise ardente. Mais le Seigneur, qui sauva Daniel de la gueule des lions et les trois enfants des flammes de la fournaise, y descend avec le martyr; on entend celui-ci chanter tranquillement, au milieu des flammes, les louanges de Dieu.

Requerem le condamna à être décapité, ce qui fut exécuté à l'instant. Marin présenta lui-même sa tête au bourreau et alla recevoir au Ciel la double couronne de la pénitence et du martyre.

Quand les barbares se furent éloignés, les religieux de Chandor vinrent recueillir le corps du saint martyr et le déposèrent dans leur église, où Dieu manifesta par de nombreux miracles la gloire de son serviteur. Mais, à la fin du viii⁰ siècle, Charlemagne, ayant fait bâtir le monastère de Saint-Savin dans le Poitou, l'enrichit d'un grand nombre de reliques et, entre autres, de celles de saint Marin. Le grand empereur avait sans doute entendu parler des prodiges qui s'opéraient à son tombeau et avait voulu avoir plus près de sa résidence un gage assuré de sa protection. A Saint-Savin, comme en Maurienne, notre saint récompensa la dévotion des peuples par des témoignages multipliés de son crédit auprès de Dieu. Puis vinrent, au ix⁰ siècle, les invasions des Normands, qui, descendus sur les côtes de France, s'avancèrent dans l'intérieur et dévastèrent le Poitou. Les religieux durent alors songer à soustraire les reliques de leurs églises à d'irréparables profanations. Ceux de Saint-Savin portèrent à Bourges le corps de saint Marin. Forcés plus tard de le soustraire à un nouveau danger, ils le cachèrent sous le pavé de leur église, en ayant soin de ne laisser aucun indice qui pût le faire découvrir. Il resta ainsi entièrement oublié jusqu'en 1020, où Odon, prieur du monastère, ayant obtenu la permission de l'abbé Gongaud et reçu une somme considérable d'Aymone, comtesse de Poitou, fit réparer et agrandir l'église. En enlevant les fondations de l'ancien édifice, on trouva les saintes reliques, qui furent de nouveau exposées à la vénération des fidèles.

Là finit la légende du bréviaire de Saint-Savin. En 1856, M. Auber, chanoine de Poitiers et historiographe de ce diocèse, eut la bonté de nous communiquer les détails qu'il avait recueillis sur l'histoire des reliques et du culte de saint Marin dans le Poitou, depuis le xi° siècle jusqu'à nos jours. Ces détails, nous sommes heureux de les trouver dans les Vies des Saints du diocèse de Poitiers, que ce savant hagiographe a publiées en 1858, et nous allons les laisser raconter à lui-même :

« Vinrent les guerres des Anglais aux xiv° et xv° siècles; après elles, au xvi°, les protestants déchirèrent le sein de l'Église par des excès non moins lamentables. Les raisons ne manquèrent pas de craindre les uns et les autres et de garder contre leurs attaques le saint dépôt; il fallut donc le protéger encore en le faisant disparaître. Les infortunes de l'abbaye, la dispersion des moines dans les malheureuses années 1562 et 1563, laissèrent longtemps la basilique privée de son culte et de ses saints. Enfin, Dieu permit qu'on retrouvât le nôtre en 1670, recouvert d'une maçonnerie qui l'avait dérobé à tous les regards. Le saint corps reposait dans un cercueil de pierre, sur lequel était gravée cette inscription en latin : *Ici repose Marin, l'illustre martyr*. Le tombeau était entouré de chaînes de fer. Était-ce une simple précaution qui avait dû garder le pieux monument contre toute ouverture illégitime, lorsqu'il était exposé dans l'église abbatiale? Ne seraient-ce pas aussi peut-être ces chaînes à jamais vénérables dont les mains du bienheureux avaient été chargées par les Sarrasins?... Il y a peu de temps encore, une portion de cette chaîne était conservée dans la sacristie de l'église devenue paroissiale; elle a disparu tout-à-coup...

« L'inscription apposée sur le cercueil de saint Marin est d'autant plus remarquable qu'elle est conçue dans les mêmes termes que celle qu'on lit encore sur la tranche d'une table d'autel placé dans l'abside orientale, appelée de temps immémorial chapelle de Saint-Marin... Tout porte à croire que cet autel date ou de l'arrivée du saint corps à l'abbaye vers l'an 800, ou de la première découverte qu'on en fit en 1020, et après laquelle on dut lui restituer tous les honneurs d'un culte solennel.

« Le 16 juin 1671, après que l'heureuse découverte, faite l'année précédente, eût été authentiquement constatée d'après les règles ecclésiastiques, les ossements sacrés furent solennellement retirés du sépulcre et placés sur le vieil autel dont nous venons de parler, dans une châsse dorée qu'on y peut voir encore. Mais, comme tant d'autres, cette châsse, d'un joli travail de sculpture en bois qui indique bien le siècle de Louis XIV, est vide aujourd'hui des moindres restes de ce trésor. La révolution de 1792 ne les a pas plus épargnés que tant d'autres, et la petite ville, dépouillée alors, regrettera toujours de n'avoir pas compris assez tôt que l'impiété est aussi une espèce de barbarie...

« En 1857, Mgr Pie, après un mûr examen des faits que nous venons de rapporter, a voulu que l'église de Poitiers, en retrouvant la trace de ce puissant protecteur, lui rendît les mêmes honneurs que nos pères et que son culte fût maintenu dans l'église de Saint-Savin. »

Plus heureuse que l'église de Saint-Savin, celle du monastère de Chandor, devenue église paroissiale du Châtel[1], a conservé un petit os de saint Marin.

[1] Voir Pièces justificatives, n° 19.

Elle célèbre aussi sa fête le 24 novembre, jour anniversaire de son martyre, à ce que croit Mabillon.

Sur l'emplacement de la cellule du saint, s'élève depuis des siècles une petite chapelle qui n'offre rien de remarquable, si ce n'est de nombreux témoignages de la reconnaissance des malades qui y vont recourir à l'intercession du saint. Des personnes dignes de foi nous ont raconté plusieurs guérisons miraculeuses, dont le récit édifierait nos pieux lecteurs. Mais aucun de ces faits ne nous paraît revêtu de caractères d'authenticité assez sûrs pour que nous puissions les rapporter ici. Peu importe : Dieu, qui est admirable dans ses saints et qui s'est engagé à faire la volonté de ceux qui le craignent, n'a pas besoin que tous les actes de sa puissance miséricordieuse soient consignés dans l'histoire, et nous n'en avons pas besoin non plus pour vénérer les glorieux intermédiaires de ses faveurs. Cette dévotion, qui se soutient à travers onze siècles; cette chapelle, perchée sur des rochers presque inaccessibles; cette confiance des affligés au saint qu'on y honore; ces béquilles suspendues aux murs et qui finiraient par remplir la chapelle, si de temps en temps on n'en diminuait le nombre : tout cela ne prouve-t-il pas suffisamment la puissance du martyr de Chandor? Oui, soyons-en persuadés, saint Marin est un des saints à qui le Seigneur a confié la protection de sa patrie adoptive, et bien certainement il s'emploiera pour nous quand nous recourrons à lui avec la foi et la confiance auxquelles tout est promis.

Seconde invasion des Sarrasins en Maurienne.
Saint Édolard, évêque et martyr.
(X° SIÈCLE.)

CHAPITRE Ier

Dévastation de la Maurienne par les Sarrasins. — Prise d'Embrun. — Martyre de saint Édolard.

Pendant le règne de Charlemagne, la France, conduite par cette épée toujours victorieuse, alla en Espagne prendre sa revanche des désastres que le Croissant lui avait fait subir. Mais, après la mort du grand empereur, les guerres civiles, qui désolèrent l'empire sous le règne de Louis le Débonnaire et de ses fils, permirent aux ennemis du nom chrétien de recommencer leurs incursions sur les côtes d'Italie et de Provence. L'empereur Louis II leur résista énergiquement, mais il mourut en 786. Charles le Chauve, livré à une passion adultère, ne songea pas à défendre ses États. Les papes restèrent seuls pour opposer une digue au torrent qui menaçait l'Europe une seconde fois : Grégoire IV et Sergius II fortifièrent la ville de Rome, Léon IV fit essuyer aux Sarrasins, près d'Ostie, une sanglante défaite; mais la papauté ne disposait pas des forces de l'empire. Les infidèles multiplièrent leurs descentes en Italie et en France, et la main de Dieu s'appesantit de nouveau sur nos contrées.

Vers l'année 889, vingt pirates sarrasins, partis d'Espagne sur une barque, sont poussés par la tempête dans le golfe de Saint-Tropez, entre Toulon et Fréjus. Ils débarquent sans être aperçus, égorgent les habitants d'un village voisin et gagnent les montagnes qui dominent une partie de la basse Provence. Appréciant au premier coup-d'œil l'avantage de leur position, ils font immédiatement venir des renforts d'Espagne et profitent des discordes des habitants du pays pour les massacrer tous. En peu de temps, toute la côte de Provence est occupée, et les hauteurs garnies de forteresses. La plus importante est celle de Fraxinet, que d'immenses travaux, exécutés en partie dans le roc, rendent presque inexpugnable. C'est de là qu'ils dirigent leurs expéditions dans la Bourgogne, les Alpes et l'Italie. A mesure qu'ils avancent, ils fortifient les sommités des montagnes, propres à leur servir de retraite en cas de besoin. Les seigneurs du pays les font intervenir dans leurs querelles particulières, si fréquentes en ces temps où la royauté passait de mains en mains avec une effrayante rapidité. Les Sarrasins les aident d'abord à vaincre leurs ennemis, mais c'est pour tomber ensuite sur ceux qui les ont appelés. Tout le plat pays est dévasté. Les populations, troublées et éparses, s'enfuient dans les montagnes, où elles ne trouvent pas toujours un asile assuré contre les barbares qui les poursuivent [1].

De la Provence les Sarrasins pénètrent dans le Dauphiné, prennent Grenoble, remontent l'Isère et débouchent dans la Maurienne [2]. La ville de Saint-Jean, malgré la vigoureuse défense de ses habitants, est prise d'assaut et brûlée [3]. Tous ceux qui échappent au fer des barbares, gagnent les montagnes et vont chercher un refuge dans le Briançonnais et l'Embrunais.

La Maurienne avait alors un saint évêque, nommé Édolard ou Odilard. Nous ne connaissons rien de sa vie jusqu'au moment où il fut forcé de prendre, avec ses malheureuses ouailles, le chemin de l'exil. Ce bon pasteur ne les abandonna pas au moment du danger, et, à l'approche des Sarrasins, il se souvint des beaux exemples que lui avait laissés saint Émilien, son prédécesseur. Il soutint le courage de son peuple, l'aida à préparer les moyens de défense et lui apprit surtout à mettre sa confiance dans le Seigneur et à se soumettre à la volonté du Ciel, quelle qu'elle fût. Puis, quand toute espérance fut perdue, que la ville de Saint-Jean eût été emportée d'assaut et toute la Maurienne occupée par les Maures, il se mit à la tête des restes de son

---

[1] REINAUD, ibid., p. 158. — Bullet. de l'Acad. delphin., ibid., p. 270. — Mgr DEPÉRY, ibid., p. 440.

[2] Voir Pièces justificatives, n° 20.

[3] RAYMOND, Élém. de géogr, p. 95. — C. GENOUX, Hist. de Sav., p. LVIII. — CHUIT, Not. hist. sur les Allob., Mém. de l'Acad. roy. de Sav., t. IV, p. 360.

troupeau et alla demander un asile à saint Benoît, archevêque d'Embrun. Oh! ce fut un jour bien triste à son cœur d'évêque, que celui où il quitta son diocèse livré au pillage et à l'incendie. Quelle immense douleur remplit son âme, à la vue des débris de nos populations, sans abri et sans pain, obligées d'abandonner, peut-être pour toujours, la terre de leurs pères! Laissons-le s'enfermer, avec son peuple, dans les murs d'Embrun, et reprenons le récit de la marche des Sarrasins.

Après avoir dévasté la Maurienne, les hordes sarrasines passent le Montcenis. Les moines de la Novalaise avaient eu le temps de se retirer à Turin, au monastère des saints André et Clément, bâti en 575, au lieu où plus tard fut construite la citadelle; ils avaient emporté avec eux le trésor du couvent, les reliques des saints, la bibliothèque et les objets les plus précieux. Deux seulement étaient restés pour garder le monastère; les Sarrasins les mettent à mort et livrent aux flammes le couvent, les églises et les villages environnants. Les habitants de la vallée de Suse s'étaient enfuis à Oulx, où s'élevait aussi un antique monastère de Bénédictins. Ils y sont poursuivis et tombent sous les coups des barbares. Le massacre fut tel, que ce lieu porta, depuis, le nom de *Peuple de Martyrs*. C'était en l'année 906. Les Sarrasins descendirent ensuite dans le Briançonnais, où, selon toute probabilité, d'autres bandes avaient déjà pénétré par les cols de Saint-Sorlin, du Gallibier et les autres passages qui y donnent accès du côté de la Maurienne¹. Il est vraisemblable aussi que, vers la même époque, le Gapençais fut occupé par des troupes venues directement de la Provence².

Ce ne fut cependant qu'en 916 que les Sarrasins parurent sous les murs d'Embrun. Peut-être avaient-ils été arrêtés par la forteresse de Briançon, ou bien avaient-ils voulu s'établir dans les pays conquis et attendre des renforts avant d'aller plus loin.

La ville d'Embrun était devenue le refuge des habitants, non-seulement de la Maurienne, mais encore des vallées de Suse, d'Oulx et de Briançon, et de toutes les contrées voisines, qui, après avoir été assez heureux pour échapper au glaive des Maures, croyaient n'avoir plus rien à craindre derrière ces fortes murailles. Aussi avaient-ils porté là tout ce qu'ils avaient pu sauver du pillage.

« Il n'en fallut pas davantage, dit Mgr Depéry³, pour exciter l'avidité des Arabes. Instruits des richesses renfermées dans la ville, ils formèrent le dessein de s'en emparer à tout prix. Peut-être n'en seraient-ils pas venus à bout, s'il n'y avait eu, parmi les assiégés, comme nous l'apprend une bulle du pape Victor II, des traîtres et des apostats,

---

¹ *Gloir. de l'Abb. de la Noval.*, p. 127. — CHORIER, *Supplém. à l'état polit. du Dauphiné*, t. IV, p. 58. — M. FAUCHÉ-PRUNELLE, *ibid.*, p. 480. — REINAUD, *ibid.*, p. 163. — Mgr DEPÉRY, *ibid.*, p. 443.

² M. FAUCHÉ-PRUNELLE, *ibid.*, p. 815.

³ *Ibid.*, p. 444. — Voir aussi les autres auteurs précités et la *Gallia christiana*, t. III, p. 1067.

qui s'entendirent avec l'ennemi, corrompirent ou enivrèrent les gardes et l'introduisirent lâchement, au milieu des ténèbres, par une porte appelée depuis lors *Porte Sarrasine*.

« Le carnage fut affreux. A peine entrés, les infidèles, sur les pas de leurs guides chrétiens, coururent au palais archiépiscopal. Saint Benoît, archevêque d'Embrun, et l'évêque de Maurienne, saint Odilard, qui avait cru y trouver un asile pour lui et une partie de son peuple, se lèvent, se présentent avec intrépidité devant ces furieux et cherchent à calmer leur soif de carnage ; mais les supplications de nos malheureux pontifes en faveur de leurs peuples ne sont point écoutées ; les premiers, ils tombent sous les coups des barbares. Après eux, une grande multitude de tout âge, de tout sexe, de toute condition, fut pêle-mêle passée au fil de l'épée ou précipitée du haut du roc. Ceux qui étaient parvenus à s'échapper de la ville, à la faveur de la confusion qui y régnait, furent atteints dans la campagne et impitoyablement égorgés. L'église fut pillée et profanée ; calices, châsses, trésors, meubles précieux, tout fut déplacé, enlevé ou détruit.

« Les traîtres avaient donné par avance toutes les instructions nécessaires, afin que rien ne pût échapper au pillage. Pour mieux s'assurer la possession des biens de l'Église et plus tard être à l'abri de toute recherche, ils avaient eu soin de courir aux archives et d'y mettre le feu, anéantissant ainsi dans un même incendie tous les titres anciens...

« Baldezan[1] termine ce lamentable récit en disant : « Il ne faut point douter que l'évêque de « Maurienne et l'archevêque d'Embrun n'aient rem- « porté, par ce glorieux trépas, la palme du martyre. « Sans doute les infidèles avaient dessein de s'en- « richir en faisant la guerre; mais ils la faisaient « aussi pour un motif de religion et dans l'espoir « d'anéantir le nom chrétien, dont ils ont toujours « été les ennemis jurés. Aussi voit-on dans les « calendriers et les martyrologes d'Espagne, d'A- « frique et d'Italie, que les évêques, les prêtres et « les simples fidèles, qui ont été mis à mort en « pareille occurrence par les Lombards, les Van- « dales ou les Sarrasins, sont décorés du titre « glorieux de martyrs et sont honorés publiquement « en cette qualité. »

Dieu seul connaît le nombre des martyrs qui eurent le bonheur de confesser leur foi au prix de leur sang, et ce dut être une grande gloire pour saint Édolard, au milieu de tant d'afflictions, de faire son entrée dans le ciel, entouré de son peuple fidèle.

Il y a tout lieu de croire que les débris de nos populations, échappés aux massacres de 906 et de 916, purent peu à peu rentrer dans leur patrie et rebâtir leurs demeures. Bien que livrés en quelque sorte au bon plaisir des infidèles et exposés à leurs déprédations presque journalières, ils conservèrent leurs lois et leurs usages et continuèrent à être gouvernés, autant qu'un gouvernement était pos-

[1] *Hist. inferioris Italiæ*, t. II, Mss.

sible au milieu de cette anarchie, par les rois de Bourgogne dont nous parlerons dans le chapitre suivant. L'histoire a même conservé les noms de plusieurs évêques de Maurienne pendant cette douloureuse époque[1].

En effet, les Sarrasins qui envahirent, au Xe siècle, la Provence, le Dauphiné, la Suisse, la Savoie, le Piémont, la rivière de Gênes et le comté de Nice, étaient des troupes de pillards plutôt que des conquérants. Reinaud[2] ne croit pas pouvoir mieux les comparer qu'à ces bandes de brigands qui désolent souvent les États pontificaux et le royaume de Naples. Ils arrivaient par masses innombrables, composées d'Arabes, de juifs, d'apostats et même de chrétiens, qui, sans renier leur foi, entraient dans leurs rangs par l'appât du butin. Après avoir ravagé une contrée, ils poussaient plus loin, laissant derrière eux des bandes plus ou moins nombreuses, qui gardaient les passages des Alpes et les postes fortifiés, placés de distance en distance, surtout dans les gorges étroites et sur les sommets des montagnes. Là, ces bandes attendaient les voyageurs et les pèlerins, car l'usage s'était maintenu, parmi les personnes pieuses de France, d'Espagne et d'Angleterre, d'aller, au moins une fois dans leur vie, à Rome visiter les tombeaux des Apôtres. Vainement ils se réunissaient en troupes nombreuses et se munissaient d'armes; ils ne pouvaient échapper aux embuscades des Sarrasins, et il n'est

---

[1] M. ANGLEY, *Hist. du diocèse de Maurienne*, p. 44-47.
[2] P. 271.

pas d'année où les chroniques du temps ne fassent mention de quelque scène sanglante[1]. Tantôt ces barbares écrasaient les voyageurs sous une grêle de pierres ou les passaient au fil de l'épée, tantôt ils se contentaient de leur imposer une forte rançon. Ils s'abattaient aussi dans les plaines, enlevaient les troupeaux, ravageaient les récoltes, arrachaient les jeunes filles des bras de leurs mères et regagnaient, chargés de butin, leurs repaires, d'où ils bravaient l'impuissante colère de leurs ennemis. De temps en temps, des troupes plus nombreuses, sorties de Fraxinet, leur forteresse principale, ou débarquées sur les côtes d'Italie et de Provence, venaient les renforcer et ravager de nouveau les contrées qui commençaient à respirer[2]. Ainsi ils n'occupèrent jamais le pays tout entier, ni constamment, à l'exception de quelques postes fortifiés. Il paraît même que plusieurs se mirent à cultiver les terres fertiles, épousèrent des filles chrétiennes et consentirent quelquefois à payer tribut au prince du pays[3].

---

[1] REINAUD, p. 168.

[2] BARONIUS, *Annal. eccles.*, t. X, p. 470 et 504. — M. FAUCHÉ-PRUNELLE, *ibid.*, p. 810. — Mgr DEPÉRY, *ibid.*, p. 449.

[3] REINAUD, p. 271. — MÉNABRÉA, *Montmélian et les Alpes*, p. 208.

CHAPITRE II

Élat politique de la Maurienne pendant les invasions des Sarrasins. — Expulsion de ces barbares.

Quand on considère les sanglantes rivalités de la plupart des princes qui se disputèrent les lambeaux de l'empire de Charlemagne et la faiblesse déplorable des autres, on éprouve moins d'étonnement de la facilité avec laquelle les Sarrasins purent étendre si loin et prolonger si longtemps leurs invasions, que de reconnaissance envers Dieu, qui ne permit pas que nos contrées tombassent, comme l'Espagne, sous le joug des sectateurs du faux prophète de la Mecque, alors qu'aucun obstacle humain ne pouvait les arrêter.

En 879, le concile de Mantale (Bourg-Évescal, près Saint-Jean-la-Porte, d'après Grillet[1]), auquel assista Adalbert, évêque de Maurienne, proclama roi d'Arles ou de Provence Boson, beau-frère de l'empereur Charles le Chauve. Ce royaume comprit la Provence, le Dauphiné, le Lyonnais, le duché de Bourgogne, la Franche-Comté, le Bugey, le pays de Gex, la Suisse et la Savoie, avec réserve de la suzeraineté de l'empereur. Boson étant mort en 887, l'année suivante le Valais, le pays de Vaud, le Lyonnais, le Faucigny, le Chablais, le Genevois, la Tarentaise et la Haute-Savoie se donnèrent un nouveau maître dans la personne de Rodolphe Ier,

[1] T. III, p. 450.

fils de Conrad, comte d'Auxerre et du Valais et fondateur du second royaume de Bourgogne. Celui-ci ne tarda pas à être encore reconnu dans la Bourgogne et la Franche-Comté, et s'empara de la Savoie-Propre et de la Maurienne.

Cependant, en 890, le concile de Valence donna pour successeur à Boson, dans le royaume de Provence, son fils Louis, motivant cette élection par la nécessité de réprimer les dévastations des Sarrasins, qui faisaient de la Provence un désert. Ce prince ajouta à ses États les provinces de la rive gauche du Rhône jusqu'à la mer. Mais il ne réalisa pas les espérances qu'on avait fondées sur lui; car, ayant été appelé par les seigneurs italiens et couronné empereur par le pape Benoît IV, il se laissa surprendre à Vérone par son compétiteur, l'empereur Bérenger, qui lui fit crever les yeux et le renvoya en Provence (905). Pour soutenir ses prétentions à l'empire, Louis avait dégarni ses provinces de troupes et laissé le champ libre aux incursions des Sarrasins. Le roi Rodolphe se reconnaissait son vassal, au moins de nom.

Ce dernier eut pour successeur, en 911, son fils Rodolphe II, auquel Hugues, roi de Provence et d'Italie, fils de l'empereur Louis l'Aveugle, fut contraint de céder ses droits sur la Bourgogne cisjurane, pour le faire renoncer à toute prétention au royaume d'Italie, que quelques seigneurs lui avaient offert, mais qu'il n'avait pu conquérir[1].

---

[1] PARADIN, *Chroniq. de Sav.*, p. 31. — GRILLET, t. Ier, p. 13. — BOCCARD, *Hist. du Valais*, p. 30. — Mgr DEPÉRY, *ibid.*, p. 441. — M. FAUCHÉ-PRUNELLE, *ibid.*, p. 278. — M. CHUIT, *ibid.*, p. 358.

Hugues fit d'abord aux Sarrasins une guerre glorieuse. Il demanda du secours à l'empereur de Constantinople, Constantin Porphyrogénète, son beau-frère. La flotte grecque vint jeter l'ancre dans le golfe de Saint-Tropez, brûla la flotte des Maures, qui appuyait leur formidable position de Fraxinet, actuellement la Garde-Frainet, et détruisit leurs ouvrages du côté de la mer. En même temps, Hugues, accouru par terre avec une armée, força l'entrée du château et obligea les barbares à se retirer sur les hauteurs voisines. C'en était fait de la puissance des Sarrasins dans nos contrées; mais tout à coup, apprenant que Bérenger, son rival à la couronne d'Italie, se disposait à venir d'Allemagne la lui disputer, Hugues fit alliance avec les Sarrasins et leur laissa toutes les positions qu'ils occupaient, à la seule condition qu'ils s'établiraient au Grand-Saint-Bernard et sur les principaux sommets des Alpes, pour fermer les passages à Bérenger (942 ou 945). Dès ce moment, les Sarrasins montrèrent encore plus d'audace et de fureur qu'auparavant. Ce fut probablement à cette époque qu'eut lieu leur dernière invasion en Maurienne et en Dauphiné, dont plusieurs auteurs font mention, mais à laquelle ils assignent une date différente[1]. Saint-Jean et Grenoble tombèrent de nouveau en leur pouvoir, et les vallées de l'Arc et de l'Isère furent mises à feu et à sang.

Telle était la politique de ces princes. Au lieu de

---

[1] M. FAUCHÉ-PRUNELLE, *ibid.*, p. 828. — GRILLET, t. III, p. 270. — RAYMOND, *Élément. de Géogr.*, p. 95.

défendre leurs provinces ravagées par les Arabes, ils ne songeaient qu'à se les arracher les uns aux autres et à se disputer une couronne étrangère qui s'offrait à tous, mais ne se donnait à personne. Il y a longtemps que l'Italie est pour les États voisins une pomme de discorde, et pour la Savoie une cause de misère et de ruine [1].

Aux Sarrasins se joignit un autre fléau. Les Hongrois, appelés par l'empereur Arnoul pour l'aider dans la guerre qu'il soutenait contre les Moraves, après avoir dévasté l'Allemagne, avaient déjà plusieurs fois parcouru l'Italie et une partie de la France, le fer et la flamme à la main. Voici comment Mgr Depéry les dépeint [2] : « Ces nouveaux-venus parurent effroyables aux barbares eux-mêmes. On considérait avec horreur ces cavaliers dont la voix était grêle et le geste sauvage ; ces cavaliers au cou épais, aux joues déchiquetées, au visage noir, aplati et sans barbe. Différents des autres hommes, les Huns ou Hongrois n'usaient guère de feu ni de mets apprêtés ; ils se nourrissaient d'herbes sauvages et de viandes demi-crues. Vêtus de peaux, la tête couverte d'un bonnet, on eût dit qu'ils étaient cloués sur leurs chevaux, petits et mal formés, mais infatigables ; ils y traitaient d'affaires, y dormaient d'un profond sommeil. Perfides dans leurs trêves, colères et capricieux, ils étaient sans pitié, taciturnes, plus prompts à faire qu'à dire. Aussi leur inhumanité épouvanta l'Europe ; on

---

[1] J'écrivais ceci au mois de janvier 1860.
[2] *Hist. hag.*, etc., p. 442.

crut, un moment, toucher à la fin du monde et être arrivé au règne de Gog et de Magog, dont il est parlé dans l'Apocalypse. »

En 952, ils envahirent les États de Conrad, qui avait succédé, depuis 937, à Rodolphe II, son père, sur le trône de Bourgogne. Conrad imagina de les mettre aux prises avec les Sarrasins et de se défaire des uns et des autres d'un seul coup. Il écrivit en ces termes aux Sarrasins : « Voilà les *pillards* de Hongrois qui, ayant entendu parler de la fertilité des terres que vous cultivez, demandent à les occuper. Joignez-vous à moi et exterminons-les de concert. » En même temps il fit dire ces mots aux Hongrois : « Pourquoi vous en prenez-vous à moi? Les Sarrasins occupent les vallées les plus riches. Aidez-moi à les chasser, et je vous établirai à leur place. » Conrad indiqua aux barbares un lieu où ils devaient se rencontrer. Lui-même s'y rendit avec toutes ses troupes. Ensuite, quand il vit les barbares aux prises les uns avec les autres et leurs forces affaiblies, il se précipita sur eux et en fit un horrible carnage. Ceux qui échappèrent au massacre furent envoyés à Arles et vendus comme esclaves[1]. »

Les Sarrasins ayant le centre de leurs forces en Provence, et les Hongrois arrivant par l'Alsace et la Franche-Comté, il est à croire que cette rencontre eut lieu en Savoie. Ménabréa[2] pense que ce fut près de Montmélian et que Conrad était posté dans les

---

[1] REINAUD, p. 183.
[2] *Montmélian et les Alpes*, p. 210.

Banges. Une ancienne tradition la place en Maurienne, dans la plaine d'Aiton.

Ce fut le premier coup porté à la puissance des Sarrasins dans nos contrées et ils ne s'en relevèrent pas. En 960, ils furent chassés du Mont-Saint-Bernard[1]. En 965, Isarn, évêque de Grenoble, ayant fait appel aux nobles, aux guerriers et aux paysans de son diocèse, refoula ces barbares vers Saint-Jean de Maurienne et Suse[2]. L'arrestation de saint Mayeul au pont d'Orcières, entre Embrun et Gap (972), excita l'indignation générale; car il était également vénéré des peuples et des rois. Pour le tirer, lui et ses compagnons, des mains des Arabes, il fallut payer une rançon de mille livres d'argent, ce qui faisait environ quatre-vingt mille francs de notre monnaie, valeur intrinsèque, ou environ sept cent mille francs, valeur commerciale[3]. Le monastère de Cluny, dont il était abbé, ne put réunir une pareille somme qu'en vendant les ornements de l'église et en recourant à la générosité des personnes pieuses. De toutes parts on courut aux armes : Guillaume, comte de Provence, fut mis par le roi Conrad à la tête de l'expédition. Général aussi vaillant que pieux, il expulsa les Sarrasins du Dauphiné et de la Provence et enfin s'empara, en 975, de la forteresse de Fraissinet. Plusieurs de ces barbares demandèrent le baptême

---

[1] Reinaud, p. 195.
[2] Reinaud, p. 198. — Mgr Depéry, p. 462. — M. Fauché-Prunelle, *ibid.*, t. III, p. 155.
[3] Reinaud, p. 203.

et se fondirent peu à peu dans la population ; les autres prirent la fuite ou, faits prisonniers, restèrent comme serfs attachés au service des églises et des propriétaires des terres[1].

Il est à présumer qu'il en fut de même en Maurienne et que les débris des bandes vaincues par l'évêque Isarn contribuèrent à combler les vides que les massacres de 906 et de 916 et les malheurs d'un demi-siècle avaient faits dans la population de nos vallées[2].

Ainsi se termina la plus longue et la plus désastreuse invasion de barbares que nos contrées aient soufferte, et ce fut la dernière. A la fin du XIe siècle, l'Europe, réveillée par les papes et par les récits des pèlerins, s'ébranla enfin et alla briser en Orient, par deux siècles de croisades, la puissance envahissante de l'islamisme. Aujourd'hui le colosse musulman, imbécille et pourri, n'attend plus qu'un tombeau et une main qui l'y jette.

Il n'y a qu'un empire qui ne meurt pas, c'est l'empire de Dieu, qui est l'Église. Du haut du rocher sur lequel elle est bâtie, elle voit, paisible et confiante, défiler les puissances ennemies. Il y a les puissances armées de fer, il y a les puissances armées de mensonge ; il y a les violents, il y a les habiles. Tout cela passe à son tour, tantôt frappant et égorgeant, tantôt insultant et calomniant, et il se fait dans la société humaine beaucoup de sang et beaucoup de ruines. Puis, l'heure venue, Dieu

---

[1] REINAUD, p. 209.
[2] Voir Pièces justificatives, n° 21.

dit un mot et tout disparaît, tout, excepté l'Église qui, se baissant, relève les ruines et essuie le sang. Quand aura passé le dernier ennemi et que se sera livré le dernier combat, l'histoire du temps et l'histoire de l'éternité se résumeront en cette devise de nos pères :

Le Christ règne, le Christ est vainqueur, le Christ commande !

Saint Landry, curé de Lanslevillard.

(XI° SIÈCLE.)

CHAPITRE Ier

Vie et mort de saint Landry.

Après l'expulsion des Sarrasins, le diocèse de Maurienne se trouva dans l'état le plus déplorable. Ceux de ses habitants que le fer des infidèles avait épargnés n'avaient trouvé, en rentrant chez eux, que les ruines de leurs habitations ; mais plus tristes étaient les ruines morales qu'avaient apportées avec elles ces populations autrefois si chrétiennes, condamnées à errer, pendant bien des années, dans les forêts et les montagnes, au milieu des angoisses de la persécution et de la faim, presque sans églises, sans prêtres et sans lois. Leur mélange avec les Sarrasins qui étaient restés en Maurienne, n'avait pu qu'élargir l'abîme d'ignorance et de corruption dans lequel elles étaient tombées.

Pour remédier à tant de maux, il fallait des pasteurs assez éclairés pour en mesurer toute la profondeur, assez nombreux pour avoir sous la main toutes leurs ouailles et assez zélés pour ne pas se laisser décourager par les obstacles qu'ils rencontreraient à chaque pas. Malheureusement les prêtres étaient en petit nombre ; car, dans leur haine pour la religion chrétienne, les Sarrasins, comme nous l'avons vu, les avaient poursuivis avec un acharnement tout particulier.

Nos évêques eurent recours aux religieux de la Novalaise et leur confièrent la desserte des paroisses de la Haute-Maurienne[1]. Ils se chargèrent d'autant plus volontiers de cette pénible mission, que leur monastère possédait en Maurienne des dîmes et des biens considérables, que lui avait donnés Charlemagne par son diplôme daté du 27 mai 783[2]. Cependant, comme ils achevaient à peine la reconstruction du monastère (987) et qu'ils étaient eux-mêmes très peu nombreux[3], ils furent obligés de réunir plusieurs paroisses sous la conduite du même pasteur.

Au nombre des religieux qui vinrent consoler et ramener à Dieu nos malheureuses populations était Landry. On ne sait rien ni de ses parents, ni de sa naissance, dont on ne connaît pas même la date. La tradition nous apprend seulement qu'il était né à Bonneval ou à Lanslevillard et que, dégoûté du monde, il s'était retiré à la Novalaise pour se consacrer au Seigneur, dans la prière, le travail et

---

[1] COMBET, *Hist. chronol. des évêques de Maurienne*, chap. Ier, § XXVI, Mss.

[2] *Monum. hist. patriæ.* — ROCHEX, *Gloir. de l'abb. de la Novalaise*, p. 68. — Voir *Notice historique sur la commune de Valloires*, 1er bulletin de la Société d'histoire et d'archéologie de Maurienne, p. 24. — Voir Pièces justificatives, n° 22.

[3] ROCHEX, *ibid.*, p. 131.

l'observance de la règle de saint Benoît, que ce monastère avait adoptée depuis l'an 720[1].

Ses supérieurs, qui appréciaient son mérite, le chargèrent de desservir, avec l'aide d'un autre religieux, Lanslebourg, Bessans, Bonneval et Lanslevillard, où il fixa sa résidence. C'était un lourd fardeau. Quiconque a parcouru cette extrémité de la Maurienne, surtout Bessans et Bonneval, se fait une idée du zèle que Landry eut à déployer dans une paroisse qui en forme quatre aujourd'hui, échelonnées sur une étendue de plus de cinq lieues. Là l'hiver est de sept à huit mois, le thermomètre descend à vingt degrés; d'énormes amas de neige couvrent l'étroite vallée, et les avalanches, se précipitant du sommet des montagnes, rendent les communications dangereuses et quelquefois impossibles.

Mais quel obstacle peut effrayer la charité du saint prêtre, qui voit dans ses ouailles des âmes rachetées par le sang d'un Dieu et qui sait que le bon pasteur doit toujours être prêt à donner sa vie pour ses brebis? La tradition nous montre saint Landry visitant fréquemment sa paroisse, pour consoler les affligés, terminer les différends, réconcilier les ennemis et recommander à tous, à l'exemple de saint Jean, de s'aimer les uns les autres. La connaissance qu'il avait du caractère de ses paroissiens l'aidait puissamment à trouver le chemin de leur cœur et, la grâce y entrant avec ses douces paroles, il n'y avait point de résistance

---

[1] ROCHEX, *ibid.*, p. 40. — COMBET, *ibid.*

qu'il ne vainquît. Apprenait-il qu'un d'entre eux était malade, il courait aussitôt lui porter les consolations et les secours de la religion. Ni la distance des lieux, ni la rigueur de la saison, ni le mauvais état des chemins, ne pouvaient l'arrêter; heureux qu'il était de souffrir quelque chose pour l'amour de Celui qui a aimé les hommes jusqu'à la mort et à la mort de la Croix !

On ne sait pas combien de temps Landry exerça ce ministère aussi méritoire devant Dieu que fructueux pour les âmes. Si le saint homme goûta les plus douces consolations en voyant le bien que la grâce produisait parmi ce peuple éprouvé par le malheur, il ne dut pas non plus manquer de ces contradictions que Jésus-Christ a annoncées à ses Apôtres et dont les plus saints prêtres ne sont pas exempts. Ils apprennent par là à ne point attribuer à leurs faibles efforts les succès qu'ils obtiennent, mais à Dieu seul, qui fait germer et fructifier, là où il lui plaît, la semence qu'ils jettent.

Pour aller de l'église de Bonneval au hameau de l'Écot, distant de plus d'une heure, il faut cotoyer l'Arc, qui là n'est encore qu'un ruisseau, mais qui, furieux de se voir si resserré, roule, plein d'écume et de bruit, au milieu des blocs de rochers dont son lit est obstrué. On suit pendant quelque temps la rive droite, puis on passe sur la gauche. Peu avant d'arriver à un petit plateau qui domine la rivière, presque en face de l'Écot, on voit, au milieu du chemin, gravée dans le roc, une empreinte qui ressemble à celle d'un talon de soulier garni de clous.

Ce fut là, au rapport des traditions du pays, que saint Landry trouva la fin de ses travaux, et cette empreinte est celle qu'il laissa par un miracle, en appuyant le pied pour échapper à la mort. Mais ces traditions ne sont pas unanimes sur la manière dont il mourut. Les uns disent qu'il tomba dans l'Arc, en allant à l'Écot dire la messe ou administrer un malade; les autres prétendent qu'il y fut jeté par les ennemis que lui avait faits son zèle pour la religion. Combet, qui rapporte les deux versions, penche pour la seconde[1]. Voici le récit de cet événement que nous ont fait des vieillards de Bonneval.

Bonneval, dont les premiers habitants furent des bergers venus de la vallée d'Aoste, se composait, au temps de notre saint, de deux hameaux : celui de l'Écot, qui existe encore, et celui de Faudant, dont nous verrons tout à l'heure la destruction. Les habitants du dernier étaient, en grande partie, des Sarrasins qu'avaient attirés les mines découvertes dans les environs. Ils avaient acquis des richesses considérables ; mais en même temps le luxe, la fréquentation des infidèles, la privation de prêtres et de secours religieux pendant bien des années, avaient développé parmi les chrétiens de ce hameau le germe de tous les vices et principalement de celui que l'apôtre saint Paul défend de nommer.

Landry courut à la recherche de ces brebis

---

[1] *Coutumier de Lanslevillard*, Mss.; vie de saint Landry, n° 14.

égarées. Mais tous les efforts qu'il fit pour les ramener au bercail furent inutiles : il ne recueillit que de la haine, et enfin quelques-uns des plus endurcis, ne voulant plus supporter la fermeté tout évangélique de ses réprimandes, résolurent de se défaire de lui. Un jour que le saint allait à l'Écot, ils l'attendirent au passage, fondirent sur lui, le traînèrent sur le plateau dont nous avons parlé et le précipitèrent dans la rivière.

Ce crime les délivra d'un censeur, toujours importun au pécheur impénitent, parce qu'il réveille dans son âme le cri de la conscience endormie; mais il rendit la vengeance du ciel plus prompte et plus terrible. L'année suivante, un éboulement de la montagne ensevelit Faudant sous ses décombres. Le village n'a jamais été rebâti, et aujourd'hui encore ce n'est qu'un amas de pierres. Dans les champs qui l'environnent, on a trouvé, il y a quelques années, divers objets en argent, tels que cuillers, boutons, éperons, etc.

Quoi qu'il en soit de ces traditions, ce qui est indubitable, c'est que saint Landry a été emporté par les flots impétueux de l'Arc. La mort est toujours belle, quand c'est la mort du juste, et plus belle encore, quand elle est soufferte pour Dieu ou pour le prochain. Victime du devoir ou de la haine des impies, Landry mérita de recevoir la récompense que le Sauveur a promise à celui qui perd la vie temporelle pour l'amour de lui.

CHAPITRE II

Histoire des reliques de saint Landry.

La mort, pour les grands hommes du monde, est, en toute vérité, la fin de la vie. Leur cadavre n'inspire que le dégoût et l'horreur, et dans le tombeau où il est enfermé descendent également leurs grandes actions, bonnes ou mauvaises. Un seul instant réduit à néant et le bruit qu'ils ont fait, et la gloire qu'ils ont acquise, et les hommages dont ils étaient entourés. Au-dessus de la pierre qui recouvre leurs cendres, il n'y a plus, au bout de quelques années, que le silence ou la froide critique de l'histoire.

Pour les saints, au contraire, la mort est le commencement de la vie, non-seulement de la vie céleste et éternelle qui est la possession de Dieu, mais encore d'une vie nouvelle et véritable sur la terre. Là vivait une pauvre servante, gagnant son pain par l'obéissance, à la sueur de son front; là, un humble prêtre, remplissant les pénibles devoirs de son ministère au sein d'une gorge solitaire. Qui pensait à eux? Qui s'inquiétait de connaître leur nom, leur naissance et les détails obscurs d'une vie uniforme et sans bruit? Mais la mort est venue, et voilà que leur nom est dans toutes les bouches; des paroisses, des provinces entières, accourent auprès de leurs dépouilles; on veut savoir toutes les particularités de leur vie; on s'arrache comme des trésors les moindres objets qui leur ont appartenu; la prose, la poésie et les arts sont appelés à célébrer cette existence si humble, si oubliée, si méprisée quelques jours auparavant, et dont souvent on connaît à peine les principaux traits.

D'où viennent ce changement et cette gloire répandue tout à coup sur un tombeau? C'est que la mort met les saints en possession du royaume où Jésus-Christ leur communique une partie de sa suprême puissance sur la terre aussi bien que dans les cieux, et que les faits les plus merveilleux attestent au monde étonné leurs vertus passées et leur gloire présente.

C'est ce qui est arrivé à saint Landry. Autant sa vie mortelle nous est peu connue, autant Dieu a pris soin que la tradition conservât l'histoire de ses glorieuses et saintes reliques. Aucun historien ne parle de lui, et cependant son culte s'est perpétué à travers huit siècles, aussi vivant aujourd'hui que le lendemain de sa mort.

Ce culte, Dieu l'a autorisé et en quelque sorte commandé, le jour même du bienheureux trépas du saint, par des prodiges tellement extraordinaires, que nous refuserions d'y croire, si nous étions du nombre de ceux qui prétendent limiter la puissance de Dieu. Nous les rapporterons simplement et exactement, tels que nous les avons entendu raconter à Lanslevillard, à Bessans et à Bonneval, et que nous les lisons dans le *Coutumier* de M. Combet et dans plusieurs légendes composées en diverses circonstances. Bien que récents, ces écrits sont un écho fidèle des antiques traditions locales.

Le Seigneur avertit lui-même les habitants de Lanslevillard de la mort de leur pasteur bien-aimé. Tout à coup, les cloches sonnent comme aux grandes fêtes. Ces sons inusités mettent la population en émoi. On court au clocher; mais on n'y trouve personne, et cependant les joyeuses volées continuent. Alors l'anxiété est à son comble : tout le peuple va à l'église attendre qu'il plaise à Dieu de faire connaître sa volonté. A peine y est-il assemblé, que la croix des processions, s'élevant à hauteur d'homme, s'avance vers la porte. Le prêtre qui dessert la paroisse avec saint Landry, la suit, revêtu du surplis et de l'étole, et le peuple l'accompagne, désireux de voir la fin d'un événement aussi merveilleux.

La procession descend le chemin qui conduit à la rivière. Enfin la croix, que personne n'a portée, s'arrête près d'une caverne creusée sous un rocher que baignent les flots de l'Arc. On entre, et la première chose qu'on aperçoit, c'est le corps de saint Landry, la tête appuyée sur la main droite, appuyée elle-même sur une pierre; de la main gauche il tient une palme. Dieu a veillé sur le corps de son serviteur; car, dans un trajet de plus de quatre lieues, où il aurait dû infailliblement se briser contre les rochers au milieu desquels l'Arc roule presque continuellement, non-seulement il n'a pas été endommagé, mais ses vêtements eux-mêmes n'ont pas été déchirés. Après avoir vénéré le saint corps que le Seigneur confie à la piété filiale des habitants de Lanslevillard, on le met dans un linceul dont quatre personnes prennent les coins, et la procession reprend, au chant des hymnes, le chemin de l'église.

Tous ces faits furent représentés sur deux plaques d'airain que l'on plaça de chaque côté du maître-autel. Elles furent vendues, au XVIII° siècle, par le conseil communal, qui, avec le prix qu'il en retira, acheta les trois lampes qui sont dans le chœur de l'église. M. Combet assure en avoir maintes fois entendu parler à plusieurs personnes, et, entre autres, au syndic qui avait fait cette vente. Il ajoute que, d'après M. Arthaud, alors vicaire général du diocèse et savant antiquaire, ces plaques devaient remonter à plus de cinq siècles [1].

Le corps de saint Landry fut déposé dans la sacristie, où il resta jusqu'en 1765. Le 23 juillet 1704, Mgr Filippa de Martiniana, revenant d'une mission à laquelle il avait présidé lui-même à Bessans, scella la châsse dans laquelle les saintes reliques venaient d'être transportées, et permit de les exposer publiquement à la vénération des fidèles. M. Esprit Combet, curé de Lanslevillard, avait, malgré de fortes oppositions, fait ouvrir, du côté de l'Évangile, une chapelle pour les recevoir. Elle fut bénite le 19 mars 1765, sous le vocable de saint Joseph. Le 10 juin suivant, la châsse y fut solennellement placée sur l'autel, après avoir été portée en procession au lieu où le corps avait été trouvé et où l'on avait élevé, en l'honneur du saint, un petit oratoire qui existe encore, à côté du chemin qui conduit à Bessans [2].

---

[1] *Coutumier*, ibid., n°s 6 et 7.
[2] *Id.*, art. 3.

Au commencement de l'année 1794, le conseil communal, voyant que les troupes sardes, qui, depuis deux ans, disputaient à l'armée française les défilés de la Maurienne, étaient forcées de repasser le Montcenis, songea à soustraire le saint corps aux profanations des soldats de la république. Il fit transporter la châsse dans une grange d'un lieu reculé, dit *à la Roche;* mais, comme on ne l'y croyait pas encore en sûreté, on la cacha, quelques jours après, dans la cour de Cosme-Damien Turbil, sous un tas de planches. Dans les premiers jours de mai de la même année, les Français occupèrent Lanslevillard; les habitants furent transférés, quelques-uns à Termignon, le plus grand nombre au fort de Barreau, et toutes les maisons furent livrées au pillage. Des soldats trouvèrent les reliques, brisèrent et brûlèrent la châsse, et jetèrent les ossements au milieu de la cour, sur un tas de fumier (14 mai).

A son retour, Turbil reconnut facilement ces os épars, aux trous dont ils étaient percés et aux morceaux de fil d'archal qui y étaient encore attachés et par lesquels le docteur Chappuis, de la Novalaise, les avait joints les uns aux autres en 1764; il les recueillit avec soin et les cacha dans sa maison. Au mois de décembre 1796, M. Combet fut chargé par M. Jean-Baptiste Molin, chanoine de Saint-Jean, vicaire général et official du diocèse pendant la vacance du siége, de dresser un état des reliques profanées pendant la terreur et retrouvées dans tout le diocèse. Le 3 avril de l'année suivante, il fit examiner par le docteur Balthazard

Claraz les ossements que Turbil lui présenta, et ce chirurgien, après un examen minutieux, déclara, sous la foi du serment, que c'étaient bien ceux de saint Landry. Plusieurs autres témoins furent entendus, qui tous affirmèrent, comme M. Claraz, que les ossements qu'ils voyaient étaient sans aucun doute ceux de notre saint. M. Combet les enferma alors dans un coffre auquel il apposa son sceau et celui de la commune, et qu'il laissa en dépôt chez Cosme-Damien Turbil, jusqu'à ce que des temps meilleurs permissent de rendre ces saintes reliques à la vénération des fidèles.

Le 13 octobre 1808, Mgr Irénée-Ives de Solle, évêque de Chambéry, commit M. Molin, curé de Lanslebourg, pour constater l'identité des reliques de saint Landry. Celui-ci se rendit à Lanslevillard le 31 mai 1809, accompagné des deux docteurs Balthazard et Louis-André Claraz; le coffre fut ouvert et le saint corps trouvé dans le même état où on l'avait laissé en 1797. Le chirurgien Claraz fut chargé de rattacher les os ensemble, en présence de M. Combet ou de M. Joseph-Benoît Turbil, prêtre natif de Lanslevillard. Le 12 juin suivant, le saint corps, revêtu des habits sacerdotaux, fut placé dans une châsse en bois doré, et le lendemain on l'exposa dans une chapelle ardente, élevée devant la porte de la cour de Cosme-Damien Turbil, où une foule nombreuse ne cessa de l'entourer des témoignages les plus éclatants de sa dévotion et de sa joie.

Le 15, eut lieu la translation solennelle, au milieu d'un concours immense de fidèles. Vingt-cinq prêtres, revêtus des ornements sacerdotaux, se rendirent à la chapelle ardente, accompagnés de la garde bourgeoise et de la musique. Les reliques furent encensées et la procession se mit en marche vers l'église. Les filles voilées marchaient en tête, chantant des cantiques en l'honneur de saint Landry. Venaient ensuite une multitude de fidèles des deux sexes, que suivaient la confrérie du Saint-Sacrement, les musiciens, les chantres et le clergé. Des enfants, vêtus de blanc, jetaient des fleurs devant la châsse portée par des prêtres en tuniques. Le curé et trois prêtres natifs de Lanslevillard, en chapes, tenaient les cordons; quatre miliciens de la garde bourgeoise les accompagnaient, tandis que les autres maintenaient l'ordre dans la procession. Derrière la châsse marchaient M. Molin, assisté d'un diacre et d'un sous-diacre, puis le sous-préfet, M. Bellemin, M. Voisse, lieutenant de la gendarmerie, et six gendarmes, les maires de Lanslevillard, de Lanslebourg, de Bessans, de Bonneval, de Sollières et de Bramans, les autres autorités administratives et judiciaires, etc. Les chemins étaient bordés de feuillage et ornés d'arcs-de-triomphe, de guirlandes de fleurs, de couronnes et d'inscriptions.

La procession se rendit d'abord à l'oratoire du *Soleillour*, dont nous avons parlé, comme pour s'unir à celle que Dieu avait miraculeusement conduite au même lieu huit siècles auparavant. On y avait préparé un élégant reposoir, sur lequel les reliques furent déposées et encensées de nouveau. Puis on rentra dans l'église, où la châsse fut placée sur une table ornée de fleurs. On commença ensuite la messe et, après l'évangile, dom Antoine Marietti, ancien trappiste de Tamié et, depuis la révolution, religieux de la Novalaise et curé du Montcenis, prononça le panégyrique du saint. Le soir, le chant du *Te Deum* réunit de nouveau le clergé, les autorités et une si grande multitude de fidèles, que l'église put à peine en contenir la moitié. Enfin, la châsse fut replacée sur l'autel de Saint-Joseph, où elle était avant la révolution.

En 1854, on la transporta dans la chapelle de l'Annonciation, qui est du côté de l'épître, l'humidité de celle de Saint-Joseph ayant inspiré des craintes pour la conservation des reliques. Cette châsse a environ cinq pieds et demi de longueur sur trois pieds de largeur; des anges la surmontent, tenant une couronne.

Le corps de saint Landry est presque entier; il n'y manque que quelques os, le bras droit, le crâne et la mâchoire supérieure, dont l'église de Lanslebourg a été enrichie, on ne sait à quelle époque. Mais les sceaux des reliquaires qui les renferment ayant été brisés, ces dernières reliques sont aujourd'hui privées d'authenticité.

Il y a encore dans l'église de Lanslevillard un petit reliquaire, en forme de bras, que l'on porte aux processions et dans lequel on a mis, en 1809, de la chair du bras gauche de saint Landry[1]. Une partie de cette relique a été détachée en 1847, pour satisfaire le pieux désir de Mgr Vibert, toujours empressé

---

[1] *Coutumier* et Titres divers des archives de la fabrique de Lanslevillard.

de donner à son diocèse l'exemple de la dévotion envers les saints qui sont en même temps nos compatriotes et nos protecteurs.

CHAPITRE III

Dévotion à saint Landry.

Le monde est une monarchie dont Dieu est le seul maître et le seul roi. Mais ce roi, ainsi que le développe admirablement saint Thomas[1], a des ministres dont il se sert pour le gouvernement des hommes et des autres créatures : ce sont les anges. Il a aussi des amis qu'il a reçus dans son intimité et à la participation de sa puissance, ce sont les saints, ses enfants et les frères de son Fils qui sont en même temps, si je puis me servir de cette comparaison, les députés des hommes auprès de leur souverain. Ils lui exposent nos besoins, lui présentent nos prières et y joignent les leurs, plus pures et plus agréables. Dieu leur a donné, pour nous soulager et nous aider, un pouvoir, non d'action, mais de supplication, comme l'appelle un saint père, pouvoir auquel il ne résiste pas et qui les associe, à notre égard, à la royauté de Jésus-Christ, selon la promesse que ce divin Sauveur leur en a faite, en récompense de leur abnégation et de leur amour.

[1] 1ª Q. 110, art. 1.

Cette puissance des saints, miséricordieuse à notre égard et suppliante à l'égard de Dieu, s'étend généralement sur toutes nos misères. Cependant, de même que l'Écriture et les Pères nous montrent des anges chargés du gouvernement de chaque classe de créatures et veillant sur les royaumes, sur les provinces et sur chaque homme[1]; de même aussi les peuples chrétiens ont attribué aux saints, qui occupent la place des anges déchus et qui sont devenus semblables aux créatures angéliques[2], un pouvoir spécial pour obtenir certaines grâces et nous soulager dans certaines souffrances. C'est comme le département particulier que Dieu a confié à ces ministres de sa bonté envers les hommes. Ce pouvoir est ordinairement en rapport ou avec la vertu qu'ils ont pratiquée d'une manière plus éclatante, ou avec quelque grâce privilégiée que Dieu leur a accordée pendant leur vie, ou avec le genre de mort qu'ils ont souffert. C'est ainsi que l'on invoque saint Joseph pour obtenir une bonne mort, saint Roch pour être délivré de la peste, etc., et, dans les paroisses de la Haute-Maurienne, que l'on s'adresse à saint Landry pour obtenir la pluie.

Libre à la sagesse du monde de rire de ces dévotions populaires, autorisées par l'Église et justifiées par des faits innombrables. Le peuple chrétien, avec la simplicité de sa foi, comprend mieux le gouvernement du monde et la bonté de Dieu envers ses élus et ses créatures, que les savants du siècle

---

[1] *Ibid.*
[2] MATTH., 22, 30.

avec leur science orgueilleuse et matérialiste. Ah! laissez-lui sa confiance à la Providence, aux anges et aux saints. Il sait quelles consolations et quels secours il y trouve. Vos théories fatalistes ne lui donneraient dans ses peines que la désolation et le désespoir.

Rien de si touchant que la confiance que les habitants de la Haute-Maurienne ont toujours eue en saint Landry. Les prodiges qui amenèrent la découverte de son corps au XIe siècle étaient un témoignage suffisant de la gloire dont il jouissait dans le sein de Dieu. Aussi la paroisse de Lansle-villard l'honora-t-elle tout aussitôt comme un saint et comme son protecteur naturel. Cette dévotion n'a pas dû tarder à recevoir l'approbation de l'autorité épiscopale, puisque Mgr de Gorrevod, consacrant, le 17 juillet 1532, le maître-autel de l'église, n'hésita pas à y mettre pour relique la dernière phalange du petit doigt de la main gauche de saint Landry. Cette relique fut découverte en 1761, avec le procès-verbal de la consécration de l'autel[1].

La fête de saint Landry se célébrait, avant la révolution, le 10 juin. Son origine devait remonter à plusieurs siècles, car on ne trouve aucun vestige de son institution. On exposait sur le maître-autel le reliquaire, qui contient de la chair du bras de saint Landry; on chantait ensuite le *Veni Creator* et l'*Iste Confessor*, et l'on se rendait en procession à la chapelle de Saint-Joseph, située en dessus de l'église. Là, le curé, après avoir chanté l'oraison

---

[1] *Coutumier*, art. 1er, n° 10.

du saint, bénissait le peuple avec le reliquaire et l'on rentrait à l'église au chant de l'hymne ambroisienne. A l'autel de Saint-Joseph, sur lequel reposait le saint corps, le curé bénissait une seconde fois le peuple avec le reliquaire, et la cérémonie se terminait par la célébration du saint sacrifice et la bénédiction du Saint-Sacrement[1].

Cette fête, interrompue depuis 1793, a été rétablie en 1847 par Mgr Vibert et fixée au 14 juin.

Le deuxième dimanche de chaque mois, la confrérie des agonisants fait une procession à la chapelle de Saint-Joseph et l'on y porte aussi le reliquaire de saint Landry; car la châsse du bienheureux protecteur de Lanslevillard étant restée, jusqu'à ces dernières années, sur l'autel du chaste époux de Marie, il est associé en tout au culte qui lui est rendu. C'est pour cela que la chapelle, qui est le terme des processions, est souvent appelée chapelle de Saint-Landry.

Le saint est, pour les habitants de Lanslevillard, un père auquel ils s'adressent avec une confiance toute filiale. Le ciel refuse-t-il à leurs champs la pluie qui les féconde? C'est à lui qu'ils ont recours par une procession dans laquelle on porte son reliquaire. Et si vous voulez savoir comment leur piété est récompensée, demandez-le aux vieillards; ils vous répondront qu'ils ne se souviennent pas que jamais on ait invoqué saint Landry sans avoir été exaucé. On peut bien dire des saints ce que saint

---

[1] *Coutumier*, art. 2, n° 12.

Paul dit de Jésus-Christ[1], qu'ayant passé par toutes nos épreuves, ils ont appris à compatir aux misères qui nous assiègent et à employer, pour les soulager, le crédit que Dieu leur a donné. Leur charité, vivifiée au foyer même de l'amour, ne connaît ni temps ni mesure, et, quoiqu'ils comprennent mieux que nous qu'il n'y a qu'une chose nécessaire, ils n'oublient pas cependant que notre corps a besoin de recevoir sa nourriture en temps opportun.

La dévotion à saint Landry n'est pas limitée à la paroisse de Lanslevillard. Au XVIIIe siècle, le seul sur lequel M. Combet nous fournisse des détails précis, il y a peu de communes de la Maurienne, de Saint-Jean à Bonneval, qui, dans des temps de sécheresse, n'aient eu recours à son intercession, soit en envoyant des députés pour faire faire des prières publiques à Lanslevillard, soit en s'y rendant elles-mêmes en procession. Plusieurs fois on a vu des paroisses de la vallée de Suse traverser le Montcenis, pour venir vénérer les reliques du saint et se recommander à sa protection[2]. A l'arrivée de ces paroisses ou de leurs députés, les habitants de Lanslevillard se joignaient aux pèlerins et tous ensemble faisaient une procession solennelle à la chapelle de Saint-Joseph. Le curé de la paroisse portait le reliquaire de saint Landry; au retour, il chantait la messe en l'honneur du saint[3] et donnait la bénédiction du Saint-Sacrement.

---

[1] Heb., 4, 15.
[2] Voir Pièces justificatives, n° 23.
[3] *Justus ut palma*, etc.

La révolution n'a pas éteint dans le cœur des habitants de la Maurienne l'antique dévotion de leurs pères. Ce qui le prouve, ce sont les messes que plusieurs paroisses ont fait célébrer, à diverses époques, à l'autel où reposent les reliques de saint Landry. Lanslevillard et Lanslebourg en ont donné, entre autres, un témoignage bien touchant le 10 juillet 1836. Une procession partit des deux églises : le point de réunion fut le pont qui sert de limite aux deux communes. Les saintes reliques, qui avaient été apportées de Lanslevillard, furent exposées à la vénération des populations, confondues dans un même esprit de foi et de confiance, et quand elles se séparèrent, ce fut avec l'intime persuasion que leurs prières, présentées par le saint, avaient été entendues de Celui qui distribue le temps à son gré. En effet, la pluie, qu'elles demandaient et que rien ne présageait encore, ne tarda pas à rendre la vie à leurs champs desséchés.

Le B. Ayrald, évêque de Maurienne.

(XII° SIÈCLE.)

CHAPITRE Ier

Ayrald quitte le monde. — La chartreuse des Portes. —
Le saint religieux.

Nous avons vu, au vi° siècle, trois saints évêques occuper les premiers le siége épiscopal de Maurienne ; au viii°, le saint martyr Émilien tomber avec une grande partie de son peuple sous le cimeterre des hordes sarrasines ; au x°, saint Édolard mêler son sang à celui de l'archevêque d'Embrun et des fidèles des deux diocèses massacrés par les mêmes barbares. Au xii°, nous allons voir un autre saint, appelé de Dieu au gouvernement de notre église. S'il ne remporta pas la palme du martyre, il en cueillit une non moins belle, quoique plus modeste, par la pratique des vertus qui font le saint religieux et le saint évêque.

Ainsi Dieu a voulu conserver et illustrer par de saints évêques l'évêché fondé par le saint roi Gontram.

Ayrald ou Ayrard était fils de Guillaume II, comte de Bourgogne, qui lui-même descendait des marquis d'Ivrée, devenus possesseurs du comté de Bourgogne par le mariage d'Albert, comte d'Ivrée, avec Gerberge, héritière de ce comté. Cette famille était une des plus illustres de l'Europe; elle comptait parmi ses ancêtres les rois Bérenger et Ardouin, et des liens de parenté l'unissaient à l'empereur d'Allemagne, aux rois de France et d'Angleterre[1].

Plusieurs historiens donnent au comte Guillaume II quatre garçons : Gui ou Hugues, qui, après avoir été archevêque de Vienne, succéda, en 1119, au pape Gélase II, sous le nom de Callixte II; Henri, comte de Portugal; un Raymond, à qui l'on donne le titre de roi de Castille, et le saint évêque de Maurienne[2]. Selon quelques autres, Ayrald aurait été, non pas frère, mais neveu du pape Gélase II.

Quoi qu'il en soit, la vraie gloire d'Ayrald, dit la chronique des Chartreux[3], n'est pas d'être né de parents nobles et puissants, c'est d'avoir renoncé aux honneurs et aux richesses que sa naissance lui assurait dans le monde. C'est, en effet, la très grande sagesse et la très noble ambition des saints, de préférer, aux bruyantes vanités qui passent, la croix de Jésus-Christ, cette croix qui ne donne, en apparence, à ceux qui la portent qu'humilité, détachement et pénitence; mais qui, les rendant semblables à Celui qui le premier y a été attaché,

---

[1] GALLIZZIA, t. IV, p. 252 et 254. — Calendrier de l'église d'Ivrée pour l'année 1808.

[2] GALLIZZIA, ibid. — Calend. d'Ivrée. — Decret S. R. C. confirmat. cultus, 1862.

[3] Ephem. Ord. Cart., 2 janv.

remplit leur cœur de divines consolations et se transforme au ciel en un océan de félicité.

Ayrald entendit la voix de Dieu qui l'appelait à la vie religieuse et, comme il avait le cœur pur et qu'aucune illusion ne le retenait, il quitta tout pour la suivre. Le P. Henschenius, dans la préface de sa *Vie de sainte Roseline*, prétend qu'avant d'entrer dans le cloître, notre saint fut pendant trente ans chanoine régulier de la cathédrale de Grenoble et ami intime de saint Hugues, évêque de cette ville[1]. Mais cette assertion, renouvelée de nos jours à l'occasion de la confirmation du culte rendu au bienheureux, est formellement contredite par les documents les plus authentiques. Le P. Ildephonse Roguet, secrétaire du général des Chartreux, dans une très savante dissertation manuscrite qu'il vient d'envoyer à Mgr l'évêque de Maurienne, prouve qu'elle n'est fondée que sur un malentendu et que non-seulement le B. Ayrald a été chartreux avant d'être évêque de Maurienne, mais encore que c'est du milieu du monde qu'il est parti pour la solitude.

La chartreuse des Portes, dans le Bugey, avait été fondée en l'année 1115[2]. Le Seigneur y avait envoyé des novices et, au bout de quelques années, la nouvelle communauté se composait de dix-sept religieux, tous si fervents, que saint Bernard de Clairvaux les regardait comme des saints et leur

---

[1] GALLIZZIA, *ibid.*
[2] La chartreuse des Portes vient d'être relevée de ses ruines. Elle compte aujourd'hui une quinzaine de religieux, fidèles imitateurs de saint Bruno et du B. Ayrald.

donnait ce titre dans les lettres qu'il leur écrivait. Ce fut vers ce pieux asile qu'Ayrald dirigea ses pas. Le B. Bernard de Varin, l'un des fondateurs, le gouvernait encore en qualité de prieur. Il reçut le saint homme avec joie. Peu de temps après, Ayrald échangea ses habits de soie contre la bure monastique et vit tomber avec ses cheveux les derniers restes des livrées du monde. Il comprit aussitôt toute la gravité des obligations qu'il venait de s'imposer et, sachant que, si pour vivre en Dieu le simple fidèle a besoin de vivre d'une règle, cette nécessité est bien plus étroite encore pour le religieux, il s'attacha à celle du monastère avec une affection et une fidélité admirables. Il la suivait jusque dans ses moindres détails, sans distinguer jamais entre ce qui était strictement obligatoire et ce qui était de simple conseil; car il savait que rien n'est sans importance dans la vie spirituelle et que tout devient grand devant Dieu par l'obéissance.

Aussi fit-il de si rapides progrès dans la perfection religieuse, qu'il devint le modèle de ses frères, même des plus anciens et des plus fervents. Tous admiraient comment en si peu de temps il avait devancé les vieillards de la solitude, et s'enflammaient, pour l'imiter, d'une sainte émulation. Une chasteté angélique, une parfaite pureté d'esprit et de cœur, s'unissaient en lui à un ardent amour de Dieu et à une tendre charité pour le prochain. On ne pouvait l'aborder sans se sentir attiré par je ne sais quel parfum de bonté et de douce amabilité que respiraient ses paroles et toutes ses manières. Ces vertus étaient le fruit de sa profonde humilité et de son haut esprit d'oraison. Car ce sont là les deux principes de la sainteté : la prière, qui va toucher le cœur de Dieu, et l'humilité, qui, vidant le nôtre de tout amour-propre et de tout attachement terrestre, le dispose à recevoir en abondance et avec fruit les dons du ciel. Du reste, Ayrald, à l'exemple de tous les saints, n'avait garde d'oublier que sans la mortification il n'y a point de vertu durable. Le jeûne, les veilles, le silence, la retraite et les autres austérités prescrites par la règle ou en usage dans l'ordre, n'avaient rien qui l'effrayât, rien même que ne dépassât la sainte haine qu'il se portait à lui-même.

Une si belle lumière ne devait pas rester sous le boisseau : le Seigneur voulut en éclairer le diocèse de Maurienne. Mais auparavant, si nous en croyons un ancien martyrologe manuscrit dont nous rapporterons plus loin les paroles, il fut pendant quelque temps prieur de la chartreuse des Portes, sa mère dans la vie religieuse.

CHAPITRE II

Le saint évêque.

Ce fut en 1132 que le chapitre de la cathédrale, auquel appartenait l'élection de l'évêque, fit choix du B. Ayrald pour succéder à Conon II. Il y avait déjà plusieurs années que le saint avait fait les vœux solennels, et son désir le plus ardent était de passer le reste de ses jours dans l'exercice des vertus monastiques. Mais, quoique les saints fuient les dignités avec autant d'empressement que les mondains en mettent à les rechercher, ils savent s'y soumettre lorsque Dieu les leur impose. Ayrald quitta donc sa chère solitude des Portes. Il voulut cependant conserver de la règle austère de saint Bruno tout ce qui était compatible avec les exigences de sa nouvelle position. Ainsi il continua jusqu'à sa mort à porter le cilice et l'habit blanc des Chartreux, à observer les jeûnes et les autres pratiques de pénitence en usage dans l'ordre. Il conserva surtout l'esprit de recueillement et de vie intérieure qui, recommandé à tous les chrétiens, est principalement nécessaire à ceux qui sont chargés du gouvernement des âmes, pour que, prêchant aux autres, ils ne se perdent pas eux-mêmes.

Comme les devoirs nombreux et asservissants du ministère pastoral le privaient des charmes de la contemplation qu'il avait goûtés dans sa retraite, il se dérobait de temps en temps à l'administration de son diocèse, pour aller au monastère des Portes retremper son âme par la méditation plus sérieuse des vérités éternelles. Il avait coutume de s'y rencontrer avec Hugues II, évêque de Grenoble, qui, comme lui, avait été tiré de cette sainte maison. Là, libres de tous soins et de toute inquiétude, les deux prélats se livraient avec ardeur à la prière et aux pénitences les plus propres à élever l'esprit en domptant la chair. Ils s'y enflammaient tellement de l'amour divin, qu'oubliant tout ce qui était au monde, ils ne songeaient plus à quitter leur retraite. Plus d'une fois le B. Bernard, leur maître à tous deux dans la vie spirituelle, dut employer son autorité pour les obliger de retourner à leurs siéges et de reprendre les fonctions de leur ministère. Comme leur réputation de sainteté était répandue partout, les habitants des pays qu'ils traversaient s'empressaient sur leur passage, se jetaient à leurs pieds pour recevoir leur bénédiction et retournaient ensuite chez eux aussi heureux que s'ils eussent trouvé un riche trésor[1]. La bénédiction des saints est bien, en effet, un trésor, puisqu'ils ont la clef des trésors de Dieu.

De retour à Saint-Jean, le bienheureux ne négligeait rien pour répandre parmi le troupeau qui lui était confié les grâces qu'il avait recueillies dans ces communications intimes et prolongées avec le ciel. On ne saurait dire de quelle sollicitude paternelle il entourait ses ouailles et avec quelle ardeur il s'employait à leur salut. Il s'était tellement identifié avec elles par la charité, que leurs besoins devenaient les siens propres. Les malheureux accouraient à lui comme à un père, et jamais aucun ne s'en retourna sans avoir reçu les secours ou les consolations qu'il était venu chercher. Les revenus de son évêché étaient la propriété des pauvres; il n'y touchait pour lui-même qu'avec une extrême parcimonie, et ses aumônes étaient si abondantes, qu'il semblait avoir détruit la pauvreté. Les malades étaient l'objet privilégié de ses soins. Connaissant

---

[1] *Ephem. Ord. Carthus.*

sa sainteté, ils se recommandaient à ses prières et souvent obtenaient la guérison par l'intercession du serviteur de Dieu. Ces vertus et les faveurs miraculeuses par lesquelles le Seigneur les récompensait donnaient au saint évêque une influence toute-puissante sur le cœur de ses diocésains. Un grand nombre de pécheurs lui durent leur conversion et leur salut. Son zèle à les chercher au milieu de leurs égarements, sa bonté à les accueillir, les paroles pleines de force et de douceur par lesquelles il leur montrait le crime et le malheur de leur état, exerçaient sur eux un empire auquel ils se sentaient forcés de se rendre. Aussi le regardait-on comme un ange descendu du ciel pour le salut de son diocèse, tant étaient grands les fruits que produisait partout la merveilleuse puissance de sa parole et de sa sainteté[1].

Le zèle d'Ayrald s'étendait à tout ce qui pouvait procurer la gloire de Dieu. Pour donner plus d'éclat au culte divin et subvenir en même temps aux besoins de son église cathédrale, à laquelle il portait la plus tendre affection, il lui fit, en l'année 1138, donation de plusieurs propriétés[2]. Il fonda, la même année, un service annuel et une procession à son tombeau, qui, après sa mort, se firent tous les ans, le jour de l'octave de saint Étienne[3]. Le 28 juin 1139, il confirma un accord fait entre les chanoines de sa

---

[1] *Ephem. Ord. Carthus.* — BESSON, p. 287.
[2] *Mansos multos et vineas*, dit le chanoine Damé, chap. xv.
[3] DAMÉ, *ibid.* — *Hist. du dioc. de Maurienne*, p. 80. — BESSON, p. 287.

cathédrale et ceux de Saint-Georges de *Chevino*, par lequel les seconds acquéraient les dîmes et les offrandes des églises de Sainte-Marie *de Eleemosina* (Notre-Dame des Millières), de Saint-Laurent *de Castello* (Aiton), de Saint-Étienne *de Burgo* (Aiguebelle), de Saint-Arnoulph (chapelle située au pied de Montgilbert) et de Montgilbert, à la condition de payer annuellement aux premiers cent sols, monnaie de Suse[1].

Ce fut vers cette époque que le bienheureux se détermina à enlever au chapitre de la cathédrale la dignité de prévôt, pour s'en revêtir lui-même et unir à la mense épiscopale les revenus qui y étaient attachés ; car, bien que l'on ne possède pas le titre de cette suppression, tout porte à croire qu'elle doit être attribuée à notre saint. Peut-être voulut-il établir par là une union plus intime entre l'évêque et son chapitre, ou ne trouva-t-il aucun moyen plus efficace de remédier à des abus qui nous sont inconnus, mais auxquels les plus saintes institutions sont toujours sujettes. Quoi qu'il en soit, cette suppression fut confirmée par plusieurs bulles des Souverains Pontifes Eugène III, Anastase IV, Adrien IV, Lucius III et Urbain III. Néanmoins, elle fut une source de dissensions entre les successeurs d'Ayrald et le chapitre, jusqu'à l'année 1188, où les chanoines firent une cession perpétuelle et irrévocable de leurs droits à la prévôté, entre les mains de l'évêque Lambert, sixième successeur de notre saint[2].

---

[1] COMBET, § XL. — ANGLEY, p. 81.
[2] DAMÉ et COMBET. — ANGLEY, p. 82 et 102.

La charité d'Ayrald n'était pas resserrée dans les limites de son diocèse. Il se rendit avec saint Pierre, archevêque de Tarentaise, Guérin, ancien abbé d'Aulps, devenu évêque de Sion, et Herbert, évêque d'Aoste, à Agaune, aujourd'hui Saint-Maurice en Valais, pour terminer un différend qui s'était élevé entre Gui, seigneur d'Allinges, et les moines de cette antique abbaye. Vaincu par les raisons pleines de sagesse de tels médiateurs, le seigneur d'Allinges relâcha aux moines tous les biens dont ses ancêtres s'étaient injustement emparé. La charte qui nous a conservé les détails de cette transaction appelle Ayrald *un homme de beaucoup de prudence et de sagesse*. Elle est du 11 mars 1138[1].

Il servit encore de médiateur pour faire réparer une injustice. Le comte de Savoie, Humbert II, s'était emparé de la prévôté du même monastère d'Agaune, pour en investir Raynaud de Savoie, l'un de ses fils. Celui-ci étant mort en 1140, Amédée III avait retenu la prévôté à titre d'héritage. Il finit cependant par comprendre combien cette usurpation était contraire aux lois de l'Église et de l'équité. Passant à Saint-Julien en Maurienne, il souscrivit, entre les mains du B. Ayrald, un acte daté du 30 mars 1143, par lequel il rendit la prévôté aux religieux du monastère, en les priant humblement de pardonner à son père et à lui la faute dont ils s'étaient rendus coupables, d'inscrire le comte Humbert dans leurs diptyques, et de faire

---

[1] Mgr DEPÉRY, *ibid.*, p. 24. — COMBET, *ibid.*

chaque année un service pour le repos de son âme [1].

Cependant, le bienheureux était mûr pour le ciel. Mgr Depéry va nous dire ses derniers moments, d'après la chronique des Chartreux, que nous avons sous les yeux :

« Epuisé par les austérités et les fatigues inséparables de son ministère, et sentant que ses forces s'affaiblissaient de jour en jour, Ayrald jugea que le moment de sa mort ne saurait plus être bien éloigné. Il fit donc venir auprès de lui Ardutius, évêque de Genève, et Bernard des Portes, évêque de Belley, et leur déclara ouvertement que sa fin était proche. Après s'être entretenu quelque temps avec eux des joies du ciel et du désir ardent qu'il avait d'aller jouir de la félicité des saints, il reçut, avec la plus grande édification, les sacrements de l'Eglise, en présence du peuple et du clergé, et rendit son âme à Dieu, le 2 janvier 1146, avec tout le calme et la sérénité qui accompagnent la mort des justes.

« Dieu, qui se plaît à élever les humbles et à glorifier, dès cette vie, ses vrais serviteurs devant les hommes, témoigna aussitôt par des miracles que la mort du saint prélat avait été précieuse à ses yeux. Le bruit s'en étant répandu dans les environs, un concours immense de fidèles se rendit à ses funérailles. Elles furent célébrées par les deux évêques de Genève et de Belley, qui déposè-

---

[1] GUICHENON, t. III, p. 34. — ANGLEY, p. 81. — BESSON, p. 287.

rent ensuite ses restes mortels dans un tombeau près de la chapelle de Saint-Pierre, établie dans la cathédrale. Dans le même temps, continue la chronique citée plus haut, une mère de famille, dangereusement malade, abandonnée même des médecins, ayant invoqué avec ferveur la protection du B. Ayrald, fut aussitôt rendue à la santé. Cette faveur miraculeuse confirma la confiance qu'on avait déjà aux mérites du vénérable défunt. Le nombre de ceux qui continuèrent à obtenir la guérison de différentes infirmités par l'intercession du saint évêque, allant toujours croissant, on fit graver sur son tombeau l'épitaphe suivante, qui nous parait un témoignage bien touchant en faveur des prodiges qui s'y opéraient[1] :

Ici repose Ayrald, issu d'un sang illustre,
Moine des Portes et l'honneur des Pontifes,
Lumière de l'Église et appui des malheureux,
Glorieux par sa sainteté et par d'innombrables miracles.

« Et comme le tombeau où on l'avait mis immédiatement après sa mort ne répondait point assez à la grande vénération des fidèles qui se pressaient autour de ses précieuses dépouilles, l'évêque et le clergé de Maurienne l'ayant retiré de la terre où on l'avait d'abord enseveli, le placèrent dans un riche tombeau de marbre, et depuis lors, dit la chronique, on a vu découler de la pierre supérieure

---

[1] Nous traduisons cette épitaphe ainsi que les textes du martyrologe et de la légende qui suivent. M. Angley donne le texte latin, p. 84.

qui le couvre une espèce d'huile d'une merveilleuse odeur, qui délivrait de plusieurs maladies et particulièrement des ardeurs dévorantes de la fièvre. Le bruit des miracles qui s'opéraient en grand nombre à son tombeau était tellement répandu dans ce temps, qu'un ancien martyrologe manuscrit de la Grande-Chartreuse, en citant sa mort au 4 des nones de janvier, s'exprime ainsi :

« Maurienne en Savoie, le bienheureux Ayrald,
« de prieur des Portes devenu évêque de cette
« ville, qui, conservant admirablement les mœurs
« monastiques au milieu de la sollicitude pastorale,
« mérita la gloire des deux états ; il reçut la récom-
« pense éternelle des mains du Seigneur l'an 1146,
« et fut illustre par ses miracles pendant sa vie et
« dans son tombeau. »

Un ancien mémoire, qui contient un abrégé de la vie du saint évêque, parle en ces termes de ses vertus et de la liqueur miraculeuse qui sortait de son tombeau :

« Ayrald des Portes, quittant sa douce solitude pour des lieux à peine connus des animaux sauvages, fut un astre dont les rayons lumineux éclairèrent notre ville et brillent encore jusqu'à ce jour. Qui nous défendra de nous glorifier d'un tel père ? Que l'heureuse Rome cède le pas à la Maurienne ! car la liqueur dont elle fut arrosée à la naissance de Jésus-Christ, a découlé bien plus souvent des membres de ce bienheureux. »

L'ancien obituaire de l'Église de Maurienne et plusieurs calendriers, entre autres un de l'Église de Lyon, antérieur à l'année 1275, placent la mort du B. Ayrald au 2 janvier. Le calendrier de l'Église d'Ivrée, pour l'année 1808, fixe sa fête au 9 avril.

Outre les auteurs que nous avons cités, D. Polycarpe de la Rivière, dans son livre *De la Constance des Chartreux*, D. Nicolas Molin, et Théophile Raynaud, dans son *Bruno mystique*, font mention du B. Ayrald. Ils se sont cependant trompés en fixant son épiscopat de 1145 à 1167 [1]. D'autres donnent l'année 1138 pour la date de sa mort, et c'est celle qui est indiquée sur le tableau suspendu sur son tombeau, dans la chapelle de Saint-Pierre, à la cathédrale. Les documents les plus authentiques prouvent qu'il faut s'en tenir aux dates que nous avons données.

CHAPITRE III

Reliques et culte de saint Ayrald.

Nous avons vu le B. Ayrald publiquement invoqué comme saint dès l'époque de sa mort, et le Seigneur se plaire à encourager la dévotion du peuple par les miracles opérés à l'intercession de son serviteur. Nous avons vu le fait de l'huile miraculeuse qui suintait de son tombeau et des guérisons qu'elle opérait, constaté par des documents qui remontent certainement à une haute antiquité, bien qu'on ne puisse

---

[1] *Ephem.*, ibid. — GALLIZIA, *ibid.*, p. 254.

en indiquer la date précise. Dans les siècles suivants, la vénération des habitants de la Maurienne pour le saint évêque ne fit que s'accroître et elle continua à être récompensée par des faveurs miraculeuses. Dans un mémoire sur les évêques de Maurienne, Jacques Bertrand, qui vivait dans la première moitié du XVIIe siècle, déclare avoir éprouvé lui-même les effets du pouvoir du B. Ayrald, en obtenant à son tombeau la guérison d'une fièvre dont il souffrait depuis longtemps. Le chanoine Jacques Damé, mort en 1684, parle des creux formés dans la pierre du tombeau par les doigts des pèlerins qu'y attirait l'huile miraculeuse. Il ajoute qu'un grand nombre de malades recouvraient ainsi la santé [1]. Du reste, ces creux existent encore aujourd'hui, et il est visible, pour toute personne de bonne foi, qu'ils n'ont point été faits par un instrument quelconque.

Le jour de la Commémoraison de saint Paul (30 juin 1643), Paul Millet de Châles, évêque de Maurienne, fit une première reconnaissance des reliques. Le tombeau fut ouvert en sa présence et en celle de deux chanoines, d'un médecin et du procureur des œuvres pies de l'évêché. On trouva, au milieu d'un tas de terre, de morceaux de verre et de pots cassés, tous les os d'un corps humain de petite taille, à l'exception de la tête dont il ne restait que le crâne. Ayant réuni avec respect ces ossements, le pieux évêque les fit déposer dans une

---

[1] Cap. XV, n° XVII.

caisse en bois qu'il enveloppa d'un linge, et remit le tout dans le tombeau [1].

Au XVIIIe siècle, les saintes reliques furent retirées du tombeau et transportées dans la chapelle du palais épiscopal. Mgr de Martiniana avait le dessein de solliciter à Rome la béatification de son saint prédécesseur. Dans ce but, il avait recueilli avec soin tous les documents qui pouvaient l'éclairer sur sa vie, ses vertus et ses miracles. Mais les difficultés qu'il rencontra et plus encore les dépenses considérables qu'entraînait la réalisation de ce projet, et dont ni la ville ni le chapitre ne purent se charger, le forcèrent d'y renoncer. Il fit alors placer les reliques dans une châsse dorée, et le 2 mars 1761, vers le soir, elles furent reportées à la cathédrale où, après être restées quelque temps exposées sur l'autel de Saint-Jacques, elles furent définitivement placées sur celui de Saint-Sébastien [2]. Cet autel était situé sous l'ambon, près de l'autel de Sainte-Thècle. « Là, dit Mgr de Martiniana dans l'ouvrage de M. Combet auquel il a eu la principale part, ce saint, dont la mémoire sera à jamais précieuse dans tout le diocèse, continue d'être en grande vénération. Il est peu de ceux qui ont recours à lui et implorent son intercession par des prières ferventes, qui n'en obtiennent des marques évidentes de sa singulière protection. Les vœux des

---

[1] *Ephem.*, ibid. — COMBET. — ANGLEY. — Mgr DEPÉRY. Voir Pièces justificatives, n° 24.

[2] ANGLEY, p. 86. — Journal manuscrit de M. de Rapin, avocat et syndic de Saint-Jean à cette époque.

fidèles, apposés à sa châsse, en sont encore une preuve. Daigne le Tout-Puissant nous faire parfaitement imiter ses vertus, pour nous rendre ensuite participants de sa gloire[1]!

Gallizia, qui écrivait dans le même temps, regarde comme indubitable le fait de l'huile miraculeuse. Il dit que l'on voyait sur la pierre les traces de cette huile ainsi que des chandelles qu'on y allumait, soit pour obtenir quelque grâce, soit en témoignage de reconnaissance quand on l'avait obtenue. « Ce tombeau, ajoute-t-il, est encore aujourd'hui en grande vénération, pour les guérisons miraculeuses qu'on y obtient[2]; » car les pèlerins ne manquaient jamais, après avoir vénéré les saintes reliques, d'aller s'agenouiller au pied du tombeau de la chapelle de Saint-Pierre et, mettant le doigt dans les creux de la pierre, ils touchaient ensuite leurs membres malades. Cette dévotion était surtout pratiquée par les personnes affligées de maux d'yeux. Plusieurs des témoins qui ont été entendus en 1858, dans l'enquête dont nous parlerons bientôt, ont assuré avoir ainsi éprouvé eux-mêmes du soulagement, en récompense de leur foi et de leur confiance. Mais nous avons un témoin plus irrécusable encore des faits miraculeux qui s'opéraient au tombeau du B. Ayrald.

C'était en 1794. Le bonnet rouge avait remplacé la croix, les églises étaient fermées ou servaient au culte des prostituées; les prêtres étaient traqués

---

[1] COMBET, *ibid.*
[2] P. 251.

et tout signe de religion interdit sous peine de mort ou de proscription. La *liberté* régnait par l'impiété, la terreur, la spoliation et la guillotine. Pour asseoir d'une manière durable son règne sur la Maurienne *régénérée*, les jacobins de Saint-Jean, dont, nous nous hâtons de le dire, la plupart étaient des étrangers qui s'étaient abattus sur la ville comme sur une proie, firent un mannequin représentant le roi de Sardaigne. Le 19 février (1er ventôse an II), ils le portèrent au pré de foire et le brûlèrent en chantant les refrains de l'époque et en dansant la carmagnole. Une foule assez considérable, composée des jacobins au pouvoir, de quelques adeptes et de beaucoup de peureux, avait assisté à cette stupide exécution : il était si dangereux de s'abstenir en ce temps de liberté. Quand ils eurent suffisamment dansé et chanté, les jacobins rentrèrent dans la grande salle de l'évêché, devenue le lieu de leurs séances. Le sacrifice qu'ils avaient offert à la patrie, les avait altérés; il leur en fallait un autre. L'un d'entre eux, Ducoudray, prit la parole.

Après la tirade de rigueur contre le despotisme royal, à jamais détruit par le bûcher du pré de foire, il s'écria : « Mais il en est un autre qui n'agissait pas sur nous avec moins de dureté, qui est également prêt à rentrer dans le néant, et que quelques âmes pusillanimes ont peut-être encore la faiblesse de regretter; c'est le despotisme sacerdotal. » L'orateur tonna ensuite contre les *fourberies* et la *cupidité* des prêtres. Nous faisons grâce à nos lecteurs de ce morceau d'éloquence dont, comme on s'y attend bien, les sacrements, l'enfer et le purgatoire font tous les frais. « Vous avez été, frères et amis, continua Ducoudray, les témoins oculaires et peut-être les victimes de ces tristes vérités : l'autel d'une vierge dite de Bonne-Nouvelle, situé dans le voisinage de cette commune, rendait à son recteur plus de 800 livres chaque année, *parce que la nature faisait parler quelques personnes et en faisait marcher quelques autres...* » Nous ne pouvons achever la phrase; car nous devons respecter nos lecteurs et notre sujet. On sait quelles *vierges* adoraient Ducoudray et ses consorts et il nous suffit d'enregistrer l'aveu que contiennent les lignes que nous avons soulignées : il est précieux. L'orateur arrive enfin à son sujet : « Ce n'est pas tout : des imposteurs vous ont longtemps abusés par les plus imbéciles supercheries ; ils ont offert, pendant des siècles, une ridicule momie à vos *adorations;* un prétendu bienheureux vous a mis à contribution dans l'église de cette commune, pour enrichir des coquins qui riaient en secret en puisant dans le bassin que vos mains venaient remplir du fruit de vos sueurs; des chanoines... mettaient de l'huile dans des trous faits exprès sur son tombeau; vos doigts venaient s'en oindre, pour toucher vos yeux malades, et *vos yeux guérissaient :* c'est au moins là ce que disait l'imposture; mais vous tous qui avez usé de ce précieux remède, approchez et nous verrons que cette cure n'a pas opéré la guérison de vos yeux, ou que, *si vos yeux ont guéri, on ne peut l'attribuer qu'à la nature.* » Arrêtons-nous. Il y avait donc, l'orateur jacobin le reconnaît à travers les hésitations obligées, il y avait, au tombeau du B. Ayrald, une *nature* qui n'existait pas ailleurs et *qui guérissait les yeux malades*. Nous pensons que c'était bien là ce que l'on avait cru et éprouvé depuis six siècles et ce qui attirait à cette *nature* tant de pèlerins.

Ducoudray invita ensuite les habitants de Saint-Jean à imiter ceux qui avaient brûlé les reliques de saint Denis, de saint Martin, de sainte Geneviève et de tant d'autres saints, et conclut en demandant que l'on adressât une pétition à la municipalité, pour qu'elle s'emparât des objets précieux que la châsse pouvait renfermer et qu'elle mît les saintes reliques à la disposition des jacobins. La proposition fut votée par acclamation et la Société chargea deux de ses membres de porter la pétition à la municipalité. Celle-ci, après avoir préalablement obtenu l'autorisation de l'Administration du district, consentit à ce qu'on exigeait d'elle, dans sa séance du 18 mars (22 ventôse).

Le lendemain, les deux délégués firent aux jacobins assemblés un rapport sur le résultat de leur démarche, et quatre d'entre eux sortirent pour exécuter le sacrilège attentat. Un moment après, le corps du B. Ayrald fut apporté dans la salle. Après un discours du citoyen Clesle, il fut dépouillé des ornements pontificaux, puis fixé contre la muraille, entre les deux portes qui donnent entrée dans l'intérieur du palais, là où existe actuellement une cheminée. Les ornements furent remis à la municipalité, qui les fit porter au dépôt du *ci-devant* chapitre.

En ce moment, le saint évêque, prosterné devant le trône de Dieu, répétait sans doute la prière de son divin Maître : « Pardonnez-leur, car ils ne savent pas ce qu'ils font. » De fait, dans ces deux séances de la Société des jacobins de Saint-Jean, il y a autant d'ignorance que d'impiété. On pourrait croire, à voir la manière dont ils défigurent les dogmes catholiques, que jamais de leur vie ils n'ont ouvert un catéchisme. Mais ne les excusons pas trop et disons que c'est de la ruse la plus infernale entée sur la mauvaise foi la plus insigne. Puisse le Seigneur, touché des prières de ses saints, leur avoir fait la grâce de rentrer en eux-mêmes et de trouver sur le seuil de l'éternité un de ces prêtres qu'ils ont si indignement calomniés !

La séance se termina par un second discours de Ducoudray sur le *fanatisme* et les *supercheries* des prêtres, et par la lecture du rapport de trois officiers de santé sur l'état des reliques. Là, nouvelle explosion d'ignobles injures, en style de taverne, contre le pape, le cardinal de Martiniana et tous les prêtres qui avaient osé présenter aux *adorations d'un peuple des ossements couverts de toile cirée et une tête de carton.* On prit deux résolutions : la première, que le saint corps resterait suspendu dans la salle jusqu'au jour où l'on célébrerait la fête de la Raison, et qu'alors il serait traîné par les rues, avec les habits pontificaux dont il était revêtu, pour être livré aux insultes de la populace et brûlé au pied de l'arbre de la liberté ; la seconde, que le procès-verbal de ces deux séances et les discours qui y avaient été prononcés seraient imprimés et envoyés à la

Convention nationale, au représentant du peuple Albitte, au Directoire du département, aux sept districts, à toutes les municipalités du district de Saint-Jean et aux Sociétés affiliées, en invitant celles-ci à employer, pour détruire les *instruments de fanatisme* qui se trouveraient dans leur voisinage, les mêmes procédés dont on s'était servi contre le B. Ayrald.

C'est de ce procès-verbal et de quelques autres documents officiels que nous avons tiré les détails qu'on vient de lire. Les révolutionnaires de 1794 ne prévoyaient pas sans doute, lorsqu'ils décrétaient l'impression et l'envoi à toutes les communes de leurs déclamations insensées contre le culte d'un des saints les plus chers à la Maurienne, que leurs discours serviraient, soixante-quatre ans plus tard, à constater l'identité de ces mêmes reliques contre lesquelles ils s'acharnaient avec tant de rage. Ainsi Dieu fait servir à sa gloire et à la gloire de ses saints les projets de leurs ennemis communs.

La fête de la Raison, qui devait terminer cette sacrilége comédie, eut lieu au mois d'avril suivant. Nous avons recueilli quelques détails sur cette fête, passons-les sous silence; ils n'appartiennent pas à notre sujet et notre main n'a pas la force de les écrire. Espérons que Jésus crucifié aura pardonné à ces malheureux la nouvelle passion qu'ils ont fait subir à son image.

Les reliques du B. Ayrald avaient été soustraites à une nouvelle et plus triste profanation. Après qu'elles furent demeurées quelque temps dans la salle de l'évêché, où plusieurs personnes en enlevèrent des parties assez considérables, un pieux habitant de Saint-Jean, nommé Jean-Baptiste Odéard, les emporta secrètement chez lui. A la restauration du culte, il les rendit à M. Jean-Baptiste Champlong, curé de la ville, qui les déposa dans une armoire fermant à clef, au-dessus de la sacristie. En 1847, Mgr Vibert les fit porter à l'évêché et les plaça sous l'autel de sa chapelle. Elles y sont demeurées jusqu'au mois de novembre 1858, où leur identité fut solennellement reconnue. Mais il nous faut reprendre d'un peu plus haut.

En 1841, le procureur général de l'Ordre des Chartreux pria Mgr l'évêque de Maurienne de faire une enquête sur le culte rendu de temps immémorial à son glorieux prédécesseur. Le pieux prélat acquiesça avec joie à cette demande. MM. les chanoines J.-B. Champlong, P.-A. Marcoz et P. Chapellaz, vénérables débris du clergé qui a confessé la foi pendant la révolution, M. l'archidiacre Deschamps, vicaire général, et M. A. Angley, l'érudit auteur de l'histoire du diocèse, déposèrent d'une manière unanime sur l'antique tradition de la Maurienne relativement à la sainteté et aux miracles du B. Ayrald, sur le concours des pèlerins à son tombeau et sur la religieuse vénération dont le nom du saint évêque est encore l'objet en Maurienne. Néanmoins, cette enquête était trop incomplète pour pouvoir servir de base à la confirmation du culte, que l'Ordre avait l'intention de solliciter en cour de Rome.

Au mois de novembre 1858, le Rd P. dom Basile Nyel, coadjuteur du procureur général des Chartreux, vint à Saint-Jean pour faire une nouvelle enquête dans les formes prescrites par la Sacrée Congrégation. Mgr Vibert s'y prêta avec le zèle qu'on lui connaît pour le culte des saints de son diocèse, et l'enquête s'ouvrit immédiatement. Elle devait naturellement porter sur trois chefs : le culte rendu au bienheureux, son tombeau et ses reliques. On nous permettra de retracer brièvement les résultats inespérés qu'elle a produits.

Pour constater que de tout temps le B. Ayrald a été honoré comme saint en Maurienne, on compulsa avec soin les historiens qui parlent de lui et les manuscrits que possèdent les archives de l'évêché ; onze vieillards furent entendus sous la foi du serment, et l'on acquit ainsi la certitude non-seulement que depuis le commencement du XVIIe siècle le B. Ayrald a reçu sans interruption un culte religieux, mais que, même à cette époque, ce culte était regardé comme très ancien.

Le tombeau, situé dans la chapelle de Saint-Pierre, fut ouvert et on y trouva quelques ossements oubliés en 1643, des vases en verre brisés et une pièce de monnaie frappée à Suse, à l'effigie du comte Amédée III, c'est-à-dire vers l'époque même de la mort du saint. Ce n'est pas tout. La niche sous laquelle le tombeau est placé et toute la façade du mur jusqu'à la voûte de la chapelle furent soigneusement dégagées de la couche de gypse et de chaux dont elles étaient recouvertes, et alors apparurent, bien que détériorées, des peintures remarquables, évidemment faites dans le but d'orner le tombeau. Sous l'arc qui forme la niche est une admirable peinture à l'encaustique, de l'école italienne, représentant la Lamentation sur le tombeau de Jésus-Christ. La sainte Vierge agenouillée, soutenue par saint Jean qui pleure et entourée de Nicodème, de sainte Marie-Madeleine et des autres saintes femmes, contemple le Christ mort et nu, avec une ineffable expression de douleur et d'amour, tandis que Joseph d'Arimathie se prosterne pour baiser les pieds du Sauveur. Malheureusement, le marteau de l'ignorance ou de l'impiété a gâté ce morceau dû au pinceau d'un grand maître.

Toute l'arcade supérieure est couverte d'une représentation du jugement dernier, peint à la détrempe et appartenant à l'école allemande. Au milieu est Moïse tenant les tables de la loi; au-dessus, le Sauveur entouré des Apôtres, de nos premiers parents, des patriarches, des prophètes, des évêques, des martyrs et des autres saints, tous ayant à la main des rameaux, emblèmes de leurs vertus. Quatre anges font résonner la trompette; au pavillon, on lit : *Surgite, mortui, venite ad judicium*. Aux pieds du Christ est la terre avec ses montagnes, ses mers, ses fleuves et ses villes; à ses côtés, des anges portent les instruments de la passion. Dans la partie inférieure, au-dessous de Moïse, on voit, à droite, les morts sortant de leurs tombeaux; à gauche, l'enfer et ses tourments. De chaque côté jusqu'à la voûte, des prophètes portent des cartels avec des textes tirés de leurs livres. Toutes ces figures, malgré leur état de détérioration, sont frappantes de vigueur et de netteté. M. le marquis Costa de Beauregard, M. le chanoine

Poncet, d'Annecy, et M. Fivel, architecte, n'ont pas hésité, dans leur rapport, à regarder ces peintures comme des plus remarquables qu'il y ait en Savoie et comme remontant indubitablement au XVe siècle.

Il restait à constater l'identité des reliques. Monseigneur nomma une commission à cet effet. En même temps, M. le docteur Mottard fut chargé de faire un rapport sur leur état actuel. Les ossements soumis à l'examen de la commission présentaient une conformité tellement évidente avec la description que les anciens procès-verbaux, et notamment celui de la profanation en 1794, font des reliques du B. Ayrald, que le doute fut impossible.

Les résultats de l'enquête furent envoyés à la Sacrée Congrégation des Rites, qui nomma le cardinal Villecourt rapporteur de la cause. Celle-ci rentrait dans les exceptions prévues par les décrets du pape Urbain VIII sur la béatification et la canonisation des saints. Mais on sait la sage lenteur et les prudentes exigences de la cour romaine en ces graves et délicates affaires. Après avoir exigé encore, en 1860, de nouvelles recherches et de plus amples témoignages, la Sacrée Congrégation rendit enfin un décret affirmatif le 23 décembre 1862. Le 8 janvier suivant, S. S. le pape Pie IX approuva cette décision et confirma le culte public rendu de temps immémorial au saint évêque de Maurienne. La fête du B. Ayrald a été fixée au 11 mars.

Ce sera un beau jour dans l'histoire religieuse de la Maurienne que celui où les saintes reliques, échappées miraculeusement aux ravages de la révolution et aujourd'hui encore déposées dans la chapelle du palais épiscopal, seront rendues à notre antique cathédrale et où seront ainsi solennellement reprises les traditions de six siècles de vénération et d'amour.

Il nous reste à exprimer un vœu, c'est que Dieu inspire à quelques âmes animées de l'esprit de foi et de patriotisme la pensée de concourir à l'érection, dans la chapelle de Saint-Pierre, d'un autel digne de posséder les restes glorieux de l'humble religieux et du saint évêque. Celui sur lequel ils étaient déposés avant la révolution n'existe plus depuis la suppression de l'ambon.

Saint Bénézet, berger et fondateur de la Congrégation des Frères Pontifes d'Avignon.

(XIIᵉ SIÈCLE.)

CHAPITRE Iᵉʳ

Les Ordres religieux au moyen-âge. — Naissance et mission de saint Bénézet.

Un fait qui domine toute l'histoire du moyen-âge et qu'il ne faut jamais perdre de vue, si l'on veut envisager sous son véritable jour cette époque si peu comprise, c'est la mission providentielle qu'y remplissent les Ordres religieux. C'est par eux que l'Église refait la société bouleversée par les invasions des siècles précédents et police les mœurs encore à demi barbares. L'Europe, dit un auteur[1], est devenue un seul homme dont la religion catholique, dont l'Église romaine est chargée de faire l'éducation, et elle la fait par les monastères. Nous avons déjà touché ce fait ailleurs, mais il est bon d'y revenir : les moines sont les fondateurs et les pères de la société moderne. Eux seuls donnèrent asile aux arts et aux sciences ; eux seuls conser-

---

[1] ROHRBACHER, *Hist. univers. de l'Égl. cathol.*, t. XIII, p. 267.

vèrent, en les copiant, les manuscrits antiques; eux seuls, ou presque seuls, écrivirent l'histoire des événements contemporains; eux seuls ouvrirent des écoles où allèrent s'instruire et se civiliser les fils des familles les plus illustres. En même temps ils défrichèrent les forêts, renfermèrent les fleuves dans leur lit, desséchèrent les marais, inspirèrent aux peuples le respect de la propriété et les formèrent à la vie des champs[1]. Tout, à cette époque, se fit au nom de la religion et par la religion. Il y eut des corporations religieuses pour construire des églises; il y en eut pour bâtir des ponts et garantir aux voyageurs la sûreté des routes.

Bien des auteurs, qui se disent amis du progrès et de la liberté, n'ont su voir en tout cela que l'ambition et la cupidité des moines. Leurs bruyantes déclamations se réduisent à la conclusion que voici : Il eût mieux valu que le moyen-âge restât sauvage et barbare, il vaudrait mieux par conséquent que nous fussions nous-mêmes barbares et sauvages, plutôt que de devoir la civilisation à des moines. A cela il n'y a pas de réponse possible.

Et, chose admirable! Dieu va prendre ses ouvriers dans les palais, dans les chaumières, parmi les savants et parmi les ignorants, parmi les grands du monde et parmi les pauvres bergers. Il les amène tous à la place qu'il leur destine dans le chantier où se construit la société chrétienne. Aux uns il

---

[1] BALMÈS, *Le Protestantisme comparé au Catholicisme*, etc., t. II, chap. XLI.

confie des travaux éclatants; aux autres il réserve seulement la construction d'une église, d'un monastère, d'une école ou d'un pont : tout contribue à l'avancement du grand ouvrage.

C'est une étude bien intéressante que celle du moyen-âge, pour qui sait y voir Dieu présidant visiblement aux choses merveilleuses qui se font et aux hommes plus merveilleux encore qui les font. La page que nous allons écrire de cette histoire est des plus humbles, et néanmoins Dieu ne dédaigne pas d'y montrer la toute-puissance de son bras.

En l'année 1165, vint au monde à Hermillon, petite commune à trois kilomètres de Saint-Jean de Maurienne, un enfant qui reçut au baptême le nom de Benoît; plus tard, à cause de sa jeunesse et de sa petite taille, le peuple l'appela Bénézet, c'est-à-dire petit Benoît. Les auteurs latins le désignent communément sous les noms de *Sanctus Benedictus de ponte* (saint Benoît du pont), de *Benedictus pontifex* (saint Benoît, faiseur de ponts), et de *Benedictus pastor* (saint Benoît, berger)[1].

Bénézet fut élevé sous le toit de chaume de ses parents. Ils étaient pauvres des biens de la terre, mais riches de ceux de la grâce, et ils s'efforcèrent de les communiquer à leur enfant, en lui apprenant de bonne heure à connaître et à aimer Dieu. Le

---

[1] BOLLAND., *Acta Sanctorum*, 16 april., t. II hujus mens., 1º. — *Hist. de l'Égl. gallic.*, t. XIII, p. 250. — CANRON, *Hist. de saint Bénézet*, p. 17. — CHAMPAGNAC, *Diction. de chronol. univ.*, art. *Bénézet.* — Voir Pièces justificatives, nº 25.

Seigneur féconda cette semence et prépara Bénézet à devenir le docile instrument de sa puissance. Il perdit son père, étant encore en bas âge, et dès que ses forces le permirent, sa mère, selon l'usage des gens de la campagne, l'employa à la garde des quelques brebis qui composaient sa fortune.

Le 13 septembre de l'année 1177[1], Bénézet faisait paître son petit troupeau, lorsqu'eut lieu une éclipse totale de soleil. Tout à coup, au milieu de l'obscurité, une voix se fit entendre par trois fois : « Bénézet, mon fils, écoute la voix de Jésus-Christ. — Qui êtes-vous, Seigneur, qui me parlez, répondit l'enfant. J'entends votre voix, mais je ne puis vous voir. — Ne crains rien, reprit la voix ; je suis Jésus-Christ, qui d'une seule parole ai créé le ciel, la terre, la mer et tout ce qu'ils renferment. — Seigneur, que voulez-vous que je fasse ? — Je veux que tu laisses le troupeau que tu gardes et que tu ailles bâtir pour moi un pont sur le Rhône. — Seigneur, je ne sais où est le Rhône et je n'ose pas abandonner les brebis de ma mère. — Ne t'ai-je pas dit d'avoir confiance ? Va donc avec courage ; je ferai ramener tes brebis à l'étable et je te donnerai un compagnon qui te conduira jusqu'au Rhône. — Mais, Seigneur, je n'ai que trois oboles. Comment ferai-je un pont sur le Rhône ? — Tu le feras, mon fils, par les moyens que je te donnerai. »

Et de même qu'autrefois les Apôtres laissèrent

---

[1] *Acta Sanct.* — BARONIUS, *Annal. eccles.*, t. II., an. 1177, nº 95. — LUC D'ACHERY, *Spicil.*, t. III, p. 12. — Voir Pièces justificatives, nº 26.

leur père et leurs filets pour suivre le Sauveur, l'humble enfant laissa sa mère et son troupeau, et partit pour exécuter les ordres du ciel.

Quand Bénézet eût fait quelque chemin, il rencontra un ange sous la figure d'un pèlerin, portant un sac de voyage et un bâton à la main. Il s'approcha de l'enfant et lui dit : « Viens avec moi sans crainte ; je te conduirai à l'endroit où tu dois construire le pont de Jésus-Christ, et je te montrerai ce que tu as à faire. »

Ils arrivèrent ensemble sur les bords du Rhône. A la vue de la largeur du fleuve, Bénézet, saisi de frayeur, s'écria : « Il est impossible que je fasse un pont ici! — Ne crains rien, répondit l'ange ; car l'Esprit-Saint est avec toi. Va vers cette barque que tu vois là-bas, le batelier te fera passer le fleuve ; tu entreras dans la ville d'Avignon et tu te présenteras à l'évêque et à son peuple. » Et disant cela, l'ange disparut[1].

CHAPITRE II

Le batelier juif. — L'évêque et le viguier. — Celui qui croit en Jésus-Christ fait des œuvres aussi merveilleuses que celles de Jésus-Christ, et de plus merveilleuses encore.

Bénézet alla vers le batelier et le pria, pour l'amour de Dieu et de la bienheureuse Vierge Marie,

---

[1] Voir Pièces justificatives, n° 27.

de le transporter à la ville où il avait quelque affaire. Cet homme était juif; il répondit à l'enfant : « Si tu veux passer, donne-moi trois deniers comme les autres. » Bénézet le supplia une seconde fois de le passer à l'autre bord, pour l'amour du Seigneur Jésus et de la bienheureuse Vierge Marie sa mère; mais le juif inexorable lui répondit : « Que m'importe ta Vierge Marie! elle n'a aucun pouvoir ni dans le ciel ni sur la terre. J'aime mieux trois deniers que son amour. »

Bénézet lui donna ses trois oboles. Le juif, voyant qu'il ne pouvait tirer davantage de cet enfant, le reçut dans sa barque et le déposa, quelques instants après, sous les murs d'Avignon.

L'enfant se rendit à la cathédrale, qui s'appelait alors Notre-Dame du Château ou du Rocher, et comme l'évêque, nommé Ponce, était en chaire expliquant à son peuple la parole de Dieu, il l'interrompit en s'écriant d'une voix ferme : « Écoutez-moi et prêtez l'oreille à ce que je vais vous dire : Jésus-Christ m'a envoyé vers vous pour construire un pont sur le Rhône. »

L'évêque, indigné qu'un enfant d'aussi chétive apparence osât l'interrompre publiquement et dans le lieu saint, ou croyant peut-être avoir à faire à un insensé, ordonna qu'on le conduisît au viguier pour le faire punir de son insolence. Le viguier ou prévôt-viguier était le premier magistrat civil de la ville. C'était alors un homme dur et sévère, appelé Bérenger, de la famille de Sade [1].

---

[1] *Acta Sanctorum*, *ibid.*, note L. — CANRON, p. 23.

Bénézet se présenta hardiment devant lui et lui dit : « Le Seigneur Jésus-Christ m'a envoyé en cette ville pour bâtir un pont sur le Rhône. — Comment, reprit le viguier, un enfant de ton espèce pense-t-il construire un pont que ni Charlemagne ni aucun autre n'ont jamais osé entreprendre ? Dieu lui-même et ses Apôtres ne pourraient pas en venir à bout. » Et comme Bénézet insistait : « Eh bien, ajouta-t-il, les ponts se font avec des pierres et de la chaux. J'ai dans mon palais une pierre énorme; si tu peux la remuer et la porter, je croirai que tu peux faire ce pont. »

Bénézet, plein de confiance dans le Seigneur, accepta la proposition du viguier et retourna auprès de l'évêque pour lui en faire part. « Allons, dit le prélat, voir la merveille que tu nous annonces. » Et il le suivit avec tout le peuple.

Dans la cour du palais, il y avait, dit la chronique, une pierre que trente hommes n'eussent pu porter. Au rapport de plusieurs historiens, elle avait trente pieds de longueur sur dix-sept de largeur. Bénézet se mit à genoux et resta quelques instants en prière; puis se relevant, il s'approcha de cette pierre, fit sur elle le signe de la croix et la chargea sur ses épaules « aussi facilement, dit la chronique, que si c'eût été un petit caillou. » Il la porta ainsi à travers la foule jusqu'à l'endroit où devaient être jetées les fondations de la première pile du pont[1].

A ce spectacle, tout le peuple fut saisi d'admi-

---

[1] Voir Pièces justificatives, n° 28.

ration, et, dans les transports de son enthousiasme, il proclama hautement la grandeur et la puissance que Dieu fait éclater dans ses œuvres et dans les instruments de sa bonté envers les hommes. Le viguier fut le premier à reconnaitre le prodige : il se prosterna devant Bénézet, lui baisa les mains et les pieds, et lui offrit trois cents sous pour la construction du pont. Tout le monde voulut concourir à une œuvre dont Dieu était si visiblement l'inspirateur, en sorte que l'on recueillit sur-le-champ cinq mille sous, somme fort considérable pour ce temps-là.

Le Seigneur opéra encore un grand nombre de miracles en cette journée, par l'intercession de son serviteur : il rendit la vue à des aveugles, l'ouïe à des sourds, et redressa dix-huit boiteux [1].

CHAPITRE III

Les Frères Pontifes. — Le pont d'Avignon. — Miracles et mort de saint Bénézet.

En lisant les deux chapitres qui précèdent, le lecteur s'est peut-être demandé à quoi bon cette vocation divine et tant de miracles qui la suivent et la prouvent, à propos de la construction d'un pont. C'est qu'au XIIe siècle une construction de

---

[1] Voir Pièces justificatives, n° 29.

ce genre était non-seulement un acte de charité, mais une œuvre de haute importance sociale.

« Sous la domination romaine et l'influence civilisatrice du christianisme, dit M. Canron[1], on vit naître dans les Gaules et dans l'Italie une foule de corporations de bateliers qui, pour un modique salaire, transportaient les marchandises sur les fleuves et facilitaient aux voyageurs le passage des rivières. En Provence surtout, où les rivières, plus fougueuses, avaient un lit plus incertain, ces sortes d'associations se multiplièrent et se répandirent de tous les côtés : ceux qui en faisaient partie furent appelés *Utriculaires (Utricularii)*, parce qu'ils employaient des outres *(utres)*, au lieu de radeaux et de barques...

« Mais ils n'étaient unis par aucun lien religieux; aussi se glissa-t-il bientôt parmi eux d'énormes abus; la cupidité devint leur unique mobile : on les vit dépouiller impitoyablement les voyageurs, et souvent, au dire d'un auteur, *sous prétexte de les passer à l'autre bord, ils les faisaient passer à l'autre monde.* »

Ce triste état de choses ne fit qu'empirer au déclin de la seconde race des rois de France et au commencement de la troisième race. L'État tomba dans une sorte d'anarchie, les grands s'érigèrent en souverains occupés à se faire la guerre les uns aux autres; puis survinrent les invasions des Sarrasins, et il n'y eut plus de sûreté pour les voyageurs, surtout au passage des rivières. Comme les ponts

---

[1] *Hist. de saint Bénézet*, p. 59.

étaient rares et la surveillance nulle, les bateliers purent exercer leur brigandage sur la plus large échelle [1]. L'Italie et le reste de l'Europe n'étaient pas dans une situation moins déplorable.

« Alors, continue M. Canron, des hommes pieux se réunirent en corporations religieuses, et s'engagèrent par vœu à *se tenir toujours en état, pour le service des voyageurs, sur les grandes routes et particulièrement au bord des rivières, tant pour leur faciliter le passage par le moyen des ponts, des chaussées et des bacs, que pour les défendre contre toute sorte d'insultes et leur donner même le couvert dans les hôpitaux.* Le peuple les appela *Frères Pontifes* ou *faiseurs de ponts;* Rome païenne avait déjà donné ce titre aux chefs du culte qui, sous le règne d'Ancus Marcius, construisirent le pont Sublicius.

« C'est ainsi que, vers le commencement du XI° siècle, douze nobles Florentins, renonçant à leurs richesses et à l'élévation de leur rang, se vouèrent, pour l'amour de Dieu, au service des voyageurs sur un pont et dans un hospice qu'ils avaient bâtis eux-mêmes près de San Miniato, entre les confins de Lucques et les confins de Florence. Leur œuvre prit le nom de Saint-Jacques du Haut-Pas *(de alto passo* ou *de alto pascio)*, à cause de l'élévation du lieu où ils s'étaient établis...

« Quelques années après..., le berger Allucio, que l'Église a mis sur les autels, touché de compassion à la vue des périls que couraient les voyageurs en traversant l'Arno, formait le projet de

---

[1] HÉLYOT, *Dictionn. des Ord. relig.*, art. *Pontifes.*

bâtir un pont sur cette rivière... Il s'adressa à la générosité des fidèles, qui ne lui fit point défaut, et, avant sa mort, il eut la consolation de voir l'entier achèvement de son œuvre.

« Le XIe siècle surtout fut remarquable par le nombre considérable de ponts à la construction desquels la religion présida. On regardait alors, dit le P. Marin[1], comme méritoire, non-seulement de bâtir des églises, de se dévouer au service des pauvres et des malades, mais encore de rendre les chemins praticables, d'ouvrir des routes et de construire des ponts. » On en construisit un grand nombre, à cette époque, en France, en Écosse, en Suède et dans les autres contrées de l'Europe. La construction des ponts était devenue la dévotion à la mode, et l'on comprend pourquoi Dieu ne dédaignait pas de l'encourager par des miracles. En préservant les voyageurs des dangers auxquels leur bourse et leur vie étaient exposées au passage des rivières, elle facilita et multiplia les relations religieuses et commerciales qui contribuèrent puissamment à l'adoucissement des mœurs.

C'était donc une entreprise bien importante et en même temps bien difficile que celle que Dieu avait confiée au saint berger d'Hermillon. Depuis le jour où sa mission fut divinement reconnue par le peuple avignonais, Bénézet se livra tout entier à la construction du pont de Jésus-Christ, selon l'expression de Jésus-Christ lui-même. Un certain nombre de jeunes gens, attirés par l'éclat de ses

[1] *Comment. histor. de discipl. in administ. sacram. pœnit.*

vertus et de ses miracles, s'offrirent à lui pour l'aider dans ce travail et se mirent sous sa conduite. Ainsi fut formée la corporation des Frères Pontifes de la ville d'Avignon, « dont les particuliers soins, dit un auteur[1], estoient de veiller à la conservation et réparation du pont et à loger les pèlerins. » Plusieurs Frères Pontifes du voisinage se joignirent à eux et apportèrent à la congrégation naissante l'expérience qu'ils avaient acquise dans la vie religieuse et la construction des ponts. Néanmoins, ils ne formèrent pas, pendant la vie du saint, une communauté religieuse proprement dite, bien qu'ils vécussent en commun et qu'ils s'appliquassent à la pratique des vertus monastiques. Bénézet, malgré son jeune âge, était le père et le modèle de tous. Comme il savait que l'orgueil est d'autant plus à craindre que l'on a reçu de Dieu des faveurs plus signalées, il ne voulut point consentir à prendre le titre de prieur que portaient les chefs des autres corporations de pontifes et se contenta de celui plus modeste de procureur ou de ministre de l'Œuvre du pont. C'est le titre qu'il porte dans les actes passés en faveur de l'Œuvre. En l'année 1180, il obtint de plusieurs personnes notables de la ville, et notamment d'un nommé Bernard ou Bertrand La Garde, une cession complète des droits qu'elles avaient sur le port du Rhône. L'année suivante, il acheta de Galburge et de Raymond Malvicini, son fils, une maison et un jardin situés près de l'endroit où il avait jeté les fondations de

---

[1] Nouguier, cité par M. Canron, p. 28.

la première pile du pont. Les Frères Pontifes s'y réunirent et commencèrent dès lors à loger les voyageurs indigents[1].

Au milieu des embarras innombrables qu'entraînaient nécessairement la construction du pont et le gouvernement de la corporation des Frères Pontifes, Bénézet donnait autour de lui l'exemple des plus admirables vertus. A un zèle ardent pour l'accomplissement de la mission que le ciel lui avait confiée, il joignait une foi si vive, une piété si touchante, une pureté de mœurs si angélique et en même temps une si aimable simplicité de conduite, que tout le monde était forcé de l'aimer et de le vénérer comme un saint. Les applaudissements qu'il recueillait ne l'enorgueillissaient point et il rapportait tout à Dieu, ne se considérant lui-même que comme un faible et inutile instrument entre ses mains. Quoiqu'il fût continuellement occupé soit aux travaux du pont, soit à la recherche des matériaux et aux autres démarches que cette entreprise nécessitait, ces occupations toutes matérielles ne distrayaient point son esprit de la présence de Dieu; il savait, au contraire, s'en servir comme d'un moyen pour s'élever à lui et y porter ceux qui l'entouraient par les paroles d'édification qu'il mêlait à tous ses entretiens. « Il n'oublioit jamais, dit un ancien biographe[2], la principale de ses occupations; le culte de la religion et les pratiques de la piété étoient préférés à tout le reste, surtout si elles étoient

---

[1] *Acta Sanctorum* et CANRON.
[2] Cité par M. Canron, p. 20.

utiles aux misérables, où il s'engageoit avec une ardeur non pareille. Et lorsque ses mains n'étoient point élevées au ciel dans l'oraison, elles ne cessoient jamais d'être occupées au travail. Il ne dormoit qu'autant qu'il étoit nécessaire pour soutenir son corps, et il vivoit dans une extrême abstinence de toute chose... Il étoit aussi bien faict de corps que d'esprit, il paroissoit admirable dans toutes ses actions, et, vénérable par sa vertu, charmoit si fort tous les cœurs par sa douceur, par son humilité, par la gaîté qu'on voyoit peinte sur son visage, qui le rendoit d'un abord si facile à tous, qu'il n'y avoit point de cœur si dur qu'il ne lui donnast quelque entrée chez lui; enfin, il marquoit fort sur son visage et dans ses façons la ressemblance d'un ange. »

Le Seigneur continuait aussi à montrer par des miracles la sainteté de son jeune serviteur. Les dépositions des témoins qui furent entendus peu de temps après sa mort en rapportent un grand nombre opérés de son vivant par son intercession[1].

Trois fois il changea l'eau en vin et, quoiqu'il ne bût jamais de vin, il en goûta alors en disant: « Puisque Dieu veut que je boive de cette eau, j'en boirai. »

Les malades accouraient à lui de tous côtés; il mettait une croix sur chacun d'eux et, leur donnant le baiser de paix, les renvoyait guéris. Une fois, un

---

[1] Le procès-verbal de ces dépositions a été publié par M. Canron (chap. III). Les Bollandistes démontrent d'une manière irréfutable l'authenticité de ce document.

homme qui était retenu dans son lit, perclus de tous ses membres, le fit prier d'aller le voir. Le saint y alla; à peine fut-il entré dans la maison, que le malade s'écria qu'il était guéri; il se leva sur son séant et fut remis en parfaite santé par l'attouchement du saint. Une autre fois, Bénézet reprit des joueurs qui blasphémaient le nom de Dieu et interrompit leur jeu. L'un de ces malheureux en fut tellement outré de colère qu'il lui donna un soufflet. Dieu l'en punit aussitôt, car sa tête demeura immobile et tournée en arrière. Ce châtiment le fit rentrer en lui-même; il se jeta aux genoux du saint, lui demandant pardon et le priant d'intercéder pour lui, ce que celui-ci fit volontiers, et le blasphémateur repentant fut à l'instant guéri. Le crédit dont il jouissait auprès de Dieu était tellement connu que, lorsqu'il passait dans la ville, un grand nombre de personnes sortaient de leurs maisons pour le prier de visiter leurs malades, qui tous recouvraient la santé par ses prières.

Un jour que les pierres manquaient pour la construction du pont, Bénézet dit aux maçons : « Allez creuser en tel endroit, vous en trouverez en abondance; » ce qui se trouva véritable par la volonté de Dieu.

Tant de vertus et de miracles ne pouvaient manquer d'exciter la fureur du démon. Une nuit que le saint priait dans une église, l'ennemi de tout bien lui jeta une grosse pierre; mais elle ne toucha que ses vêtements. Alors le démon alla se venger sur le pont dont il renversa une arche. Bénézet en fut averti aussitôt par une inspiration du ciel et il dit à ses compagnons : « Retournons à Avignon, car l'ennemi a rompu une arche du pont; allons la refaire. » Ils y allèrent et eurent bientôt rétabli l'arche abattue.

Cependant la construction du pont n'avançait que bien lentement, malgré le zèle infatigable avec lequel le saint y travaillait depuis sept ans. On n'en sera point étonné, si l'on réfléchit que le Rhône est l'un des fleuves les plus rapides de l'Europe. Au temps de saint Bénézet, n'étant contenu par aucune digue, il portait çà et là ses flots impétueux; ce qui donnait à son lit une largeur démesurée et avait désespéré le génie même des Romains et de Charlemagne. En face d'Avignon, il se divise encore aujourd'hui en deux branches séparées par une île très fertile, appelée la Barthélasse. Pour joindre les deux rives sans discontinuité, il fallut donner au pont une longueur de 1,840 pas; il en avait cinq de largeur et se composait de dix-huit arches[1].

Le Seigneur n'accorda pas à saint Bénézet la consolation de voir l'achèvement de son œuvre. Son âme était mûre pour le ciel et son corps consumé par les travaux auxquels il s'était livré. Il expira doucement le 14 avril de l'année 1184, la dix-neuvième de son âge, dans la maison qu'il avait achetée à côté du pont[2].

---

[1] CANRON, p. 23 et 83. — Un auteur cité par les Bollandistes (note G) ne donne au pont d'Avignon que 1,343 pas de longueur.
[2] *Acta Sanctorum.* — Canron, p. 142.

CHAPITRE IV

Le tombeau de la chapelle du pont. — Dévotion des peuples
à saint Bénézet.

Quand un saint meurt, il se répand comme un parfum céleste qui annonce que le ciel a un habitant de plus et l'Église, le lieu surtout où s'est exhalé le dernier soupir du juste, un nouveau protecteur. Dans le cœur de ceux qui l'ont admiré et aimé, il y a je ne sais quel mélange inspiré de douleur et de joie, qui leur dit de ne pas trop se réjouir parce qu'ils ont beaucoup perdu sur la terre, et de ne pas trop s'affliger parce qu'ils ont beaucoup gagné dans le ciel.

L'évêque d'Avignon, qui était alors Rostaing de Marguerites, apprenant que le saint jeune homme était mort, pensa, au premier abord, à enrichir la cathédrale de ses dépouilles mortelles; car telle était l'opinion qu'il avait de sa sainteté, qu'il ne doutait pas qu'après avoir été le bienfaiteur de la ville pendant sa vie, il ne fût au ciel un de ses plus puissants et plus zélés protecteurs. Mais Bénézet avait choisi pour sa sépulture la chapelle qu'il avait fait bâtir sur la troisième arche du pont, en l'honneur de saint Nicolas; il avait voulu présider ainsi à l'achèvement de son œuvre et en demeurer le gardien. On se détermina à suivre sa volonté et les funérailles furent célébrées avec la plus grande pompe. « Le précieux dépôt, dit un manuscrit de la bibliothèque d'Avignon[1], fut accompagné de toute la noblesse et d'une foule de peuple ; les merveilles et les miracles se renouvelèrent pendant cette marche ; le corps saint fut porté dans la chapelle qui est sur la troisième pile du pont, où on avait élevé un arc sous lequel il fut enterré dans un tombeau de pierre, élevé de quelques pieds sur terre, que l'on couvrit ensuite d'une grosse pierre sur laquelle était taillée une croix tout au long, et à côté le nom du saint, le tout fermé de trois grosses barres de fer, pour tenir ce sacré dépôt plus assuré. » Il y demeura jusqu'en 1669, où eut lieu sa première translation, comme nous le dirons plus loin.

Les malades affluèrent au tombeau du thaumaturge. On y voyait aussi fréquemment des pèlerins venus de pays éloignés, pour remercier le saint de la guérison et des autres grâces qu'ils avaient obtenues par son intercession. Il n'était bruit dans la contrée que des miracles qui s'opéraient dans la chapelle de Saint-Bénézet, en sorte que, au rapport d'un témoin oculaire, ce pèlerinage était aussi fréquenté que celui de Notre-Dame du Puy, l'un des plus célèbres de France.

Ces miracles contribuèrent beaucoup à conserver le culte de notre saint dans la ville d'Avignon, malgré les efforts des jansénistes du XVIIe siècle, si justement appelés les *dénicheurs de saints*. En vain cette école, tristement célèbre, s'efforça-t-elle de taxer l'histoire de saint Bénézet de simplicité ridicule et de grossière ignorance. La dévotion des

---

[1] Cité par M. Canron, p. 31.

Avignonais au saint berger de la Maurienne était appuyée sur des fondements trop incontestables pour qu'elle pût céder devant ces méprisables attaques de l'hérésie. D'ailleurs, le pont miraculeux était encore debout et suffisait pour leur rappeler ce que Dieu avait fait pour eux par le moyen de cet humble enfant.

« Ce n'était pas seulement à Avignon que le culte de ce grand serviteur de Dieu était en honneur. Dans tout le Comtat Venaissin, on l'invoquait d'une manière toute spéciale; dans les paroisses de Provence et de Languedoc, riveraines du Rhône, on recourait à son intercession pour être délivré des inondations et des dangers que l'on pouvait courir sur le fleuve; à Viviers et à Vienne, on célébrait chaque année sa fête [1]. » A quatre lieues de Nîmes, un petit village portait son nom *(San Bénézet del Queiron)* et l'avait pris pour son patron aussi bien que la paroisse du Villard dans le Vivarais.

Au XVIIe siècle, les consuls d'Avignon choisirent saint Bénézet pour l'un des protecteurs de la cité, en faisant mettre son image sur la tour du beffroi de l'hôtel-de-ville, à côté de celles de saint Agricol, du B. Pierre de Luxembourg et de saint Magne. Enfin, jusqu'à la Révolution française, le chapitre de Saint-Agricol d'Avignon célébra sa fête le 14 avril, jour anniversaire de sa mort. C'est en ce jour aussi que font mention de saint Bénézet le martyro-

---

[1] CANRON, p. 110.

loge d'Usuard, annoté par Jean Molan, et celui de du Saussay[1].

Qu'on nous permette de rapporter un passage de l'office du saint, que l'on chantait dans l'église de Saint-Agricol. C'est un témoignage bien touchant de la dévotion des peuples.

« Quelle merveilleuse grâce vous a été accordée, ô Bénézet! disait une antienne, vous qui, en gardant votre troupeau, avez été appelé de Dieu même à construire ce pont! Que la ville d'Avignon est heureuse d'avoir été enrichie d'un pareil trésor! Vous rendez la vue aux aveugles et l'ouïe aux sourds, vous redressez les boiteux, et tous les malades qui s'adressent à vous, recouvrent la santé. » Puis venait le verset : « Priez pour nous, saint Bénézet, afin que nous devenions dignes des promesses de Jésus-Christ; » et l'oraison : « Seigneur Dieu tout-puissant, qui, par les mérites et le travail de saint Bénézet, avez voulu illustrer la ville d'Avignon de la gloire de ce pont; qui par ses prières avez rendu la vue aux aveugles, l'ouïe aux sourds, le marcher aux boiteux, la santé à tant de malades; faites par votre bonté que tous ceux qui réclament sa protection, jouissent de la santé du corps et parviennent au royaume éternel[2]. »

Guillaume Paradin, dans son *Histoire de Lyon*, prétend que saint Bénézet a été canonisé par le pape Innocent IV dans le concile œcuménique de Lyon; il donne même le texte de la bulle en français. Mais

---

[1] *Acta Sanctorum*, n° 1. — CANRON, p. 109 et 144.
[2] *Acta Sanctorum*, note S.

comme cette bulle ne se trouve pas dans le bullaire et qu'aucun autre auteur n'en fait mention, on peut d'autant moins ajouter foi à l'assertion de Paradin, que son histoire de saint Bénézet est remplie de faits démentis par les documents les plus authentiques. Cela n'empêche pas, dit le P. Papebrok[1], que la légitimité du culte rendu au saint berger ne puisse nullement être révoquée en doute; car plusieurs Souverains Pontifes lui donnent dans des actes publics les noms de saint et de bienheureux; et pendant la résidence des papes à Avignon, voyant les honneurs qu'on lui rendait, principalement le jour de sa fête où l'on récitait son office et l'on célébrait le saint sacrifice en son honneur dans la chapelle où reposaient ses reliques, non-seulement ils ne firent entendre aucune réclamation, mais ils encouragèrent, au contraire, ce culte par de nombreuses indulgences.

La Maurienne n'a pas non plus oublié son illustre enfant, dont le nom y est toujours entouré d'une religieuse vénération. On le trouve dans tous les historiens savoisiens qui parlent de nos gloires religieuses. Sa statue est placée dans l'église d'Hermillon, à côté de celles des patrons de la paroisse, et l'on montre encore, en face de l'église, l'emplacement qu'occupait la maison de ses parents. Des vieillards assuraient, il n'y a pas longtemps, avoir vu des pèlerins français y venir en dévotion et emporter pieusement, en souvenir du saint, des parcelles détachées des murs de la

---

[1] *Acta Sanctorum*, n° 2.

maison qui s'élève sur ce local[1]. La Maurienne aura désormais un titre de plus à la protection de ce saint enfant : elle vient d'en être autorisée à célébrer sa fête le 3 septembre.

CHAPITRE V

Translations des reliques de saint Bénézet.

La fin de l'année 1669 fut marquée par un froid excessivement rigoureux : le Rhône charria des glaçons énormes qui, poussés par la violence du courant contre les piles du pont d'Avignon, déterminèrent la chute de deux arches et endommagèrent fortement les autres, surtout la troisième sur laquelle était construite la chapelle qui renfermait les dépouilles de saint Bénézet. Les recteurs de l'hôpital du pont, à qui appartenait l'administration de cette chapelle, craignant une ruine complète, demandèrent à Louis-Marie Suarès, vicaire capitulaire pendant la vacance du siége, l'autorisation de transporter les saintes reliques dans l'église de l'hôpital. Celui-ci accueillit volontiers leur demande et voulut présider lui-même à la cérémonie, qui fut fixée au 18 mars 1670. Il fit ouvrir le tombeau, vers les dix heures du matin, en présence des recteurs, du trésorier et des autres administrateurs

[1] Voir Pièces justificatives, n° 30.

de l'hôpital, et de plusieurs personnes notables de la ville appelées comme témoins. M. de Cambis de Fargues, l'un de ces témoins, décrit ainsi l'état dans lequel le saint fut trouvé :

« On découvrit le corps du saint tout entier, sans aucune marque de corruption, et qui rendoit une odeur très suave... Il étoit vêtu d'une chemise de toile froncée autour du col, nullement collée à son corps, mais, au contraire, tout à fait détachée. Le suaire le couvroit tout le long du corps, dessus et dessous; son visage étoit voilé d'un petit linge ou suaire serré à l'entour du col, qu'on ôta aussitôt, où la forme du visage du saint étoit demeurée empreinte jusqu'aux yeux même qui y étoient marqués de couleur minime clair. Sa tête était un peu tournée à côté; son visage étoit fort entier, de sorte qu'on pouvoit presque en distinguer les traits; sa tête étoit rase sans cheveux, aussi bien que son visage sans poil; l'œil droit étoit fermé et couvert de la paupière, le gauche étant entr'ouvert, le nez étoit un peu tourné de côté, pour avoir été pressé par le petit suaire qui couvroit son visage; sa bouche était à demi ouverte comme celle d'un homme qui rit, la lèvre supérieure retirée, découvrant les dents de dessus, et la lèvre inférieure découvrant la pointe des dents de dessous. La langue paraissoit entre deux, presque aussi épaisse que si le saint étoit en vie et de couleur rose sèche. On trouva sur sa tête un monceau ou un amas du reste d'une couronne de fleurs, comme l'on croit, puisqu'on trouva aussi dans le tombeau quelque reste de myrthe ou autre chose semblable; d'autres croyoient que c'étoient des débris de parchemin... Sa tête et son corps n'avoient pas été vidés ni embaumés, puisqu'il a son ventre aussi plein que celui d'un homme vivant, qui cède lorsqu'on le presse et qui revient après à son premier état, comme fait la chair des autres parties de son sacré corps. Ses deux mains étoient ouvertes et fort conservées, couvertes de peau sous laquelle on distinguoit les nerfs. Ses ongles étoient assez longs, sans déborder hors des doigts. Sa main gauche était appuyée du bout des doigts sur le côté droit de la poitrine, tout le bras étant en l'air sans autre appui. La main droite étoit étendue sur le ventre, les jambes un peu éloignées l'une de l'autre, et les pieds, dont les doigts n'étoient point courbés, tournoient du côté droit. Son corps a une couleur qui n'est pas beaucoup éloignée de la naturelle et passe six pans de longueur (quatre pieds et demi). Sa chemise et son suaire... ont été plus conservés aux endroits qui touchoient son sacré corps qu'à ceux qui en étoient éloignés; de sorte que cette toile est aussi forte que si elle étoit neuve, puisqu'on ne la peut pas déchirer, et qu'il fallut la couper avec des ciseaux. Toutes ces choses sont d'autant plus admirables, que le corps est toujours resté dans un lieu extrêmement humide à cause des vapeurs du Rhône qui y montent; tellement que les cercles de fer dont le tombeau est entouré étoient rouillés et en partie corrodés.

« Ce fut sur le midi qu'on tira du tombeau ce précieux corps, que deux personnes portoient l'une par la tête et l'autre par les pieds, sans qu'il pliât. On fit faire ensuite une caisse pour le transporter, dans laquelle on le mit enveloppé dans du taffetas blanc... On distribua aux assistants divers morceaux du suaire et de la chemise du saint avec d'autres de ses reliques [1]. »

Vers les dix heures du soir, le saint corps, porté par quatre prêtres et accompagné des consuls de la ville et de tous ceux qui avaient assisté à l'ouverture du tombeau, fut transporté à l'église de l'hôpital. Le 10 mai suivant, on le plaça dans une niche richement décorée et pratiquée dans le mur, du côté de l'Épître. Il fut exposé à la vénération publique, et le concours des fidèles fut si grand ce jour-là, qu'on fut obligé d'employer la garde suisse du vice-légat pour empêcher le désordre.

Le séjour du saint corps dans cette église fut signalé par une multitude de guérisons miraculeuses. Citons-en une rapportée par le P. Papebrok dans les *Actes des Saints*. C'est la guérison d'un enfant qui, depuis trois semaines qu'il était né, n'avait point encore pu sucer la mamelle de sa mère. Un chirurgien fut appelé, et il déclara que l'enfant était dans un état désespéré, parce que sa langue était trop courte. Les parents, désolés, eurent recours à saint Bénézet ; ils allèrent à l'église de l'hôpital et y firent célébrer une messe en son honneur. A leur retour, quelle ne fut pas leur joie, en voyant que la langue de leur enfant s'était suffisamment allongée, pour lui permettre de saisir le sein maternel ! Quelques jours après, ils allèrent

---

[1] CANRON, p. 30. — *Acta Sanctorum, Translatio corporis.*

rendre à leur bienfaiteur de publiques actions de grâces.

Cette translation souleva de vives réclamations de la part de la France, qui avait réussi à étendre son autorité sur toute l'étendue du pont. Louis XIV s'en plaignit à M⁰ʳ Azon Ariosto, archevêque d'Avignon, et exigea que le saint corps fût porté dans l'église du couvent des Célestins, qui était de fondation royale et sous la protection de la France. L'archevêque, pour ne point paraître céder aux ordres d'un souverain étranger, répondit qu'ayant fait examiner l'état du pont et de la chapelle, il allait reporter les reliques à leur ancienne place. Ce qu'il fit, en effet, le 3 mai 1672.

Mais cette mesure, sans contenter le monarque habitué à tout faire plier sous sa volonté, excita les murmures du peuple, désolé de perdre sitôt un trésor qu'il avait espéré conserver dans l'intérieur de la ville. Il en résulta de longs débats entre les cours de Rome et de Paris, qui convinrent enfin que le corps serait déposé aux Célestins, en attendant que le pont fût rétabli et consolidé. Cette nouvelle translation eut lieu le lundi de Pâques, 26 mars 1674, avec une pompe extraordinaire.

« La procession partit de l'hôpital Saint-Bénézet, à trois heures après midi; on avait tenté et tapissé partout où l'on devait passer; les trompettes et la fanfare précédaient; ensuite, grand nombre de jeunes enfants portant des guidons à l'effigie de saint Bénézet. Après eux, venaient cent jeunes enfants de onze à douze ans, vêtus en berger, la houlette en main; un, entre autres, représentait saint Bénézet et portait sur l'épaule la figure d'une grosse pierre; ensuite, une grande bannière en broderie portant l'effigie du saint, que suivaient bon nombre de confrères, un flambeau à la main; toutes les sept confréries de pénitents, les corps religieux qui, de coutume, assistent aux processions générales, et Messieurs les chanoines des huit chapitres, qui étaient tous revêtus de chapes blanches. A la tête des huit chapitres, on avait placé un grand corps de musique, qui chantait un motet à l'honneur de saint Bénézet. Après eux, une nombreuse symphonie devant la châsse qui était de noyer doré avec des vitres sur les faces, d'où l'on pouvait aisément apercevoir le corps de saint Bénézet. La châsse, sous un riche dais dont Messieurs les viguiers, consuls et assesseurs, pieds nus, tenaient les bâtons, était portée par deux prêtres en dalmatique, et aussi pieds nus, tout autour desquels six autres prêtres, en surplis, avec six gentilshommes, portaient un gros flambeau, entourés de la garde suisse. Mgr l'archevêque et Mgr l'évêque d'Orange, revêtus *in pontificalibus*, terminaient la procession.

« N'oublions pas une circonstance admirable. A la porte Ferruce (aujourd'hui porte du Rhône), on avait dressé un petit autel sur lequel on reposa la châsse; pour lors, Messeigneurs les évêques l'encensèrent par trois fois, pour réparer, en quelque façon, l'outrage qui fut fait à saint Bénézet, lorsqu'un blasphémateur lui donna un soufflet[1]. »

---

[1] Manuscrit cité par M. Canron, p. 103.

La marche jusqu'à l'église des Célestins fut un véritable triomphe. Le corps fut placé dans une châsse en bois, magnifiquement sculptée et surmontée d'une statue du saint. Plus de vingt mille étrangers assistèrent à cette fête, qui fut suivie d'une octave solennelle.

CHAPITRE VI

Profanation et réparation.

Les reliques de saint Bénézet n'échappèrent pas à la rage impie des révolutionnaires. Après l'expulsion des Célestins, elles furent transportées dans la collégiale de Saint-Didier, devenue église paroissiale, par les mains indignes du curé constitutionnel de la ville. Mais la guillotine ayant remplacé le culte de Dieu et des saints, cette église elle-même fut convertie en prison. Parmi les prisonniers qui y furent entassés, en attendant qu'ils passassent devant la commission révolutionnaire d'Orange, et de là à l'échafaud, il y avait des soldats réfractaires de la légion de la Corrèze. Un jour, ils se jetèrent sur la châsse du saint berger, l'ouvrirent et dispersèrent les ossements dans toute l'église. Mais, à côté de ces profanateurs, se trouvaient des chrétiens pleins de foi, dont tout le crime, crime impardonnable à cette époque, était d'être fidèles à la religion de leurs pères. Profitant des ténèbres de la nuit et trompant la vigilance des gardiens et des soldats, ils purent enlever, presque en entier, ces saintes reliques; ils se les partagèrent, et, rendus plus tard à la liberté, ils les emportèrent dans leurs familles, comme un pieux souvenir de la captivité qu'ils avaient soufferte pour le nom de Jésus-Christ. Ceci se passait au mois de juin 1793.

Bien des fois on essaya de recueillir ces précieux débris, dont la perte privait l'église d'Avignon de son plus riche trésor. En 1846, de nouvelles recherches furent faites, et cette fois le Seigneur voulut qu'elles aboutissent à un heureux résultat. On parvint à réunir des portions considérables du saint corps; leur authenticité fut reconnue par Mgr Debelay, archevêque d'Avignon, après les informations canoniques nécessaires, et leur translation solennelle fixée au premier jour de l'année 1854.

Dès la veille, la fête fut annoncée par le son de toutes les cloches et par les détonations de l'artillerie. A midi et demi, Monseigneur l'archevêque, assisté d'un nombreux clergé, les premiers magistrats et l'élite des habitants de la ville se réunirent dans la chapelle du grand-séminaire, où les reliques avaient été déposées sur un autel élégamment orné. M. Canron, auquel nous avons fait déjà de larges emprunts, va nous raconter quelques-uns des détails de cette fête, à laquelle la Maurienne ne saurait être indifférente, puisqu'il s'agit de la glorification d'un de ses saints :

« Sa Grandeur, après quelques instants de prières

devant les saints ossements, en remit le précieux dépôt à deux diacres qui, s'avançant lentement, les portèrent avec un religieux respect jusqu'au baldaquin triomphal. Alors le chœur entonna l'hymne *Iste Confessor*, et les tambours se mirent à battre aux champs. A ce signal, la procession, qui s'était organisée dans toute l'étendue de la rue Calade, commença à s'ébranler. Deux brigades de gendarmerie ouvraient la marche, suivies des sapeurs et des tambours de la compagnie des pompiers; puis venaient les quatre paroisses *intra muros*, avec leurs diverses confréries et congrégations; derrière elles, cinq cents chanteurs, accompagnés par la musique du 75º régiment d'infanterie de ligne, exécutaient en chœur... des cantiques composés pour la circonstance. Ils étaient suivis des trois confréries de pénitents noirs, blancs et gris, et du noviciat des Frères des écoles chrétiennes.

« Une députation de cent élèves du collège des Pères Jésuites et une autre de ceux du petit-séminaire précédaient deux brancards portés par des lévites en aube blanche : sur le premier était posé le chapeau cardinalice avec le cordon du B. Pierre de Luxembourg; sur le second étaient étalées, sous une gaze légère, sa dalmatique diaconale et ses sandales. La communauté des Pères Franciscains Récollets, les élèves du grand-séminaire et les bénéficiers de la métropole, en *cappa magna* violette, suivaient ces reliques. Derrière eux marchaient les sapeurs et les tambours du 75º avec la musique de la ville; puis venaient les marguilliers de toutes les paroisses et les Pères Capucins missionnaires.

« Enfin apparaissait, sous un dais magnifique, tout resplendissant d'or et d'étoffes précieuses, la châsse qui renfermait le corps du saint et celui du B. Pierre de Luxembourg. Aux quatre angles du brancard se détachaient les statues des saints patrons des paroisses de la ville : saint Agricol, évêque d'Avignon; saint Pierre, apôtre; saint Didier, évêque de Langres et martyr; saint Symphorien, martyr d'Autun. Le baldaquin, revêtu de damas rouge en dedans et en dehors, était surmonté de panaches blancs et portait à ses quatre coins des oriflammes aux armes de l'hôpital Saint-Bénézet, de la famille de Luxembourg-Ligny, de Mgr l'archevêque et de la ville.

« La châsse que l'on avait déposée dans l'ancien cercueil, à forme pyramidale, du B. Pierre de Luxembourg, était portée tour à tour par les ecclésiastiques du grand-séminaire, les membres des trois confréries de pénitents et les hommes des diverses paroisses; six chanoines, en *cappa magna* rouge et rochet brodé, soutenaient les cordons du baldaquin; un détachement de grenadiers du 75e formait tout autour l'escorte, et quatre lévites en surplis faisaient fumer l'encens et les parfums. Mgr l'archevêque, revêtu de ses ornements pontificaux, fermait la procession, assisté de son chapitre et de ses vicaires généraux. Toutes les autorités de la ville, civiles, administratives, judiciaires et militaires, avaient pris part à cette fête et marchaient, entourées d'une double haie de sapeurs-pompiers et de soldats de la garnison, derrière Sa Grandeur.

« A deux heures, le cortége sacré arriva sur la

place du palais des Papes ; là, le P. Laurent, provincial des Capucins, debout au pied du calvaire qui domine toute la ville de ce côté, adressa à son immense auditoire quelques paroles chaleureuses sur l'objet de cette auguste cérémonie. Les cris mille fois répétés de : Vive saint Bénézet! vive le B. Pierre de Luxembourg! vive la Religion! répondirent à son éloquente improvisation.

« Après la bénédiction pontificale donnée par Mgr l'archevêque, la procession reprit sa marche triomphale et arriva, vers cinq heures, à la place du Corps-Saint. Cette place était magnifiquement pavoisée, et l'enthousiasme de ses religieux habitants était à son comble. Ainsi ce ne fut qu'après bien des efforts à travers une foule immense que la châsse put parvenir au reposoir qui avait été dressé à l'extrémité de la place et devant lequel Monseigneur chanta l'antienne et l'oraison des deux saints. Il était six heures lorsque la procession arriva à l'église Saint-Didier, terme de son itinéraire. Cette église resplendissait de lumières et de flambeaux; des milliers de lustres et de candélabres allaient d'une extrémité de la nef à l'autre; de riches tentures en damas rouge couvraient les murailles, les pilastres et les tribunes, et donnaient à ce beau vaisseau une nouvelle et gracieuse forme. La bénédiction du Très-Saint Sacrement y fut donnée par Monseigneur et clôtura cette solennité que la population avignonaise tout entière avait accueillie avec un élan admirable d'enthousiasme et de foi. »

L'église Saint-Didier n'est pas la seule qui possède

des reliques de saint Bénézet. La cathédrale et toutes les chapelles des établissements d'Avignon, la cathédrale de Viviers et la chapelle du Villard dans le Vivarais en ont obtenu des portions considérables qui y sont exposées à la vénération publique et entretiennent parmi ces populations une confiante dévotion envers le saint fondateur de l'hôpital et du pont d'Avignon.

Ainsi Dieu, qui abat les superbes, élève les humbles et, sur la terre comme dans le ciel, met les saints en participation de sa gloire. Il les prend dans les positions les plus basses, les plus viles, selon le monde, pour les placer sur les marches de son trône et contraindre, à force de prodiges, les grands et les petits à plier le genou devant ce que la sagesse mondaine méprise, prouvant par là que cette sagesse est folie et qu'il n'y a de vraie grandeur que celle que donne la sainteté, la seule que le temps respecte et conserve.

CHAPITRE VII

Histoire du pont de saint Bénézet et des Frères Pontifes d'Avignon.

L'histoire de saint Bénézet serait incomplète, si nous ne retracions, au moins à grands traits, celle du pont et des Frères Pontifes d'Avignon, qui s'y rattache étroitement.

Le pont d'Avignon fut achevé en 1188. Sa longueur, la hardiesse de ses arches, la régularité de sa construction, le firent regarder comme un chef-d'œuvre de l'art inspiré par la religion. Sur la pile qui sépare la seconde arche de la troisième, s'élevait encore, ces années dernières, la chapelle où saint Bénézet voulut être enseveli et qui, dédiée d'abord à saint Nicolas, fut ensuite mise sous le vocable de notre saint.

La ruine de ce pont célèbre commença pendant les guerres excitées par l'ambition schismatique de l'anti-pape Pierre de Lune. En 1395, les Catalans et les Aragonais, qui faisaient le siége du palais des Papes, coupèrent une arche; elle fut rebâtie en 1418. En 1602, trois arches avaient déjà été emportées par les flots impétueux du Rhône. Deux autres s'écroulèrent le 8 mai 1633. On y suppléa par une charpente en bois, dont une travée fut emportée le 3 février 1650. Les glaçons énormes que le fleuve charria pendant l'hiver rigoureux de 1669 à 1670, déterminèrent la chute de deux autres arches et ébranlèrent les arches voisines. Depuis lors, le pont n'exista plus qu'à l'état de ruine, continuellement rongée par les flots du Rhône. Il paraît que la ville d'Avignon recula devant les dépenses considérables que sa réparation aurait exigées. Ses débris majestueux attestent encore le génie puissant et inspiré du berger d'Hermillon.

Nous avons vu que saint Bénézet avait acheté une maison située à la tête du pont, pour y réunir les Frères de l'Œuvre et y loger en même temps les voyageurs pauvres : c'était à la fois un couvent et un hospice. Cette maison fut démolie, lorsque le pape Clément VI fit agrandir la ville. En 1363, le cardinal Audoin Aubert, évêque d'Ostie et neveu d'Innocent VI, en fit bâtir une autre sur de plus vastes proportions, dans une autre partie de la ville, et la donna aux Frères Pontifes. Plus tard, les revenus de cette maison furent considérablement augmentés ; car, en 1459, le pape Nicolas V lui réunit plusieurs hospices de la ville. Celui dont nous parlons conserva toujours le nom d'hospice du pont Saint-Bénézet [1].

Après la mort du saint fondateur, Jean Benoît, qui lui succéda dans le gouvernement de la corporation et sous lequel le pont fut achevé, prit le titre de Prieur. Les Frères firent entre ses mains les trois vœux de pauvreté, de chasteté et d'obéissance ; ils y ajoutèrent celui de servir les voyageurs et de travailler à l'achèvement et aux réparations du pont. Ils vivaient dans la retraite et ne sortaient de leur maison que pour travailler au pont ou quêter les choses nécessaires à leur nourriture ; car les revenus de l'Œuvre et les legs faits à l'hospice à diverses époques étaient uniquement employés à l'entretien du pont et au soulagement des voyageurs pauvres ou infirmes. Ils formèrent ainsi une communauté religieuse. Néanmoins ils demeurèrent laïques et en conservèrent l'habit plus commode pour les travaux matériels, qui étaient la fin principale de leur institution. Aussi ne vit-on jamais les études fleurir dans cette con-

---

[1] CANRON, chap. VII.

grégation. Un seul d'entre eux, qui vivait au XIIIe siècle, était prêtre et avait cultivé les lettres avec succès, avant d'entrer chez les Frères Pontifes.

A la fin du XIIe siècle, le nouvel institut brillait déjà du plus vif éclat. La vie édifiante des Frères, consacrée tout entière au service du prochain, leur concilia l'estime générale. Les princes les dotèrent de nombreux priviléges, pendant que les papes et les évêques stimulaient la charité des fidèles en leur faveur, par des indulgences accordées aux bienfaiteurs de l'Œuvre du pont. En l'année 1191, ils obtinrent du pape Clément III l'approbation de leur institut.

Les Frères Pontifes ne bornèrent pas leur zèle à la ville d'Avignon. Ils bâtirent encore plusieurs ponts sur la Durance et, près de ces ponts, des hospices où ils recevaient les voyageurs, principalement les pauvres et les malades. Le pays se trouva ainsi purgé des bandes de brigands, qui s'étaient établies au passage des rivières, pour rançonner et souvent égorger les voyageurs. Il ne paraît pas que toutes ces maisons formassent une seule congrégation réunie sous le gouvernement d'un même supérieur. Cependant plusieurs de ces colonies étaient sorties de la communauté des Frères Pontifes d'Avignon. Peu après la mort de saint Bénézet, les disciples d'un saint homme appelé Libertus, qui avaient jeté un pont sur la Durance, à un endroit nommé jusqu'alors *Maupas* et depuis *Bonpas*, parce qu'ils y avaient rendu la sécurité aux passants, s'affilièrent à son institut. En 1310, les Frères d'Avignon envoyèrent une colonie prendre le gouvernement de l'hospice du pont Saint-Esprit sur le Rhône. Ce pont avait été construit en 1265 par les habitants de la localité qui portait alors le nom de Saint-Saturnin du Port[1].

Tels étaient les trois principaux établissements des Frères Pontifes. Tous, il est vrai, n'avaient pas été primitivement fondés par la Congrégation instituée par saint Bénézet. Mais il est certain que ce furent les miracles qui s'opéraient au tombeau du saint, l'heureux succès de la construction du pont d'Avignon et la réputation que les disciples de saint Bénézet s'acquéraient par leur charité envers les voyageurs, qui portèrent des personnes pieuses à doter leur pays d'institutions du même genre; en sorte que notre saint peut être considéré comme le fondateur indirect de tous ces ponts et le véritable instituteur de la Congrégation des Frères Pontifes en Provence[2].

Le P. Hélyot pense que cet Ordre est le même que celui des Hospitaliers de Saint-Jacques-du-Haut-Pas, dont nous avons parlé dans le chapitre troisième et qui avait plusieurs maisons en France. Il peut se faire, en effet, que ceux qui s'adjoignirent à saint Bénézet pour la construction du pont d'Avignon, et auxquels M. Canron donne déjà le nom de Frères Pontifes, appartinssent à cet Ordre. Néanmoins, on ne voit pas, ni que saint Bénézet, qui devint leur supérieur, y soit entré lui-même,

---

[1] HÉLYOT, *Dict. des Ord. relig.*, art. *Pontifes.* — CANRON, chap. VI.
[2] HÉLYOT.

puisque ce ne fut qu'après sa mort que ses disciples formèrent une communauté religieuse proprement dite; ni que la Congrégation, dont il fut le père, ait jamais été soumise au grand-maître des Hospitaliers de Saint-Jacques, ou à son représentant en France.

En 1233, la mésintelligence s'introduisit entre les Frères Pontifes et les Avignonais, et les consuls de la ville contraignirent les premiers à les reconnaître pour recteurs de l'Œuvre du pont. Ce fut le commencement de la décadence de l'Ordre. Depuis 1260, il n'eut plus que des prieurs commendataires qui, non-seulement ne s'occupèrent pas de la réforme devenue nécessaire, mais encore négligèrent complètement ses intérêts. En 1331, la communauté s'étant éteinte d'elle-même, le pape Jean XXII donna aux consuls de la ville la gestion des affaires de l'hospice et du pont, et unit la chapelle au chapitre de Saint-Agricol. En 1284, les Frères de Bonpas avaient été, sur leurs instances réitérées, unis aux Chevaliers de Saint-Jean de Jérusalem. Ceux du pont Saint-Esprit persévérèrent plus longtemps dans la régularité et la ferveur. En 1448, le pape Nicolas V les obligea à porter une robe de laine blanche, avec un morceau d'étoffe représentant deux arches de pont surmontées d'une croix rouge, sur la poitrine, et leur permit de recevoir les ordres sacrés. Ils finirent aussi peu à peu par oublier les règles de leur institut, au point qu'en 1510 Léon X se vit contraint de les séculariser et de former de leur communauté une collégiale qu'il plaça sous la juridiction de l'évêque d'Uzès[1].

Il ne reste plus de saint Bénézet que le souvenir de ses vertus et la dévotion des peuples. Tant il est vrai que les œuvres temporelles, même les plus merveilleuses, ne sont que des moyens dont Dieu se sert pour la sanctification de ses élus. Il permet que le temps les emporte; seules la sainteté et la gloire, qui en est la récompense, survivent à tout pour l'éternité.

---

[1] Hélyot et Canron.

Le B. Cabert ou Galbert, de l'Ordre de Saint-Dominique.

(XIIIᵉ SIÈCLE.)

CHAPITRE Iᵉʳ

Saint Dominique et le Frère Réginald. — Le B. Cabert à Bologne et à Lyon.

En l'année 1219, arriva à Bologne un homme dont la réputation remplissait l'Europe. Cet homme était bien pauvre, car il avait renoncé à tout pour l'amour de Dieu. Il était vêtu d'une tunique faite de l'étoffe la plus grossière. Il voyageait toujours à pied, un bâton à la main, un paquet de hardes sur l'épaule. Quand il était hors des lieux habités, il ôtait sa chaussure et marchait nu-pieds; si quelque pierre le blessait en chemin, il disait joyeusement : « Voilà notre pénitence. » Lorsqu'il approchait d'une ville ou d'un village, il remettait sa chaussure jusqu'à ce qu'il en fût sorti, se souvenant de cette parole du Sauveur : « Ne faites pas le bien devant les hommes, pour qu'ils vous voient; autrement vous n'aurez pas de récompense de votre Père qui est au ciel[1]. » Il n'avait ni or, ni argent, ni provisions

[1] Matth., 6, 1.

d'aucune sorte; mais lui et ses frères mendiaient de porte en porte et recevaient de la Providence leur pain de chaque jour. Le long de la route, il prêchait à tout venant, dans les villes, les villages, les châteaux, les monastères et les places publiques. Sa parole était simple, mais si efficace, que les hérétiques étaient confondus, que les pécheurs rentraient en eux-mêmes, que les riches et les savants abandonnaient leurs biens et leur orgueil pour se faire pauvres comme lui. Il est vrai qu'il avait la protection d'une reine bien puissante, puisqu'elle est la Reine du ciel; il s'efforçait de la faire honorer partout, s'étant consacré tout entier à son service et lui confiant le succès de toutes ses entreprises. Il est vrai encore qu'à sa voix les malades étaient guéris et les morts ressuscitaient. Aussi les hérétiques le redoutaient, les papes le vénéraient et les peuples, se pressant sur ses pas, coupaient, comme des reliques, des morceaux de ses habits. Déjà, une année auparavant, il avait envoyé à Bologne un de ses disciples; car, dit Rohrbacher[1], Bologne était en ce temps une des reines du monde. Ses écoles de droit attiraient la jeunesse de toutes les nations de l'Europe; au commencement du XIII° siècle, elles comptèrent jusqu'à dix mille étudiants, jeunesse bouillante et fière, aussi jalouse de liberté et de gloire qu'amoureuse de science. Mais, à la voix de ces deux hommes, les superbes devenaient humbles, et beaucoup d'ecclésiastiques, de savants jurisconsultes, d'é-

---

[1] *Histoire universelle de l'Église catholique*, t. XVII, p. 10.

lèves et de professeurs entrèrent dans la nouvelle et pauvre milice de Jésus-Christ[1].

De ces deux hommes l'un s'appelait Dominique de Gusman; l'autre était son disciple chéri, Frère Réginald, le privilégié de Marie, autrefois l'un des plus fameux docteurs de l'université de Paris et doyen du chapitre de Saint-Aignan d'Orléans. Saint Dominique retourna à Bologne en 1220 et 1221, et à chacun de ces voyages il attira à son Ordre un grand nombre d'étudiants.

Or, parmi les élèves de l'université de Bologne, que la grâce de Dieu attacha à saint Dominique et à son Ordre naissant, il y eut un jeune homme nommé Cabert ou Galbert. Les historiens anciens ne font pas connaître d'une manière précise quel était le lieu de sa naissance. Antoine de Sienne, dans ses *Chroniques de l'Ordre de saint Dominique*, dit seulement qu'il était Allobroge. Le P. Gérard de Frachet, en ses *Vies des Frères Prêcheurs*, écrit qu'il avait vu le jour dans la terre de Savoie[2]. La tradition, plus explicite, lui donne Aiguebelle pour patrie, et c'est ce que disent aussi les auteurs modernes, tels que le marquis Costa de Beauregard[3] et Grillet[4]. Ce qu'il y a de certain, c'est que ce fut à Aiguebelle que Cabert célébra sa première messe[5]. Peut-être avait-il été élevé au sacerdoce avant son

---

[1] ROHRBACHER, p. 10. — LACORDAIRE, *Vie de saint Dominique*.
[2] Ces deux auteurs sont cités par le chanoine Pointet, *Mém. concernant le V. P. Galbert*, 1772.
[3] *Mém. historiq.*, t. Ier.
[4] *Dictionn. historiq.*, t. Ier.
[5] Voir Pièces justificatives, n° 31.

départ pour Bologne, ou bien vint-il recevoir l'onction sainte des mains de son évêque, lors de son voyage en France, dont nous parlerons tout à l'heure. Il semble, en effet, que s'il avait été ordonné en Italie, après son entrée dans l'Ordre des Frères Prêcheurs, il n'aurait pas attendu son passage à Aiguebelle pour monter à l'autel.

Depuis le jour où la parole de saint Dominique vint remuer son âme et la détacher des vanités de ce monde, Cabert se donna à Dieu avec cette ardeur dont les saints ont le secret. Un événement miraculeux dont il fut témoin l'attacha plus étroitement à l'Ordre et à son apostolique fondateur. C'était en 1221 : le Seigneur venait d'appeler à lui saint Dominique. Cabert avait eu la consolation d'assister à ses derniers moments et de prendre sa part de l'héritage que le saint avait donné à ses frères par son testament : « Voici, avait-il dit peu de jours avant de s'en aller au ciel, l'héritage que je vous laisse comme à mes enfants : ayez la charité, gardez l'humilité, possédez la pauvreté volontaire[1]. » Cet héritage, qui est celui de Jésus-Christ et en qui se résumaient tous les biens que le saint fondateur avait possédés pendant sa vie, Cabert s'était promis de le conserver précieusement. Un jour qu'il était dans l'église du monastère de Saint-Nicolas, où Dominique avait été inhumé, on y amena un possédé. Le démon opposait la plus vive résistance et faisait entendre par la bouche de sa victime ce cri désespéré : « Que veux-tu, Dominique? que veux-

---

[1] Rohrb., p. 146.

tu? » On fut obligé de traîner de force ce malheureux sur le tombeau, et il ne l'eut pas plus tôt touché qu'il se trouva délivré[1].

Cabert n'avait pas encore terminé ses études. Cependant, telle était l'estime que l'on avait de sa science et de sa vertu que, peu de temps après la mort de saint Dominique, le B. Jourdain de Saxe, son successeur dans le gouvernement des Frères Prêcheurs, envoya notre saint à Lyon pour y établir une maison. Nous n'avons aucun détail sur la manière dont il se conduisit en cette importante affaire ; mais tout porte à croire qu'il justifia pleinement les espérances que ses supérieurs avaient fondées sur lui. Ce fut pendant son séjour à Lyon, disent le chanoine Pointet, Costa de Beauregard et Grillet, qu'il composa un ouvrage latin intitulé : *Manuel de l'église de Sisteron*. Le couvent de Lyon était devenu le chef-lieu d'une des provinces de l'Ordre et la Provence en dépendait. Nous regrettons vivement que les recherches que nous avons faites pour découvrir cet ouvrage aient été infructueuses, et qu'ainsi nous ne puissions en donner un aperçu à nos lecteurs[2].

Cabert s'était enflammé, auprès de son glorieux père, du feu divin que Jésus-Christ a apporté aux ministres de son Église et dont il a brûlé le premier jusqu'à la mort de la Croix. Il avait soif du salut des âmes ; pour elles, il eût été prêt à donner son sang et sa vie ; mais ne pouvant sacrifier que son temps

---

[1] Voir Pièces justificatives, n° 32.
[2] Voir Pièces justificatives, n° 33.

et ses sueurs, il ne les épargnait point. Aussi un historien [1] résume toutes ses vertus en ce seul mot : « C'était un grand zélateur du salut des âmes. » C'est assez dire d'un prêtre.

Au milieu des soins et des démarches de tout genre qu'entraînait la fondation du monastère, notre bienheureux ne se crut pas dispensé du devoir de la prédication, qui est une des principales fonctions des Frères Prêcheurs, comme leur nom l'indique. Les brillantes études qu'il avait faites à Bologne et la connaissance de la vie spirituelle, qu'il avait puisée dans les leçons de saint Dominique, l'avaient préparé à remplir dignement cette charge. Ses discours avaient une solidité, une force, auxquelles on ne pouvait répondre. Il joignait à la science théologique une onction si douce et si pénétrante, qu'après avoir convaincu les esprits prévenus ou ignorants, il gagnait les cœurs les plus rebelles. Quoiqu'il eût appris de l'Apôtre que la vérité de Dieu est assez belle par elle-même pour pouvoir se passer des embellissements factices de l'éloquence humaine, il savait cependant qu'il faut condescendre à la faiblesse des hommes et ne pas dédaigner l'emploi des charmes du style, quand ils sont nécessaires pour les amener à recevoir la vérité. Il s'acquit la réputation d'un orateur aussi gracieux que savant et zélé; mais il méprisait les applaudissements des hommes et ne se réjouissait que du bien que la grâce de Dieu, à laquelle il

---

[1] GÉRARD DE FRACHET.

rapportait tout le fruit de ses discours, opérait dans l'âme de ses auditeurs[1].

A cette prédication par la parole se joignait la prédication plus éloquente de ses vertus. Antoine de Sienne l'appelle *un homme de Dieu, un homme admirable par sa sainteté.* Il avait du péché cette horreur profonde que les saints en ont, parce qu'ils comprennent qu'il est le seul mal véritable, le mal de Dieu qu'il outrage et le mal de l'homme qu'il perd. Son zèle pour la gloire de Dieu, l'ardent amour dont son cœur était embrasé, sa piété tendre et solide, la vigilance continuelle dont il entourait ses sens, étaient comme autant de boucliers qui préservaient son âme des traits de l'ennemi et des attaques de sa propre chair. Ainsi en agissent les saints; ils font les premiers ce qu'ils enseignent aux autres, et ils ne disent si bien que parce qu'ils font mieux encore.

CHAPITRE II

Le B. Cabert en Maurienne. — La mémoire des saints ne périt pas.

C'était, au XIIIe siècle, une joyeuse et charmante petite ville qu'Aiguebelle, avec ses beaux vignobles des Durnières, son mont Boisban, voilé de sombres

---

[1] GÉRARD DE FRACHET et ANTOINE DE SIENNE.

forêts, et son château de Charbonnière, bâti par Bérold de Saxe, au dire de la *Chronique de Savoie*. Résidence ordinaire des comtes de Savoie, quand ils n'étaient pas à guerroyer contre les dauphins de Viennois ou les républiques du Piémont, elle voyait accourir dans son sein les seigneurs feudataires et leurs hommes d'armes, lorsqu'ils étaient convoqués pour les fêtes ou pour quelque expédition. Mais si la présence de la cour amenait dans la vallée fortune et plaisirs, peut-être ne contribuait-elle pas à y faire fleurir les bonnes mœurs.

Le Seigneur inspira au B. Cabert la pensée de se consacrer au salut de ses compatriotes. C'est pourquoi il revint en Maurienne, après en avoir obtenu la permission de ses supérieurs; car les saints ne font rien sans l'obéissance, qui est la pierre de touche avec laquelle ils éprouvent tous leurs desseins. La tradition dit qu'il habitait ordinairement à Montsapey; elle montre même dans les montagnes d'Argentine l'emplacement d'une pauvre cabane où il passait une partie de ses journées dans le doux exercice de la contemplation. De là il se rendait dans les paroisses environnantes pour y annoncer la parole de Dieu et communiquer aux autres les lumières dont le Seigneur inondait son âme dans son humble retraite. Ainsi il imitait son divin Maître qui, le jour, parcourait les villes et les bourgs de la Judée, prêchant le royaume de Dieu, et, le soir, se retirait sur la montagne pour prier son Père.

Dieu ne pouvait manquer de bénir les travaux de son serviteur. Fécondée par la rosée céleste, la semence que jetait notre saint produisit des fruits au centuple. Mais nulle part ils ne furent aussi nombreux qu'à Aiguebelle. Cabert y allait presque tous les jours, soit pour y célébrer les divins mystères, soit pour y expliquer les vérités éternelles ou pour courir après quelque brebis égarée.

Plus de vingt années se passèrent entre ces travaux apostoliques et ces suaves entretiens avec le ciel. Enfin, le Seigneur fit connaître au bienheureux que l'heure du repos était proche. Un jour qu'il se trouvait à Aiguebelle, il se sentit mal, et dit à ceux qui étaient avec lui : « Préparez ce qui est nécessaire pour le saint sacrifice ; car c'est ici que j'ai dit ma première messe, et que je veux célébrer pour la dernière fois. » On s'empressa de satisfaire à ses désirs. Quand il eut achevé, il demanda le sacrement des mourants, et fit faire les préparatifs de ses funérailles. Puis, ayant édifié ceux qui l'entouraient par la vivacité de sa foi et de saintes paroles, il s'endormit doucement dans le Seigneur[1]. C'était après l'année 1267 ; le saint avait, selon toute probabilité, dépassé sa soixante-dixième année.

Pour l'intelligence de ce qu'il nous reste à dire, il nous faut revenir à quelques années en arrière. En 1258, Pierre d'Aigueblanche, évêque d'Hereford, en Angleterre, obtint de Pierre de Morestel, évêque de Maurienne, l'autorisation d'établir une collégiale à Aiguebelle, sous le vocable de Sainte-Catherine. Il jeta lui-même, le jeudi après Pâques de l'année

---

[1] GÉRARD DE FRACHET et ANTOINE DE SIENNE.

1207, les fondements d'une magnifique église, couverte en plomb et flanquée de deux grosses tours pour la sonnerie. Il fit ensuite construire des habitations pour treize chanoines et autant de bénéficiers ou vicaires, et céda au nouveau chapitre des propriétés considérables qu'il avait à Lyon et à Paris [1].

Comme ces chanoines étaient chargés de la desserte de la paroisse, ce furent eux qui rendirent les derniers devoirs au B. Cabert; ils l'ensevelirent dans l'église paroissiale appelée Notre-Dame d'Aiguebelle et située au pied du château de Charbonnière. Il se fit un grand concours de peuple à son tombeau; beaucoup de malades y recouvrèrent la santé par les mérites du serviteur de Dieu; en sorte que les pieuses offrandes, par lesquelles ils témoignaient leur reconnaissance, augmentèrent considérablement les revenus de cette église [2]. Mais à la fin du XVIe siècle, pendant la guerre pour le marquisat de Saluces, Charbonnière ayant été pris par les Français et repris par Charles-Emmanuel Ier (1597 et 1598), la ville d'Aiguebelle fut ruinée par le canon du fort, et l'église de Notre-Dame détruite de fond en comble. On fut obligé de transférer le service de la paroisse dans celle du prieuré de Saint-Étienne, qui appartenait aux Bénédictins [3]. C'est l'église paroissiale actuelle.

---

[1] COMBET et ANGLEY, PIERRE DE MORESTEL. — POINTET, p. 9.

[2] GÉRARD DE FRACHET et ANTOINE DE SIENNE.

[3] POINTET, p. 15.

La dévotion des peuples d'alentour envers le B. Cabert survécut à la ruine de l'église, et Dieu continua à l'autoriser par des grâces particulières. En 1650, Claude Haloy, d'Aiguebelle, fit bâtir une chapelle sur l'emplacement de l'église. L'un des principaux motifs qui l'y engagèrent, fut, dit-il lui-même dans l'acte de fondation, « que le peuple, tant d'Aiguebelle que des villages circonvoisins, auroit continué une particulière dévotion et respect à ce lieu, dans lequel, par tradition commune, on dit avoir été enterré et inhumé un personnage en réputation de sainteté, de l'ordre de Saint-Dominique, et duquel plusieurs particuliers rapportent avoir remarqué des signes et visions extraordinaires et reçu quelques grâces particulières [1]. » L'érection de cette chapelle fut approuvée par Mgr Paul Milliet. Elle fut mise sous le vocable de l'Assomption; une petite chapelle latérale fut dédiée à saint Christophe, patron de la ville. Au-dessus du tombeau de notre saint, on suspendit son portrait avec cette simple inscription : *Le bienheureux Galbert.* Les habitants d'Aiguebelle et des paroisses environnantes donnèrent des témoignages éclatants de leur dévotion envers le saint missionnaire de leur vallée, et de nombreux *ex-voto* attestèrent le crédit du saint auprès de Dieu. Peu de jours après la fondation de la chapelle, la femme de Me Palluel, notaire à Aiguebelle, en fit la douce expérience. Elle était depuis quelque temps dans les douleurs de l'enfantement, sans pouvoir donner le jour à

---

[1] POINTET, p. 21.

son fruit, et déjà l'on désespérait de sa vie, lorsque son mari eut la pensée d'invoquer le B. Cabert. Aussitôt elle accoucha heureusement. Ils s'empressèrent tous deux de témoigner leur reconnaissance, en faisant faire un tableau représentant la faveur qu'ils avaient reçue : le saint apparaissait sur un nuage, au-dessus du lit de la malade; à ses pieds, M° Palluel était agenouillé, tenant son enfant entre ses bras. Une inscription rappelait les circonstances du fait [1].

Pendant la guerre de 1708, les maisons de la ville ne pouvant suffire au service des troupes, on fut obligé de transformer la chapelle en magasin. Un officier français voulut y loger des chevaux et ordonna à ses soldats d'y planter des piquets. Mais, quelques efforts qu'ils fissent, jamais ils ne purent venir à bout de les consolider. Ils les arrachèrent donc pour voir s'ils ne s'émoussaient point sur quelque roc. Quel ne fut pas leur étonnement de les trouver couverts de sang à la pointe ! Alors les gens du voisinage ayant dit à l'officier qu'en ce lieu était déposé le corps d'un saint, il fut saisi de frayeur et fit fermer la chapelle.

En 1725, quatre des principaux bourgeois d'Aiguebelle voulurent vérifier par eux-mêmes ce que la tradition publiait des reliques du B. Cabert. Ils s'enfermèrent une nuit dans la chapelle et se mirent à creuser à l'endroit où le saint corps devait être enseveli. Ils le découvrirent, en effet, après quelques coups de pioche, dans un parfait état de

---

[1] POINTET, p. 22.

conservation, à tel point qu'il ne paraissait avoir subi aucune altération, quoiqu'il fût enseveli depuis plus de quatre siècles. Ils se hâtèrent de le recouvrir de terre et se retirèrent pénétrés de respect. Ces deux faits, que nous extrayons du mémoire du chanoine Pointet, étaient, de son temps, c'est-à-dire en 1769, regardés comme indubitables à Aiguebelle.

Il ne paraît pas que depuis cette époque on ait fait aucune fouille au tombeau du saint. Le P. Astesan, qui fut depuis évêque de Nice, fut bien envoyé de Rome, vers le milieu du siècle dernier, pour retirer de terre le saint corps; mais il en fut empêché par les difficultés qu'on lui suscita et qui provenaient de ce que la ville et le chapitre de Sainte-Catherine, auquel appartenait la chapelle, voulaient tous deux se réserver la possession des reliques. L'Ordre de Saint-Dominique faisait alors des recherches actives sur la vie et les miracles du serviteur de Dieu, dans l'intention de poursuivre la cause de sa canonisation. Il en chargea le P. Varot, prieur du couvent de Chambéry et natif de Termignon[1]. Ce fut ce qui donna lieu au chanoine Pointet d'écrire le mémoire dont nous avons parlé et qu'il adressa au P. Varot. Il est à croire que l'on a dû renoncer à ce projet, faute de pouvoir réunir toutes les pièces exigées par les règles sévères de la Sacrée Congrégation. Les titres anciens, s'il en a existé, ont nécessairement péri dans les désastres de la fin du XVIe siècle.

[1] Voir Pièces justificatives, n° 34.

Après de longues contestations entre la ville et le chapitre, la chapelle fut enfin restaurée. Les habitants d'Aiguebelle continuèrent d'y donner des preuves de leur pieuse confiance aux mérites de leur saint compatriote. C'est à lui qu'ils avaient recours dans leurs maladies et devant son tombeau qu'ils s'assemblaient pour la prière du soir[1]. Mais vint la révolution française avec ses sauvages dévastations. La chapelle fut détruite, à l'exception du chœur, dans lequel le B. Cabert était enseveli et qui devint l'atelier d'un menuisier. On prétend que des chevaux y ayant été logés à cette douloureuse époque, ils s'agitèrent tellement, qu'un officier furieux enfonça son épée dans le sol, d'où il la retira tout ensanglantée. Nous rapportons ce fait sur la foi de plusieurs personnes, qui disent le tenir de témoins oculaires.

[1] POINTET, p. 20.

PIÈCES JUSTIFICATIVES

I

Dans son *Histoire chronologique des Évêques de Maurienne*, M. Combet, curé de Lanslevillard, prétend que sainte Thècle a vécu au IVe siècle et que son voyage en Orient a eu lieu vers l'année 363 ou 365. La principale preuve sur laquelle il s'appuie est tirée d'une histoire scholastique « qui commence, dit-il, dès l'an 363 et finit au temps d'Arcadius et d'Honorius, » et dans laquelle on lit cette phrase : « Inter quæ (ossa Sᵗ Joannis Baptistæ) et digitus quo Dominum monstravit fuisse perhibetur, quem post beata Thecla inter Alpes attulit, et dicitur esse in ecclesia maurianensi. » Malheureusement pour l'opinion de M. Combet, on ne connaît pas d'autre *Histoire scholastique* que celle de Pierre Comestor, écrivain, non du IVe ou du Ve, mais du XIIe siècle.

Ce que dit cet historien de nos évêques, de Rufin, prêtre d'Aquilée au Ve siècle, qui, selon lui, « fournit une preuve bien authentique de cette translation, » et duquel, d'ailleurs, Pierre Comestor déclare avoir extrait ce qu'il rapporte des reliques de saint Jean-Baptiste, est tout aussi inexact. Rufin a bien un chapitre intitulé : « De Joannis Baptistæ sepulchro violato et reliquiis apud Alexandriam conservatis[1]; » mais, dans aucune des éditions que nous avons fait consulter, il ne se trouve la moindre mention ni de sainte Thècle ni de la translation des doigts de saint Jean-Baptiste en Maurienne. Quant à Jean Beleth et à Jacques de Voragine, que cite encore M. Combet, ils se contentent, comme Pierre Comestor, de dire que sainte Thècle a apporté en Maurienne les doigts de saint Jean-Baptiste, sans désigner l'époque à laquelle cette translation a eu lieu.

Nous sommes donc forcés de nous en tenir, avec le chanoine Damé, S. E. le cardinal Billiet, M. Angley, etc., aux anciennes légendes de sainte Thècle, qui toutes disent que cette sainte vécut *in diebus regis Gontramni*. Cependant nous ferons observer, avec Mgr Billiet[2], que le voyage de sainte Thècle à Alexandrie et son retour en Maurienne ont dû nécessairement précéder de plusieurs années l'avènement de saint Gontram au trône de Bourgogne, puisque ce fut la renommée des miracles qui s'opéraient auprès des reliques de saint Jean-Baptiste qui, dès les premières années du règne de ce prince, le détermina à faire bâtir une église à Saint-Jean.

Dans la Notice historique sur la commune de Valloires[3], nous avons développé les raisons qui nous font regarder comme assez probable : 1° que sainte Thècle appartenait à la famille de Rapin, la plus ancienne famille noble de la Maurienne ; 2° que son habitation était située *à la Choudane*, près de la chapelle qui lui est dédiée.

2

Quoique la légende de sainte Thècle ne nomme pas la ville où cette sainte a débarqué et où elle a miraculeusement

---

[1] *Hist. eccles.*, lib. II, cap. XXVIII.
[2] *Mém. sur les prem. évêq. de Maurienne*, p. 17.
[3] *Bulletin de la Soc. d'hist. et d'archéol. de Maur.*, n° 1.

obtenu les doigts de saint Jean-Baptiste, elle donne clairement à entendre que ce fut à Alexandrie, comme le disent Gallizia[1] et le titre de la légende des archives de Turin[2].

3

Tunc reliquias de capsula sumptas sub mamilla abscondit, et quas externo sepulchro invisibiliter et potentialiter extraxit (Deus), has ipsi mamillæ, reliqui carni coœquatœ, interno sepulchro videlicet sanctœ mulieris pectore, omnipotentissima sua virtute mirabiliter condidit. Tunc venientes qui eam persequebantur, jusserunt reliquias reddere. At illa supplicans dixit : Ablata est spes gaudii mei et lœtitia mea conversa est in amaritudinem, quia donum quod accepi propter peccata mea amisi. Et illi accipientes capsulam nihil invenerunt; deinde caput ejus discooperientes denudaverunt et cum non invenissent, confusi reversi sunt ad sua. Ipsa autem onusta et secura ibat per viam gaudens[3].

4

In quo loco tutissimo passerum multitudo conveniebat qui eam nimio strepitu inquietabant; qua de re Dominum prostrata oravit ut eam ab illorum impedimento liberaret. Cumque surrexisset ab oratione plus solito eam aviculæ infestabant, et huc illucque super eam volitabant. Quas per nomen Christi adjuravit ut ab ipso loco recederent; quæ mox fugam inierunt et ab illo die usque in præsentem nunquam passeres ibi comparuerunt[4].

---

[1] *Atti de' Santi*, etc., t. II, p. 279.
[2] Voir Pièces justificatives, n° 11.
[3] *Leg. S. Thec.* apud Bolland. et Combet.
[4] *Leg. S. Thec.*

5

Voici un extrait du procès-verbal de la bénédiction de la croix de la grotte de sainte Thècle :

« L'an 1862, le sixième jour du mois de novembre, jeudi dans l'octave de la Toussaint, Nous François-Marie Vibert, par la grâce de Dieu et du Saint-Siége Apostolique, évêque de Maurienne, prince d'Aiguebelle, etc., faisons savoir à tous ceux qui liront les présentes lettres, que noble M. Jean-Jacques Anselme, officier de l'ordre des SS. Maurice et Lazare, ancien membre du Sénat de Savoie, président de Cour d'appel, né et demeurant en cette ville, mû par l'amour de la croix de Notre-Seigneur Jésus-Christ et par une tendre piété envers sainte Thècle, a fait ériger à ses frais une croix colossale en fer au-dessus de la grotte qui porte le nom de la sainte... Cette grotte a été, dans tous les temps, vénérée par les fidèles de notre diocèse et le but de leurs pieux pèlerinages. On y célèbre la sainte messe chaque année le 25 juin, jour de la fête de la sainte, au milieu d'un nombreux concours. Nous eûmes le bonheur de la célébrer nous-même ce jour-là en 1858, dans une circonstance dont le souvenir nous est cher et que nous voulons rappeler. Le même président Anselme, pénétré de reconnaissance pour les bienfaits dont l'illustre servante de Dieu a comblé son pays, et se faisant le chevalier de la noble vierge, avait remplacé par un autel en marbre son autel de bois, dégagé la grotte de ses décombres, et fait placer à son entrée une grille en fer ouvragé, et nous étions allé inaugurer par une fête solennelle ce pieux monument; ainsi que nous l'avons constaté dans notre procès-verbal du même jour. Dès lors, la piété des fidèles envers la sainte ne fit que s'accroître. La croix monumentale qui vient d'y être érigée lui donnera, nous en avons la confiance, une impulsion nouvelle. Dans la pensée de son auteur, cette érection a un double but : en premier lieu, celui de glorifier la croix de Jésus-Christ, d'arborer son glorieux étendard et de proclamer sa divine royauté sur le monde ; en second lieu, celui de consacrer par cet auguste monument les souvenirs qui se rattachent à la grotte de sainte Thècle. Partageant de tout notre cœur ces nobles pensées et pénétré des mêmes sentiments de reconnaissance envers notre sainte, nous avons loué le pieux projet et résolu de donner à la cérémonie de la bénédiction de la croix la plus grande pompe...

« Nous avons prié M. l'abbé Charles d'Aulnois, du clergé de Genève, missionnaire apostolique et chanoine de notre cathédrale, dont la parole apostolique est chère à notre ville épiscopale et à notre clergé, de venir prêcher dans notre cathédrale les exercices préparatoires d'une neuvaine, lesquels ont été suivis par un auditoire nombreux et empressé, et nous avons fait adresser à MM. les curés circonvoisins l'invitation de nous donner leur concours. Mgr Pierre-Henri de Langalerie, évêque de Belley, notre cher frère en épiscopat, accueillant avec son amabilité ordinaire les vifs désirs que nous lui avons exprimés, a bien voulu rehausser l'éclat de cette fête de sa présence et de sa parole. Il était accompagné de M. le chanoine Buyat, son vicaire général, et de M. le chanoine Gros, vicaire général de S. E. le cardinal Billiet, archevêque de Chambéry.

La fête fut annoncée à la paroisse plusieurs dimanches d'avance et, hier, à cinq heures du soir, elle l'était encore par les volées de toutes les cloches de la ville et par les détonations des boîtes. Aujourd'hui, à sept heures, après la prédication du matin, nous célébrâmes la sainte messe en l'honneur de sainte Thècle, à la cathédrale, en présence de nombreux fidèles. A deux heures de l'après-midi, commençait la procession générale. Nous partîmes de l'église cathédrale, entouré des membres de notre chapitre, précédé d'un nombreux clergé en habit de chœur. Devant nous, un prêtre revêtu d'une écharpe portait une relique de la vraie croix. Devant lui, les reliques du glorieux Précurseur, placées sur un char triomphal richement orné, étaient portées sur les épaules de quatre diacres en dalmatiques. La croix du clergé était précédée des congrégations religieuses, du petit-séminaire, des écoles, de toutes les corporations et confréries et de la foule des fidèles, tous allant processionnellement sous leurs diverses bannières, chantant les hymnes de l'Église et des cantiques, alternant avec les sons harmonieux et les joyeuses fanfares de la musique de la ville, tandis que la grande voix des cloches se mêlait au bruit des boîtes, dont les solennelles détonations se prolongeaient par les vallées et portaient dans les âmes de saintes émotions. M⊃gr&/sup; l'évêque de Belley, assisté de plusieurs chanoines et vicaires généraux, nous avait précédé et était monté vers la croix qu'il devait bénir. Elle se dessinait sur les teintes vertes des bois taillis et retraçait à nos yeux l'image du Calvaire. Nous nous acheminâmes vers elle et, nous associant à la marche douloureuse de notre Sauveur Jésus-Christ portant sa croix, nous gravîmes les rudes pentes de la montagne en faisant les stations et les pieux exercices du chemin de la croix... Dès que la procession eut dépassé le sanctuaire de Bonne-Nouvelle, elle s'arrêta : un coup de boîte annonça que la bénédiction de la croix allait commencer. M⊃gr&/sup; de Belley fit la cérémonie solennellement et suivant le pontifical romain. Un second coup de boîte indiqua que la bénédiction était terminée. Nous donnâmes alors, ainsi que M⊃gr&/sup; de Belley le faisait de son côté, notre bénédiction pastorale à la foule échelonnée dans les lacets du chemin et pieusement agenouillée. Puis, nous étant placé sur le seuil du sanctuaire de Bonne-Nouvelle, au milieu de notre clergé qui chantait les Litanies de la très sainte Vierge, nous assistâmes au défilé de la procession...

« M⊃gr&/sup; de Belley étant descendu de la montagne se joignit à nous et suivit la procession jusqu'à sa rentrée dans la cathédrale, au concert unanime des cloches, des chants, de la musique et des détonations des boîtes. Après le cantique d'actions de grâces, Sa Grandeur voulut bien faire entendre du haut de la chaire sa touchante et suave parole. L'auditoire attentif était suspendu à ses lèvres pendant que les accents de sa douce éloquence faisaient pénétrer dans les âmes les grands enseignements de la croix de Jésus-Christ. L'illustre orateur daigna rappeler que la cathédrale et le diocèse de Belley doivent à notre sainte Thècle l'honneur d'avoir pour patron saint Jean-Baptiste, dont un de ses prédécesseurs au VIe siècle vint vénérer les précieuses reliques...

« Nous accordons quarante jours d'indulgence à gagner à perpétuité et une fois par jour, à tous les fidèles de l'un et de l'autre sexe qui, étant tournés vers la croix, en quelque lieu qu'ils se trouvent, pourvu qu'ils puissent l'apercevoir, réciteront un *Pater* et un *Ave Maria*. »

6

In rupe est parvum sacellum et sub eo ante illam est spelæum quoddam instar sepulchri ubi S. Tigris habitavit cum duodecim viduis et sorore sua Pygmenia sub una matricula, et supra cavitatem rupis in atrio cellam construxit ubi sanctum ejus corpus fuit sepultum in capella subterranea ad latus altaris majoris, uti additur ex supradicto archivio [1].

7

La chapelle de Bonne-Nouvelle a été fondée et dotée en 1529 par le chanoine Antoine *Polliaci* [2]. En 1628, elle fut détruite par un incendie. Mais, peu de jours après, le P. Jean de Maurienne, capucin, appelé depuis Jean de Notre-Dame, lui laissa tous ses biens qui pouvaient valoir 6,000

---

[1] 25 jun., *de Sancta Tygre*.
[2] DAMÉ, fol. 10 verso.

écus, soit pour sa reconstruction, soit pour l'entretien de deux prêtres qui seraient chargés d'entendre les confessions des fidèles que la dévotion attirait de toutes parts à cette chapelle, et de chanter tous les jours quelques louanges à la Sainte-Vierge. La nuit même où la chapelle avait été brûlée, il lui avait semblé qu'il la voyait tout en feu et que la Sainte-Vierge, lui apparaissant, lui disait : « Puisque tu désires savoir où il me plait que tu appliques ton héritage, c'est à rebâtir ma maison [1]. »

8

Pius PP. IX.

Ad perpetuam rei memoriam. Ad augendam fidelium religionem et animarum salutem cœlestibus Ecclesiæ thesauris pia charitate intenti, omnibus et singulis utriusque sexus Christi fidelibus vere pœnitentibus et confessis ac S. Communione refectis, qui cryptam in qua est situm altare sub invocatione S. Theclæ virginis loci vulgo dicti *du Rocherai* Sancti Joannis Maurian. Dsis die vigesima quinta mensis junii, quo ejusdem S. Theclæ festum celebratur a primis vesperis usque ad occasum solis diei hujusmodi singulis annis devote visitaverint, ibique pro christianorum principum concordia, hæresum extirpatione ac S. Matris Ecclesiæ exaltatione pias ad Deum preces effuderint, plenariam omnium peccatorum suorum indulgentiam et remissionem misericorditer in Domino concedimus. Insuper iisdem Christi fidelibus, qui corde saltem contriti præfatum cryptam visitaverint, ibique ut supra oraverint, septem annos et totidem quadragenos de injunctis eis seu alias quomodolibet debitis pœnitentiis in forma Ecclesiæ consueta relaxamus : quas

---

[1] Collection des choses mémorables qui doivent être inscrites dans les annales, etc., tit. III, p. 23. (Archives des Capucins de Chambéry.)

omnes et singulas indulgentias, peccatorum remissiones ac pœnitentiarum relaxationes etiam animabus Christi fidelium, quæ Deo in charitate conjunctæ ab hac luce migraverint per modum suffragii applicari posse indulgemus. In contrarium facien. non obstan. quibuscumque. Præsentibus perpetuis futuris temporibus valituris. Datum Romæ apud S. Petrum sub annulo Piscatoris die VII septembris MDCCCLVIII pontificatus nostri anno XIII.

Pro Dño Cardinali MACCHI,
J. B. BRANCALEONI.

Vidimus et publicari mandavimus.

S. Joannis Maurianæ, die 24 septembris 1858.

† FRANCISCUS-MARIA, *episcopus Maurianensis.*

9

Le changement de lit du Bugeon qui, au XVIe siècle, passait entre la Chambre et Saint-Avre, les inondations, et l'endiguement du Bugeon et de l'Arc, qui ont fait disparaître les rochers dont parle le notaire Boisson, ont tellement changé l'aspect des lieux, qu'il n'est guère possible aujourd'hui de déterminer à quel endroit a eu lieu la chute de Choudieu. Il paraît cependant que ce fut directement au-dessous de la Chambre et avant d'arriver au lit où coulait alors le Bugeon. Comme l'Arc longeait la côte hérissée de rochers, il fut impossible à Choudieu de la remonter avec son cheval.

10

Voici une preuve bien touchante de la dévotion que l'on avait, au XVIe siècle, envers les reliques de saint Jean-Baptiste. On voit, par le testament de Nicolas *Polliaci*, chanoine de la cathédrale, qu'il était d'usage de léguer une certaine somme à la cathédrale, pour que le jour du service anniversaire, à midi, on exposât les reliques du saint Précurseur et que l'on sonnât la grosse cloche pendant l'exposition [1].

11

Eidem ecclesie maurianensi per consilium, et consensum Romane et Apostolice auctoritatis, et episcoporum ceterorumque ecclesiastici ordinis clericorum, et laicalis dignitatis virorum secusiam civitatem subjectam esse precepit cum omnibus pagentibus loci illius, qui nominantur publici curiales et cum duabus clusis sancti Martini videlicet Primianique castelli herentis civitati. Concessit autem vallem cottianam et in girum mauriene, et rustos, et ficeum qui muris et tectis sancte ecclesie ministrarent. Concessit autem et leudos et grafflones, qui cum comitibus marcam defendebant, ut ab eo die, et deinceps episcopo maurianensi obedirent, et in omnibus subditi essent. (*Relation du transport d'Alexandrie des reliques de saint Jean-Baptiste, de quelle manière elles furent procurées et portées en Maurienne par sainte Tigris, des miracles qui s'en suivirent et qui donnèrent occasion au Roy Guntrams de faire bâtir l'église et d'ériger l'évêché en l'honneur dudit saint;* Turin, Archives du royaume, Bénéfices de là les monts, paquet 14, vol. , p. 33.)

12

La petite ville de Rame était située à une heure en dessus de Montdauphin et à cinq heures environ en dessous de Briançon. Elle a été détruite, au XIIe siècle, par un débordement de la Durance. Le diocèse de Maurienne comprenait

---

[1] Archives de l'évêché.

encore toute la vallée d'Oulx et s'étendait du côté de Turin jusqu'au pont de *Valogia*, aujourd'hui *Valgioie*[1].

On ignore à quelle époque le Briançonnais a été séparé du diocèse de Maurienne; mais, dès l'année 1055, on voit un archevêque d'Embrun y exercer des actes de juridiction[2]. Quant à ville de Suse, elle n'a été réunie au diocèse de Turin que postérieurement à l'année 1265, puisque cette année-là même nous voyons Anthelme de Clermont y faire une visite pastorale[3].

13

Le reste de ce chapitre et les suivants sont extraits, en partie textuellement, de l'*Histoire de l'Église gallicane*, à l'exception de quelques faits que nous avons puisés dans les BOLLANDISTES, l'*Art de vérifier les dates*, ROHRBACHER, etc.

14

Plusieurs historiens rapportent un fait dont l'authenticité est très contestable. Le voici tel qu'on le lit dans le mémoire de M. Fauché-Prunelle, qui le tire d'une pièce latine des archives de Grenoble :

« Un roi de Maurienne, assiégé par les païens dans une vallée profonde qui est appelée vallée de Grenoble, située au pied de la vallée, la Maurienne en tête, fut secouru par Pépin, roi de France, lequel roi de Maurienne eut une fille nommée Berte, qu'il donna en mariage audit roi Pépin, de laquelle naquit Charlemagne, lequel Charles assiégea et prit la ville de Grenoble qui était au pouvoir de ces païens…

« Ce document sans date, ajoute M. Fauché-Prunelle, que

---

[1] Mgr BILLIET, *Mém.*, etc., p. 58. — Mgr DEPÉRY, p. 419 et 509.

[2] Mgr DEPÉRY, p. 420.

[3] *Hist. du dioc. de Maur.*, p. 141.

le style, l'écriture et quelques autres circonstances ne permettent guère de faire remonter au delà du XIVᵉ ou XVᵉ siècle, s'il n'est pas encore plus récent, n'est nullement contemporain et ne peut être adopté comme preuve de faits historiques, antérieurs de plusieurs siècles, lorsque surtout aucun historien ne parle de ce siége de Grenoble par Charlemagne. »

Ménabréa *(Montmélian et les Alpes)* raconte aussi ce combat de Pépin contre les païens de la vallée de Grenoble. Reinaud, qui ne fait que citer un ancien roman intitulé *Garin-le-Lohérain*, appelle ce roi de Maurienne Thierry et dit que les païens qui le tenaient bloqué dans la Val-Profonde ou Vallon-Sarrasin étaient quatre chefs sarrasins. « Mais, observe M. Fauché-Prunelle, il est trop permis à un romancier-poète d'altérer la vérité, d'inventer des faits et surtout de faire des anachronismes, soit comme romancier, soit comme poète, pour qu'on puisse fonder une certitude historique sur un récit de poème romanesque [1].

En supposant même qu'il y ait quelque chose de vrai dans le récit de *Garin-le-Lohérain*, ce Thierry, roi de Maurienne, ne pouvait être qu'un feudataire de la couronne de France, à laquelle la Maurienne appartenait.

15

Besson et Grillet placent le martyre de saint Émilien en l'année 730; Combet, en 738; Palemone Luigi Buna [2], en 740; la *Briève Notice du diocèse de Maurienne*, par le vicaire général Savey [3], en 741. L'épiscopat de saint Émilien ne pouvant avoir commencé avant l'année 735, puisque cette année-là Walchin était encore évêque de Maurienne, ainsi

---

[1] *Bullet. de l'Acad. delphin.*, p. 228.
[2] *Serie chronolog. dei R. P. e degli arciv. e vesc.* (1842).
[3] *Manuscrit des archives de l'évêché* (1741).

que le prouvent Combet et Mgr Billiet[1], ce saint a dû être martyrisé, entre 736 et 738, par les bandes sarrasines qui se jetèrent dans les Alpes après l'invasion de 734, et qui s'enfuirent devant les troupes de Luitprand, roi des Lombards.

16

Les historiens modernes de la Maison de Savoie, plus politiques qu'historiens, se sont efforcés de donner aux *mangeurs de l'artichaut italien* une origine italienne. Naturellement, ils ont révoqué en doute l'existence de l'allemand Bérold. Comme nous n'avons pas dans la question les mêmes intérêts que ces messieurs, nous nous en tenons tout simplement aux traditions du pays et aux anciens historiens dont on s'est peut-être beaucoup trop raillé. Les fouilles faites à Sardières par feu M. Molin, curé de cette paroisse, ont constaté que la bataille racontée par Paradin, entre Bérold de Saxe et le marquis de Suse, est moins chimérique que ne le disaient MM. Cibrario et Promis; mais leur siége était fait.

17

Perrexit autem sanctissimus vir Marinus in villam Maurianensem super rivulum Suriæ, et cepit ibi solus habitare, solique Deo vacare. Post tertium vero diem venerunt duo ursi ad cellulam ejus, deferentes ei duo vascula apum, et projecerunt se ad pedes ejus, ceperuntque lingere plantas illius, signum ostendentes ut ex beneficiis illorum comederet. Ille autem Domino gratias referens accepit refectionem quam ei illi obtulerunt, et comedit refocillatusque est spiritus ejus. Præcepit autem ursis ut redirent ad propria,

---

[1] *Mémoire sur les premiers évêques du diocèse de Maurienne*, p. 36.

et per singulos dies redirent ad eum cum cibo quem illis Deus transmissurus erat. Ipsæ autem bestiæ quæ tam feroces esse consueverunt, ut in conspectu illarum stare nullus ausus esset, post modicum per meritum beati Marini ita mansuetæ factæ sunt, ut pedes illius lingerent et ad ejus imperium quotidie redirent, duos panes secum deferentes [1].

Par *villam Maurianensem* nous ne croyons pas que l'on puisse entendre la ville de Maurienne ou de Saint-Jean, qui en deux endroits de la même légende est appelée *urbs Maurianensis*. La tradition constante du pays place l'ermitage de saint Marin dans les rochers au-dessous de la tour de Bérold, à l'endroit où existe encore aujourd'hui la chapelle du saint. Il faudrait donc traduire *villam* par *village*, ou mieux encore par *territoire*, et conclure de ces paroles que le territoire de la ville de Saint-Jean s'étendait alors jusque près du monastère de Chandor. Le *rivulus Suriæ* serait ainsi le ruisseau qui descend du Châtel.

La légende du bréviaire manuscrit de saint Savin, de laquelle est tiré le passage qui précède, paraît avoir été écrite au IXᵉ siècle, lorsque la Maurienne faisait de nouveau partie du royaume de Bourgogne. Ce qui nous le fait croire, c'est qu'elle dit que saint Marin, en quittant la ville dont on voulait le faire évêque, vint en Bourgogne au lieu appelé *Juga montium*, que ce lieu est proche de la ville de Maurienne et qu'on l'appelle vulgairement Chandor *(Candorensis)*.

18

La légende de saint Savin donne à ces barbares le nom de *Vandales*. C'est ainsi que les légendes du moyen-âge appellent assez fréquemment les Sarrasins, et Scipion Dupleix, dans son *Histoire de France*, p. 271, en donne la raison suivante : Les bandes sarrasines, dit-il, qui envahirent la

---

[1] Ap. MABILLON, *Acta Sanct. Ord. S. Bened.*, 24 nov.

France et la Savoie au VIIIe siècle, n'étaient pas uniquement composées de Sarrasins. Beaucoup de Visigoths, chassés de leur pays par les infidèles, s'étaient ensuite associés à eux par l'appât du butin, et comme un grand nombre de ces Visigoths venaient de l'Andalousie, province qui avait pris son nom des Vandales, ce ramassis de brigands fut appelé par les auteurs contemporains tantôt Sarrasins, tantôt Vandales ou Visigoths.

Le martyre de saint Marin doit avoir eu lieu en 731 ou 732, après la bataille de Poitiers, comme le pense Mabillon, ou bien vers 738, à la même époque que celui de saint Émilien.

19

L'église du monastère de Chandor a servi d'église paroissiale jusqu'à l'année 1685 où, d'après un manuscrit des archives de la fabrique, on en construisit une nouvelle sur le même emplacement. Le procès-verbal de la visite pastorale du 13 juillet 1708 dit aussi que l'église a été rebâtie depuis quelques années.

On ignore à quelle époque les Bénédictins ont abandonné le monastère; mais il paraît que celui-ci fut sécularisé et devint une collégiale qui existait encore au XIVe siècle. La preuve de ce dernier fait se trouve dans un rouleau de parchemin contenant plusieurs testaments et conservé dans les archives du Châtel. En 1348, Jean Durieux *(de Rivo)* ordonne qu'il y ait à sa sépulture *tres capellani cum suo curato*, et à celle de sa femme *duo canonici dicti loci cum suo curato*. En 1349, Jean Talus veut qu'à sa sépulture on donne deux deniers tournois gros au curé et un tournois *cuilibet duorum canonicorum dictæ ecclesiæ* (de Sainte-Marie du Châtel); ce testament est écrit *dans le cloître de Sainte-Marie du Châtel*. Pernette, veuve de Michel Alais, lègue aussi un denier tournois à chacun des chanoines qui assisteront à ses funérailles. Jean Rubei, curé de Montvernier, demande que son corps soit enseveli *in vaso decani Sancti Andreæ supra claustrum ecclesiæ Beatæ Mariæ Castri Hermelionis*, et qu'à sa sépulture assistent douze chapelains, à chacun desquels on donnera quatre deniers gros tournois *pro pidancia*.

On voit, par ces citations, que le curé du Châtel était en même temps prieur de la collégiale, et c'est le titre qu'on a continué à lui donner jusqu'à la Révolution. La collégiale elle-même ne devait plus exister en 1570, car le procès-verbal de la visite pastorale faite le 28 septembre de cette année par Mgr de Lambert n'en fait pas mention. Celle de 1708, que nous avons déjà citée, parle de deux corps de bâtiments, dont l'un est appelé *la cure*, et l'autre *le prieuré*.

20

Plusieurs auteurs font arriver les Sarrasins au Mont-Cenis par le Piémont ou par le Briançonnais. M. Fauché-Prunelle combat ces deux opinions dans son savant mémoire sur les invasions des Sarrasins, et démontre jusqu'à l'évidence que ces barbares sont arrivés à la Novalaise par la Provence, le Dauphiné et la Maurienne, et que ce n'est que postérieurement qu'ils ont passé le Mont-Genèvre et envahi le Briançonnais, l'Embrunais et le Gapençais. C'est aussi le sentiment de Reinaud et de Ménabréa[1], et il nous paraît incontestable.

1° A l'arrivée des Sarrasins, saint Édolard, évêque de Maurienne, et une partie de ses diocésains s'enfuirent à Embrun; ce qu'ils n'auraient pas même eu la pensée de faire, si le Briançonnais eût déjà été occupé par les infidèles.

2° L'abbé et les moines de la Novalaise se retirèrent à Turin. Donc les Maures n'arrivaient pas du côté du Piémont.

3° Les habitants de Suse cherchèrent un refuge à Oulx. Il est donc évident que les Sarrasins n'occupaient pas encore

[1] *Montmélian et les Alpes*, p. 206.

cette vallée, et que par conséquent ils ne vinrent pas en Maurienne par le Briançonnais, le Mont-Genèvre et le Mont-Cenis.

Ainsi Grillet se trompe quand il dit que les Sarrasins pénétrèrent en Maurienne et en Tarentaise *par les Alpes maritimes et cottiennes*[1]. Il se trompe encore, et avec lui MM. Raymond et Angley, en donnant à l'occupation de la Maurienne par ces barbares la date de 916. Cet événement a dû avoir lieu en 906, comme le dit Reinaud[2], c'est-à-dire la même année que la destruction du monastère de la Novalaise, ou peu auparavant.

21

Les Sarrasins, qui ont couvert l'Espagne de monuments encore existants de leur civilisation et de leur puissance, n'ont laissé presque aucun souvenir de leur occupation en France, en Suisse, en Savoie et en Italie. A peine trouve-t-on quelques tours d'origine présumée sarrasine, quelques travaux grossièrement exécutés dans les rochers et quelques cavernes creusées à main d'homme, que les traditions locales désignent comme ayant servi de repaires à ces barbares. Du reste, on ne voit aucune trace de leurs mœurs, de leurs usages et de leurs institutions. La raison en est, dit M. Fauché-Prunelle[3], non-seulement dans le peu de durée de l'occupation sarrasine dans nos contrées, même de la dernière qui fut la plus longue, mais encore dans le caractère de ces invasions. Ce n'étaient que des courses de bandes armées, formées de la partie grossière, brute et quasi féroce de la nation, sans gouvernement organisé, sans unité ni régularité, s'avançant progressivement dans l'intérieur du pays,

---

[1] T. III, p. 269.
[2] P. 163.
[3] *Bullet. de l'Acad. delphin.*, t. II, p. 218.

se fortifiant dans les positions favorables, n'apportant avec elles que la dévastation et le carnage et vivant du produit de leurs rapines et des rançons extorquées aux voyageurs, sauf un petit nombre qui se livraient à l'exploitation des mines ou à la culture des terres. Voilà aussi ce qui explique la facilité avec laquelle ces bandes ont été attaquées, battues et exterminées successivement, sans que, la plupart du temps, elles aient su ou pu se porter mutuellement secours.

Parmi les rares monuments de l'occupation sarrasine, M. Fauché-Prunelle [1] mentionne un fort au Freinet en Maurienne. La tradition du pays en indique encore l'emplacement. Il est à croire, en effet, que les Sarrasins n'ont pas négligé d'occuper ce passage resserré et le nom de Freinet semble en être une preuve. Le mot *Fraxinetum* signifie lieu planté de frênes. C'était le nom de la principale forteresse des Sarrasins en Provence et ils le donnèrent à la plupart des forts qu'ils construisirent de distance en distance dans les passages des Alpes.

Au Freinet il faut ajouter, comme souvenirs du séjour des Sarrasins en Maurienne, le fort appelé *Fort-Sarrasin*, dont les ruines couronnaient le rocher sur lequel s'élève maintenant la chapelle de l'Immaculée-Conception, à Pontamafrey; les ruines d'un autre château-fort entre Lanslevillard et Bessans; les fosses de la mine dite des *Sarrasins*, dans les montagnes au-dessus de Modane; le hameau de Valmore (vallée des Mores) à Saint-Colomban des Villards; et probablement encore quelques-unes des tours que l'on voit à Saint-Jean, à Saint-Martin la Porte et à Saint-Julien; la dernière est assez souvent désignée sous le nom de *Tour des Maures*.

[1] *Bullet.*, etc., t. II, p. 288 et 810.

22

La donation de Charlemagne comprend le tiers de la Maurienne, soit toute la partie de cette vallée qui lui appartenait, et les fiefs d'Arves, de *Liana*, de Valloires et d'Aiton, enclavés dans le domaine temporel de nos évêques. Adélaïde de Suse et Humbert II, comte de Maurienne, confirmèrent les donations faites en faveur du monastère de la Novalaise et y ajoutèrent divers droits et propriétés[1]. La charte du comte Humbert est du 19 mai 1093. Il donne au monastère le territoire de Bessans *(mansum Sabainum)* avec tous ses habitants, ne se réservant que la juridiction sur Lanslevillard *(Lanceum superius)*. Ce qui donne à entendre que Bessans et très probablement aussi Bonneval n'étaient que des dépendances de Lanslevillard. Parmi les droits qui sont confirmés au monastère, on trouve l'hospice *(domus eleemosinaria)* du Montcenis et les dîmes de la Maurienne.

Une charte de Conon II, évêque de Maurienne, nous fait connaître quelles étaient les paroisses de notre diocèse qui dépendaient de la Novalaise. La voici tout entière :

« In nomine sanctæ et individuæ Trinitatis. Anno ab incarnatione D. N. Jesu Christi 1127, indictione quinta, pridie Idus Maii, Lotherio regnante imperatore, Ego Cono Dei gratia Maurianensis episcopus, in præsentia D. Amedei comitis, et ex voluntate et consilio præpositi nostri Aymonis, et omnium canonicorum Maurianensis ecclesiæ, unde multa bona prosecuta est ecclesia Novaliciensis religiosi cœnobii, in manu D. Vuillelmi Abbatis ipsius monasterii confirmamus, et integro totius juris tradimus omnes ecclesias, decimas, cæterasque possessiones quas in præsenti videtur habere et tenere in nostro episcopatu, et quæ deinceps acquirere poterit, vel quæ a bonis viris pro salute et remedio anima-

---

[1] GUICHENON, t. IV. — COMBET, Preuves, n° 37.

rum suarum data vel relicta fuerunt. Confirmamus ecclesiam Beati Jacobi de Corberia, et Sti. Antonii Bonivillarii, et ecclesiam Argentinæ, et ecclesiam de Aipora, et ecclesiam d'Urtieres atque Sti. Albani. Confirmamus ecclesiam de Coësia cum suis appenditiis, et ecclesiam Burgi novi, et capellam Camoseti, et capellam Castri novi, et ecclesiam Altæ-Villæ, et Sti. Michelis Montis-Majoris, et ecclesiam Villarii Erusii, et Sti. Joannis ecclesiam, et ecclesiam Cabannæ, simul etiam confirmamus ecclesiam Sti. Leodegarii, et ecclesiam Sti. Remigii, et decimas Mansi Riculfi in parrochia Sti. Stephani de Cuyna. Amplius confirmamus medietatem ecclesiarum de Terminione, et de Soleriis, et de Lanceo Superiore, et ipsam totam quæ est in Lanceo Burgo, et decimas quæ in finibus prædictarum ecclesiarum continentur. Signum D. Cononis episcopi Maurianensis, qui hanc confirmationem fecit. Signum D. Amedei Comitis. Signum Aymonis præpositi, Humberti de Turre, Anselmi de Sto. Joanne. Signum Joannis. Signum Petri Clarelli. Testes sunt D. Vuillelmus Abbas, Otto Prior Novalitii, Gregorius Prior Coysiæ, Aymericus Prior Corberiæ. Actum hoc ante ecclesiam prioratûs Sti. Stephani de Aquabella feliciter. Ego Rogerius sacri palatii scriptor, jussu D. Cononis episcopi, et D. Abbatis Vuillelmi hanc chartam scripsi [1]. »

Quoique Conon ne spécifie pas les services en reconnaissance desquels il accorde cette charte, il est à présumer qu'il veut parler du zèle avec lequel les moines de la Novalaise avaient desservi une partie des paroisses du diocèse depuis l'expulsion des Sarrasins.

On ignore à quelle époque et de quelle manière ce monastère a perdu les dîmes de la Maurienne et ses droits sur les paroisses désignées dans la charte qui précède. On sait seulement qu'il possédait encore les dîmes à la fin du XIVe siècle; car Combet rapporte une ordonnance de Jean

---

[1] BESSON, p. 480. — COMBET, n° 41.

Malabaila, évêque de Maurienne, datée du 31 mars 1378 et adressée au châtelain de Saint-André et aux collecteurs des dîmes de Termignon, dans laquelle on lit ce qui suit : « Cum nobis per D. Priorem Novaliciensem nuper expositum fuerit, conquerendo quod vos citra modum consuetum, in dicto loco colligitis dictas decimas nostras, non vocato procuratore seu collectore dicti D. Prioris habentis ibi jus percipiendi decimas communiter et pro indiviso nobiscum, sicque idem D. Prior in hujusmodi collecta in jure suo pergravatur; igitur habita super dicto jure dicti D. Prioris sufficienti informatione, per quam nobis constat nos medietatem decimarum habere in territorio Terminionis, et aliam medietatem pertinere ad abbatem Novaliciensem... præcipiendo mandamus quatenus dictas decimas sic communiter et per indivisim proratis diligenter levetis et percipiatis, vocato nobiscum procuratore seu collectore dicti D. Prioris[1]. »

Combet parle encore d'une transaction, passée le 1er juillet 1379 entre le monastère de la Novalaise d'une part, le curé et la paroisse de Lanslevillard de l'autre, mais sans en indiquer l'objet ni les conditions[2].

23

Paroisses qui ont envoyé un député à Lanslevillard, pour faire faire une procession avec les prières ordinaires, afin d'obtenir la pluie par l'intercession de saint Landry :

Saint-Jean de Maurienne, en 1688 et à la fin du XVIIe ou au commencement du XVIIIe siècle;
Saint-Michel, en 1710;
Orelle, en 1713, 1723, 1741;
Saint-André, en 1743, 1744 et plusieurs fois depuis;
Le Thyl, en 1751 et 1776.

---

[1] Preuves, n° 68.
[2] § LXII.

Paroisses qui y sont allées en procession :

Aussois, en 1741 ;

Sollières, en 1710, 1712, 1713, 1723, 1741, 1742, 1743, 1744, etc. ;

Bonneval, en 1710, 1741 et plusieurs fois depuis cette époque ;

Termignon, en 1741, 1742, 1744, et, depuis lors, tous les ans jusqu'en 1760 ;

Bramans, 1712, 1713, 1723, 1737, 1741, 1742, 1743 1744. Depuis, cette paroisse a envoyé tous les ans un député. Plusieurs autres en ont fait autant depuis 1760, où l'autorité épiscopale défendit de faire des processions hors du territoire de la paroisse.

Les paroisses réunies de la Novalaise, Venaus, Jaillon et la Ferrière sont allées à Lanslevillard en 1737, 1741 et plusieurs fois depuis[1].

Une délibération du conseil municipal de la ville de Saint-Jean, du 23 juillet 1688, porte ce qui suit :

« A été délibéré de faire dévotion à saint Landry, dont le corps est à l'église paroissiale de Lanslevillard, pour obtenir dudit, par son intercession, un temps favorable de pluie, à cause de la grande sécheresse... Sera envoyé homme exprès audit Lanslevillard pour faire célébrer une messe pour la rétribution de laquelle sera payé deux florins et sera offert un flambeau de près de cinq florins, de quoi avec six florins pour ledit envoyé sera fait un mandat envers le percepteur de ville. » (Archives de la ville de Saint-Jean.)

24

Voici un témoignage de la dévotion que l'on avait, au XVIIe siècle, pour le B. Ayrald. C'est une thèse de philosophie, imprimée sur satin et portant la date de *août 1679* ; celle

---

[1] *Coutumier*, art. 2.

du jour est déchirée. Au-dessus de la thèse est l'image de saint Augustin, sous les attributs duquel nous ne savons si l'on n'aurait point eu l'intention de représenter le B. Ayrald. Plus bas, on lit ces paroles : *Beato principi Heraldo, Guillelmi comitis Burgundiæ filio, ex carthusia ad sedem Maurianensis episcopatus olim evecto, ejusque dignissimo successori DD. illustrissimo Herculi Berzetto maurianensi nunc antistiti ac principi, atque insigni ejusdem ecclesiæ antiquissimæ sanctissimæque capitulo, se et suam philosophiam dicat, vovet ac consecrat Joannes-Franciscus Togniet maurianensis.*

25

Presque tous les historiens français font naître saint Bénézet en France, et ils désignent communément pour sa patrie le hameau du Villard dans le Vivarais. C'est le sentiment qu'a adopté M. Canron, qui a publié, il y a quelques années, l'histoire la plus complète que nous ayons de saint Bénézet et des Frères Pontifes. Ayant eu à sa disposition les archives de la ville d'Avignon, il a fait suivre son récit de plusieurs documents fort intéressants. Aussi avons-nous puisé largement dans ce beau travail, d'accord, du reste, sur tous les points avec les Actes publiés par les Bollandistes, dans le tome IIe du mois d'avril.

Malgré ces autorités, nous avons cru pouvoir embrasser le sentiment qui désigne Hermillon en Maurienne comme la patrie de saint Bénézet, et il nous a semblé que les raisons, sur lesquelles il se fonde, sont *assez fortes* pour que nous soyons en droit de regarder le saint constructeur du pont d'Avignon comme notre compatriote. Ces raisons, nous les avons exposées à M. Canron, aussitôt que nous avons eu pris connaissance de son ouvrage, et nous savons qu'il les a trouvées *très fortes*. Le lecteur ne sera peut-être pas fâché que nous lui mettions sous les yeux les pièces du procès.

Une tradition constante d'Hermillon et de toute la Maurienne porte que saint Bénézet est né dans cette commune. Cette tradition est tellement précise, que l'on montre, en face de l'église, l'emplacement où était située la maison de ses parents. Elle remonte certainement à une très haute antiquité; car il est impossible d'en découvrir l'origine. Comment expliquer cette croyance persévérante de notre pays, si saint Bénézet est né dans le Vivarais ? Pour quel motif le village d'Hermillon aurait-il cru être la patrie d'un saint né dans une contrée éloignée avec laquelle ni l'histoire ni la tradition ne montrent qu'il ait jamais eu aucune relation ?

M. Canron répond par une supposition : « La présence, dit-il [1], de quelques-uns des parents de notre saint, dans le duché de Savoie, a fait croire à certains biographes que saint Bénézet était né à *Almillat*, village du diocèse de Saint-Jean de Maurienne. » Voilà un double fait dont nous aimerions qu'il eût apporté quelque preuve. Ces parents du saint venaient, sans doute, suivant M. Canron, du Vivarais. Pourquoi auraient-ils quitté une patrie que le souvenir du saint et les honneurs qu'il recevait, devaient leur rendre encore plus chère, et que seraient-ils venus faire dans un village si éloigné, pauvre et privé de toute industrie? Où est la preuve de cette immigration? Nous pourrions, il nous semble, et avec plus de probabilité, rétorquer cet argument aux partisans de l'opinion que nous combattons ; car les habitants de la Maurienne ont toujours beaucoup plus émigré en France que ceux du Vivarais en Maurienne. Mais admît-on l'hypothèse de M. Canron, elle ne prouverait encore rien. Comment, en effet, la commune d'Hermillon se serait-elle fondée sur la présence de quelques parents de saint Bénézet, pour s'attribuer la gloire d'avoir donné le jour à ce saint?

[1] P. 133.

Comment aurait-elle pu faire de cette prétention une tradition aussi constante, aussi précise que celle que nous avons constatée? On le voit, tout cela serait bien inconcevable.

A la tradition de la Maurienne on opposera sans doute celle du Vivarais. Nous ignorons si celle-ci est aussi ancienne, aussi constante, aussi précise que celle-là; mais admettons-le. Une foule de circonstances ont pu faire regarder le Villard, peu éloigné d'Avignon, comme la patrie de saint Bénézet, qui fut plus occupé à construire le pont qu'à parler du lieu de sa naissance; tandis que, s'il n'est pas né à Hermillon, la tradition de la Maurienne est absolument inexplicable.

Une chose fort remarquable et qui donne à entendre que saint Bénézet ne s'est pas expliqué sur le lieu de sa naissance, c'est le silence absolu que garde sur ce point la légende provençale rapportée par M. Canron. Cette légende est, au rapport de cet auteur, le document le plus ancien et le plus authentique que l'on possède sur notre saint, puisqu'elle date de la fin même du XIIe siècle. Comment se fait-il qu'elle ne dise pas un mot de sa patrie, tandis qu'elle entre dans les détails les plus circonstanciés sur sa vocation divine et sur la construction du pont? Si le saint avait été du Vivarais, on ne l'aurait pas ignoré à Avignon, et, le sachant, nous ne voyons pas pourquoi l'auteur de cette légende n'en aurait pas parlé. En admettant, au contraire, l'opinion que nous avons suivie, ce silence s'explique naturellement.

Après avoir fait la supposition que nous avons réfutée, M. Canron ajoute : « Le P. Théophile Raynaud[1], dans une discussion savamment raisonnée, démontre combien cette opinion (celle qui fait naître saint Bénézet à Hermillon) est dénuée de toute probabilité. »

Nous n'avons pas pu nous procurer l'ouvrage de Théophile

---

[1] S. JOAN. BENED., *Punct.* 1.

Raynaud, ni par conséquent sa *savante discussion*. Mais le P. Papebrok, dans les notes dont il a fait précéder les Actes de saint Bénézet, en donne une analyse suffisante pour que nous puissions discuter à notre tour cette *démonstration*. Voici ce qu'il dit : « Cet auteur (Paradin) désigne comme la patrie du saint Almillat, village situé dans la Maurienne et l'ancienne Bourgogne et distant de trois journées de marche de la ville d'Avignon; mais les Actes, tels que les donne Paradin lui-même, s'y opposent; car ils disent que saint Bénézet a traversé le Rhône pour arriver à Avignon, ce qu'il n'aurait point fait, s'il était venu de la Savoie. »

Quelque respect que nous ayons pour l'autorité des Bollandistes, nous nous permettons de croire que cette raison n'est pas aussi concluante qu'ils le supposent, après Théophile Raynaud. Il est évident que l'on peut aller de la Savoie à Avignon, sans traverser le Rhône; mais il ne l'est pas moins que l'on peut aussi y aller, en traversant ce fleuve deux fois, et qui nous dit que ce n'est pas ce qu'a fait saint Bénézet? Ses Actes disent, à la vérité, qu'arrivé en face d'Avignon et voyant la largeur du fleuve, il en fut effrayé; mais il ne suit pas de là qu'il ne l'eût pas encore vu : il pouvait l'avoir traversé déjà plus haut sans s'effrayer de sa largeur, soit parce qu'elle n'était pas aussi considérable en cet endroit qu'à Avignon, soit parce qu'il ignorait que ce fût le Rhône, soit parce que, le pont ne devant pas être jeté sur ce point, il ne s'inquiéta pas de sa plus ou moins grande largeur.

Les Bollandistes ajoutent : « D'autres, voyant cette contradiction, pensent qu'à Almillat il faut substituer le nom à peu près semblable d'Alvillar dans le Vivarais, en conservant les trois jours de marche dont nous avons parlé. Mais ces trois jours eux-mêmes n'ont pas d'autre fondement que l'imagination de Paradin; les Actes ne parlent pas davantage de la translation miraculeuse du saint en quelques heures; ils donnent, au contraire, à entendre qu'il mit à faire le trajet le temps que l'on y emploie communément, puisque s'étant mis en route le jour même de l'éclipse, c'est-à-dire aux ides (13) de septembre, il arriva à Avignon pendant que l'évêque prêchait, par conséquent un jour de fête, soit le lendemain des ides, fête de l'Exaltation de la Sainte Croix. »

Cet argument ne nous paraît pas plus concluant que le précédent. Les Actes, donnés en provençal par M. Canron et en latin par les Bollandistes, ne disent que deux choses : 1° que, sous la conduite de l'ange, saint Bénézet arriva *bientôt (modo)* sur la rive du Rhône en face d'Avignon; 2° qu'il entra dans l'église pendant que l'évêque prêchait. Or, *bientôt* ce n'est pas plus un jour que trois heures, comme le veut M. Canron après les auteurs dont parlent les Bollandistes; et il nous semble que la prédication de l'évêque peut avoir eu lieu le dimanche qui suivit le 13 septembre ou tout autre jour de fête locale, aussi bien que le jour de l'Exaltation de la Sainte Croix. Quant au miracle de la translation de saint Bénézet à Avignon en quelques heures, comme les Actes n'en parlent pas, rien ne le prouve.

Nous ajoutons, en terminant, que le sentiment que nous avons adopté, sans parler de Paradin, est celui de la *Biographie universelle* de Michaud, de Grillet, du marquis Costa de Beauregard et de plusieurs autres auteurs de la Savoie, et même de la France, entre autres, de M. Champagnac dans son *Dictionnaire de Chronologie universelle*, et de M. le comte de l'Escalopier, conservateur de la bibliothèque de l'arsenal à Paris, lequel, s'occupant d'une Vie de saint Bénézet, écrivit à M. Angley : « Qu'après les divers documents qu'il avait consultés sur le lieu de naissance de ce saint, il avait cru devoir se ranger à l'avis des auteurs qui le font naître à Hermillon et que ce qu'il venait d'apprendre de la tradition qui se conserve dans cette paroisse, l'avait pleinement confirmé dans son sentiment[1]. »

[1] *Hist. du dioc. de Maur.*, p. 106.

26

Les auteurs ne s'accordent pas sur la date de cette éclipse. Le P. Pingré, cité par M. Canron, la place en 1178; la Chronique de saint Marien d'Auxerre et divers documents des archives de la ville d'Avignon, cités par le même auteur et par Luc d'Achéry, en 1177; Vincent de Beauvais, suivi par les Bollandistes et par l'*Histoire de l'Église gallicane*, la fixe à l'année 1176. D'après ces derniers, ce serait donc en 1176 qu'aurait eu lieu la vocation de saint Bénézet; néanmoins le pont n'aurait été commencé que l'année suivante et cet intervalle aurait été employé à recueillir l'argent et à préparer les matériaux nécessaires. La légende provençale parle de l'éclipse, mais ne donne aucune date.

27

Nous avons suivi pour ce dialogue et nous continuerons à suivre la légende de la fin du XII° siècle, rapportée par les Bollandistes et par M. Canron. Baronius en donne une courte analyse.

28

Benedictus accepit suum lapidem quem triginta homines non possent movere a loco suo, ita facile deferens ac si lapillus manualis esset, et posuit in loco ubi pons habet pedem suum[1].

29

Et fecit Deus multa miracula eo die, quod per eum illuminavit cœcos, et surdos fecit audire, et claudos fecit ire scilicet decem et octo[2].

---

[1] *Acta Sanctorum*, n° 16.
[2] *Acta Sanctorum*, n° 16.

30

Il existe, à l'hôpital de la ville de Saint-Jean, un monument de la vie et des miracles de saint Bénézet. C'est un tableau signé : *Jomar pingebat anno 1695*. Sous le rapport de l'art, il est sans valeur; mais il est intéressant au point de vue historique et nous paraît être un témoignage de l'antique tradition de la Maurienne sur la patrie de saint Bénézet; car, sans cette tradition, on ne verrait pas pourquoi l'hôpital aurait acheté ou fait faire un tableau de ce genre.

Le sujet principal est la vocation de saint Bénézet. Le saint est représenté sous la figure d'un enfant, debout au pied d'un arbre, ses moutons et son chien devant lui; Jésus-Christ lui apparaît dans un nuage. Tout autour, il y a des médaillons représentant les principales circonstances de la vie du saint :

1º (Dessous, médaillon à gauche), saint Bénézet arrive sur les bords du Rhône; on voit le fleuve, une corde qui le traverse, une barque au milieu; sur une rive, la ville d'Avignon, et sur l'autre, le saint avec l'ange qui lui parle ;

2º Saint Bénézet entre dans l'église, pendant que l'évêque est en chaire ;

3º Saint Bénézet devant le viguier qui montre la pierre ;

4º Saint Bénézet porte la pierre, l'évêque le suit ;

5º L'évêque, le clergé et le peuple admirent le prodige que le saint vient d'opérer ;

6º Saint Bénézet étend la main sur un grand nombre de malades ;

7º Il change l'eau en vin, un homme tient un vase à la main et un autre puise dans d'autres vases placés à terre ;

8º Il réprimande les joueurs; les dés sont à terre et le blasphémateur puni est à genoux, le visage tourné en arrière ;

9° Construction du pont; des barques transportent les matériaux et saint Bénézet dirige les travaux;

10° Le diable apparaît à saint Bénézet, qui est à genoux devant un autel;

11° Saint Bénézet entre deux frères pontifes, mais le peintre s'est trompé en leur donnant un habit religieux;

12° Sépulture de saint Bénézet; une foule de peuple accompagne son corps à la chapelle du pont avec des flambeaux;

13° Miracle de cet homme qui, ayant moissonné un jour de fête, ne put plus quitter ni son blé ni sa faucille; il est à genoux devant le tombeau de saint Bénézet; près de lui on voit un frère pontife et un autre homme prosterné;

14° Le pont d'Avignon est achevé.

31

Veniens ad villam quæ dicitur Aquabella, in qua primam missam celebraverat, et in qua multum fructum fecerat prædicando, sentiens se gravatum dixit : Parate mihi ad missam, quia in hac villa primam missam celebravi, credo me ultimam celebraturum[1].

32

Narravit frater Cabertus de terra Sabaudiæ, fervens et gratiosus prædicator, qui post mortem multis dicitur miraculis claruisse, quod, cum esset scholaris Bononiæ in crastinum sepulturæ Beati Patris Dominici, vidit cum aliis multis quemdam dæmoniacum ad sepulchrum Beati Patris adduci, qui, cum esset ingressus, clamare cepit dæmon : Quid vis, Dominice? et frequenter clamans et replicans : Dominice, et sic super sepulchrum tractus, est a dæmone liberatus[2].

[1] GÉRARD DE FRACHET, ap. POINTET.
[2] GÉRARD DE FRACHET.

33

« On trouve cet ouvrage, dit le chanoine Pointet, dans le premier tome des *Anecdotes* du P. Martinet, bénédictin de Saint-Maur, p. 179. » Grillet donne la même indication ; seulement, à la place du P. Martinet, il met dom Martenne[1]. De fait, il ne nous a pas été possible de découvrir un père Martinet quelconque. Nous n'avons pas été plus heureux avec D. Martenne, car nous avons fait parcourir les cinq volumes de son *Thesaurus novus Anecdotorum*, ouvrage qui fait suite au *Spicilegium* de Luc d'Achéry, sans qu'on y ait trouvé le *Manuale ecclesiæ Sistariensis* du B. Cabert.

34

Le père Pierre-Joseph Varot enseigna pendant quarante-cinq ans la théologie. Il était docteur de Sorbonne et fut vicaire provincial des Dominicains en Savoie, censeur royal et préfet des études au collége de Chambéry. Grillet, qui l'avait connu, fait le plus grand éloge de sa piété, de sa charité pour les pauvres, de son zèle et de ses talents pour l'enseignement[2].

---

[1] *Dictionn. histor.*, t. Ier, p. 232.
[2] GRILLET, t. III, art. *Termignon*.

TABLE ANALYTIQUE

DES PRINCIPAUX FAITS DE L'HISTOIRE POLITIQUE, CIVILE ET RELIGIEUSE DE LA MAURIENNE, MENTIONNÉS DANS CE VOLUME.

AIGUEBELLE; église de Notre-Dame, p. 300; — église et prieuré de Saint-Étienne, p. 300; — chapelle de l'Assomption, p. 301.

AVRE (saint); territoire cédé au saint de ce nom, hospice et chapelle, p. 133.

AYRALD; tombeau de ce saint, p. 246.

BONNEVAL; hameaux de cette commune au XIe siècle, p. 207.

BONNE-NOUVELLE, chapelle, p. 314.

BOSON; charte en faveur de l'évêché de Maurienne, p. 59.

BONRIEUX; inondation, p. 01.

BOURGEOIS, pont, p. 48.

BRAMANS, Bramovices, p. 2.

CATHÉDRALE de Saint-Jean; construction, p. 88; — réparation, p. 60.

CHANDOR, monastère, p. 175 et 319.

CHARLEMAGNE; fait transporter dans le Poitou les reliques de saint Marin, p. 181; — donne au monastère de la Novalaise des dimes et des propriétés en Maurienne, p. 204 et 323.

CHATEL; église et prieuré, p. 319.

COTTIEN (royaume); révolte de ses habitants, est réuni à l'empire romain, p. 3.

EXTRAVACHE, église, p. 9.

FRANÇOIS Ier; ses troupes pillent la cathédrale de Saint-Jean, p. 53.

GAROCELLES, p. 1.

HERMILLON, château, p. 59.

LANSLEVILLARD, occupé par les Français, p. 213.

LESDIGUIÈRES à Saint-Jean, p. 53.

LOZENAI, ermitage, p. 25.

MAISON DE REFUGE, fondée par sainte Thècle, p. 25.

MAURIENNE; d'où vient ce nom, p. 2; — fait partie du royaume cottien, p. 3; — de celui des Goths d'Italie, p. 65; — de celui des Francs, p. 65; — de celui de Bourgogne, p. 195.

MAURIENNE; ravagée par les Huns, p. 65; — par les Ostrogoths, p. 65; — par les Lombards, p. 79; — par les Sarrasins, p. 166 et 196.

MAURIENNE; évangélisée par saint Barnabé, p. 6; — par les saints Élie et Milet, p. 8; — fait partie du diocèse de Turin, p. 43; — de celui de Vienne, p. 88; — fondation de l'évêché, p. 88; — anciennes limites du diocèse, p. 314.

MODANE, Médules, p. 2.

NOVALAISE, monastère; chargé de la desserte de plusieurs paroisses de la Maurienne, p. 204; — possède des dîmes et des propriétés en Maurienne, p. 204 et 323.

RANDENS, collégiale, p. 300.

RELIQUES de la cathédrale; profanation, p. 33 et 54.

SARRASINS; vestiges de leur séjour en Maurienne, p. 324.

SAINT-JEAN (ville de); son nom primitif, p. 23; — détruite par les Bourguignons, p. 65; — par les Lombards, p. 79; — reconstruite par saint Gontram, p. 80; — détruite par les Sarrasins, p. 166, 187 et 196.

SAINT-MARIN, chapelle, p. 184.

SAINTE-THÈCLE, chapelle dans la cathédrale, p. 33; — à Valloires, p. 34; — au Lozenai ou Rocherai, p. 29.

UCÈNES, Guines, p. 2.

URSICIN, évêque de Turin; s'oppose à la création de l'évêché de Maurienne, p. 90.

VALLOIRES (cure de), soumise à l'église de Saint-Jean par sainte Thècle, p. 28.

TABLE DES MATIÈRES

	Pages.
Déclaration de l'auteur	IV
Préface	V

LES SAINTS ÉLIE ET MILET, APÔTRES DE LA MAURIENNE.

CHAPITRE Ier. — La Maurienne avant l'ère chrétienne	1
CHAPITRE II. — La sainte veuve Priscille. — Les saints Élie et Milet	6

SAINTE THÈCLE, VIERGE.

CHAPITRE Ier. — Sainte vie de Thècle à Valloires. — Pigménie. — Les moines écossais. — Départ pour l'Égypte.	13
CHAPITRE II. — Demandez et vous recevrez. — Qui peut enlever ce que Dieu garde? — Le retour	19
CHAPITRE III. — La ville de Maurienne. — L'ermitage du Rocherai. — Les moineaux. — La mort des saints est précieuse devant Dieu	23
CHAPITRE IV. — Reliques et culte de sainte Thècle	29

LES RELIQUES DE SAINT JEAN-BAPTISTE.

CHAPITRE Ier. — Culte des reliques. — Miracles	39
CHAPITRE II. — Histoire des reliques de saint Jean-Baptiste	52

CHAPITRE III. — Les reliques de saint Jean-Baptiste et la ville de Saint-Jean.................................... 57

SAINT GONTRAM, ROI DE BOURGOGNE, FONDATEUR DE L'ÉVÊCHÉ DE MAURIENNE. — LES SAINTS FELMASE, HICONIUS ET LEBORIUS I, ÉVÊQUES DE MAURIENNE.

CHAPITRE Ier. — Les fils de Clovis et les fils de Clotaire I. — Mœurs et lois des Francs........................ 65
CHAPITRE II. — Salonius et Sagittaire. — Gontram se montre un peu Franc avant d'être tout à fait chrétien. — Chilpéric et Sigebert.. 71
CHAPITRE III. — Invasions des Lombards. — Crimes et pénitence.. 77
CHAPITRE IV. — L'Église et les monastères au Ve et au VIe siècles. — Fondation de la cathédrale et de l'évêché de Maurienne. — Les saints Felmase, Hiconius et Leborius I. — Conciles... 84
CHAPITRE V. — Gontram et ses neveux. — L'usurpateur Gondovalde.. 90
CHAPITRE VI. — Guerre avec les Visigoths. — Gontram, Frédégonde et Childebert................................ 112
CHAPITRE VII. — Piété de saint Gontram. — Son amour pour la justice. — Baptême de Clotaire II. — Mort du bon roi Gontram. — Son caractère............................ 121

SAINT AVRE, PRÊTRE.

Vie de saint Avre.. 131

LE B. THOMAS, ABBÉ DE FARFE.

CHAPITRE Ier. — Pèlerinage en Terre-Sainte................ 137
CHAPITRE II. — Le monastère de Farfe. — Le duc Faroald. 141

Chapitre III. — Les frères de Bénévent. — Le monastère de Saint-Vincent... 148
Chapitre IV. — Les donations aux monastères au moyen-âge. — Mort du B. Thomas. — Quelques mots sur l'histoire du monastère de Farfe............................. 156

PREMIÈRE INVASION DES SARRASINS EN MAURIENNE. — SAINT ÉMILIEN, ÉVÊQUE, SAINT MARIN, MOINE, MARTYRS.

Chapitre Ier. — Invasion des Sarrasins en Maurienne, au VIIIe siècle... 163
Chapitre II. — Saint Émilien............................ 168
Chapitre III. — Saint Marin............................. 170

SECONDE INVASION DES SARRASINS EN MAURIENNE. — SAINT ÉDOLARD, ÉVÊQUE ET MARTYR.

Chapitre Ier. — Dévastation de la Maurienne par les Sarrasins. — Prise d'Embrun. — Martyre de saint Édolard. 185
Chapitre II. — État politique de la Maurienne pendant les invasions des Sarrasins. — Expulsion de ces barbares... 194

SAINT LANDRY, CURÉ DE LANSLEVILLARD.

Chapitre Ier. — Vie et mort de saint Landry........... 203
Chapitre II. — Histoire des reliques de saint Landry.. 209
Chapitre III. — Dévotion à saint Landry............... 217

LE B. AYRALD, ÉVÊQUE DE MAURIENNE.

Chapitre Ier. — Ayrald quitte le monde. — La chartreuse des Portes. — Le saint religieux....................... 223

Chapitre II. — Le saint évêque................................ 227
Chapitre III. — Reliques et culte de saint Ayrald..... 236

SAINT BÉNÉZET, BERGER ET FONDATEUR DE LA CONGRÉGATION DES FRÈRES PONTIFES D'AVIGNON.

Chapitre Ier. — Les Ordres religieux au moyen-âge. — Naissance et mission de saint Bénézet................ 251
Chapitre II. — Le batelier juif. — L'évêque et le viguier. — Celui qui croit en Jésus-Christ fait des œuvres aussi merveilleuses que celles de Jésus-Christ, et de plus merveilleuses encore... 255
Chapitre III. — Les Frères Pontifes. — Le pont d'Avignon. — Miracles et mort de saint Bénézet............ 258
Chapitre IV. — Le tombeau de la chapelle du pont. — Dévotion des peuples à saint Bénézet.................. 267
Chapitre V. — Translations des reliques de saint Bénézet. 272
Chapitre VI. — Profanation et réparation............... 278
Chapitre VII. — Histoire du pont de saint Bénézet et des Frères Pontifes d'Avignon........................... 283

LE B. CABERT OU GALBERT, DE L'ORDRE DE SAINT-DOMINIQUE.

Chapitre Ier. — Saint Dominique et le Frère Réginald. — Le B. Cabert à Bologne et à Lyon........................ 291
Chapitre II. — Le B. Cabert en Maurienne. — La mémoire des saints ne périt pas.. 297
Pièces justificatives 305
Table analytique 337

1689. — Chambéry, imprimerie de F. Puthod.

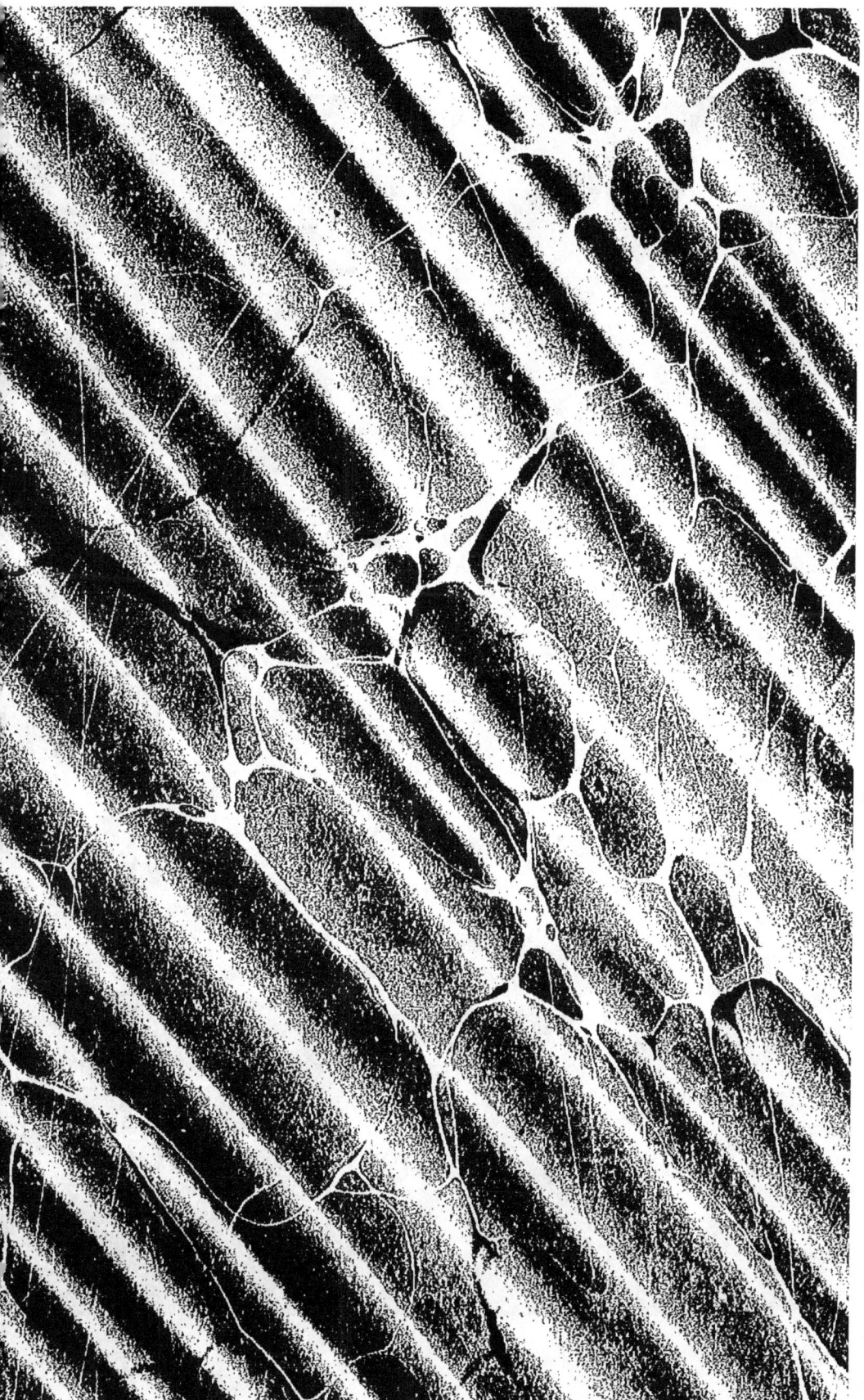

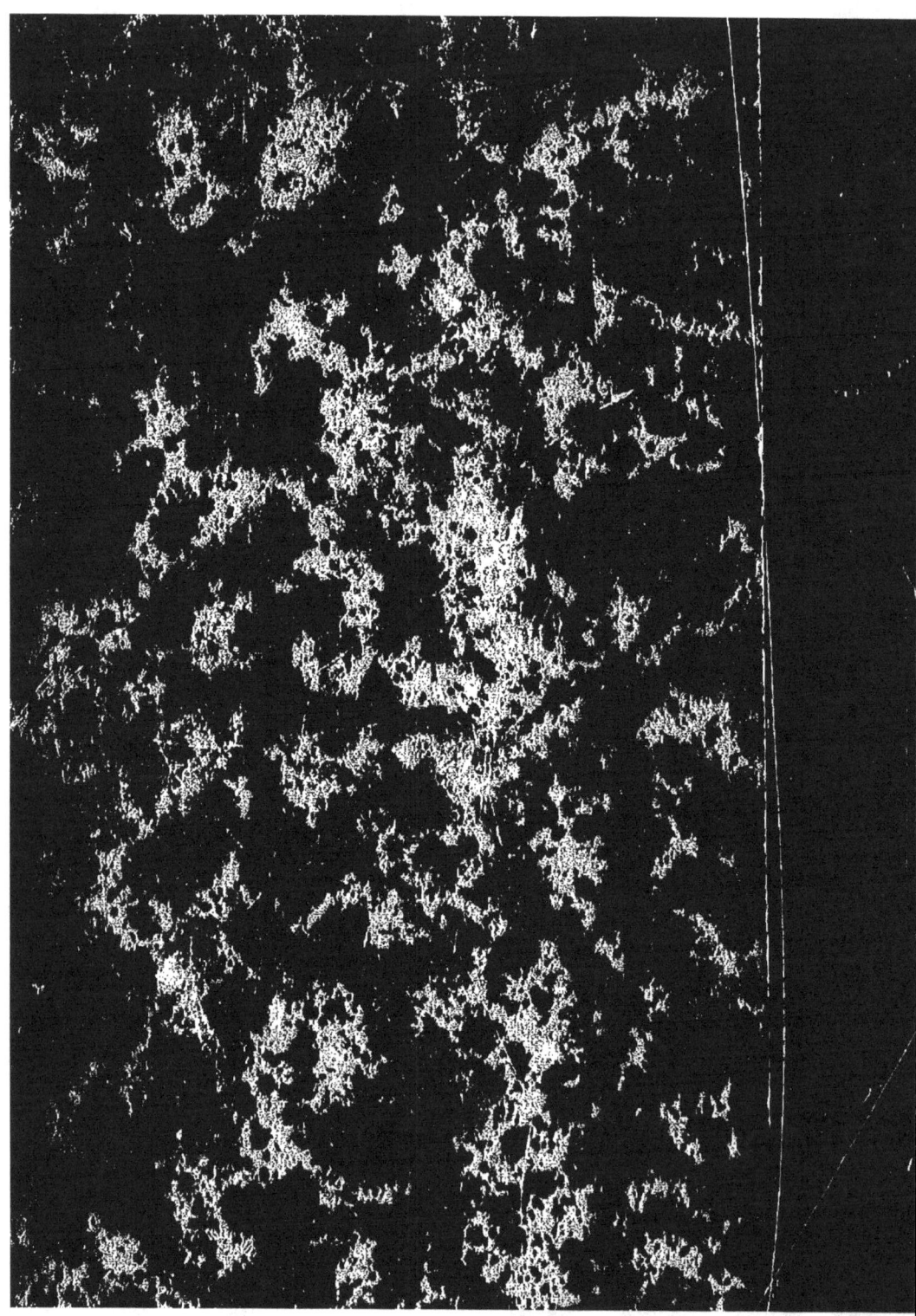

www.ingramcontent.com/pod-product-compliance
Lightning Source LLC
Chambersburg PA
CBHW070841170426
43202CB00012B/1906